행복하려면 놓아라

행복하려면 놓아라

―월서 스님의 산사에서 띄우는 편지

월서 스님 지음

1판 1쇄 발행 | 2008. 4. 25

발행처 | Human & Books
발행인 | 하응백
출판등록 | 2002년 6월 5일 제2002-113호

서울특별시 종로구 경운동 88 수운회관 1009호
기획 홍보부 02-6327-3535, 편집부 02-6327-3537, 팩시밀리 02-6327-5353

이메일 | hbooks@empal.com

값은 뒤표지에 있습니다.

ISBN 978 - 89 - 6078 - 034 - 7 03220

월서 스님의 산사에서 띄우는 편지

행복하려면 놓아라

월서 스님 지음

Human & Books

집착을 끊어야 행복해진다

출가를 한 지도 어언 50여 년이 지났다. 그동안 세상은 눈부신 문명과 과학의 발전으로 인해 인간의 삶은 보다 윤택해지고 편리해졌다. 그러나 상대적으로 인간의 존엄성은 떨어지고 있으며 사람들은 물본주의(物本主義)에 빠져 있다. 이와같이 인간들은 지나친 물질에 대한 욕심과 집착으로 인해 감당하기 힘든 정신적인 고통을 겪고 있다.

불교의 목적은 인간을 바른 길로 인도하여 인간의 본래 얼굴인 참마음을 찾는데 있다. 이 사회는 지금 지독한 병을 앓고 있다. 그런데 인간들은 몸속에 나타난 병만 병인 줄로 알고 있고 그보다 더 큰 병은 모른다.

지나친 탐욕이나 성냄, 어리석음으로 인해 생기는 지독한 병을 앓고 있는 것이다. 이러한 것들은 마음속의 병이라고 예단하기 싶지만 나중에는 치유할 수 없는 육신의 병으로 바뀌어진다는 것을 깨달아야 한다.

생명은 세상에서 가장 귀중하다. 그 귀중한 나 자신을 한갓 물질에 얽매여 마음속의 병을 키워, 급기야 육신의 병마저 들게 하는 것처럼 더 큰 어리석음은 없다.

재물과 명예를 가지고 있다고 해서 사람이 행복해지는 것은 아니다. 인간의 수명은 욕심을 가지면 가질수록 더욱 짧아진다. 상대적으로 마음을 버리고 비우고, 내려놓음으로 얻는 기쁨은 더욱 커다는 것을 알아야 한다.

그래서 부처님께서는 항상 '방하착(放下着)'을 강조하셨던 것이다.

지금 인간들은 자가 당착에 빠져있다. 오로지 명예와 재산을 모으기 위해 자신을 되돌아 볼 여유도 없이 앞만 보고 달리고 있다. 자기 자신이 무엇을 위해 이렇게 살고 있는가 조차 잘 모르고 있는 것이다.

사실 죽고 나면 가지고 가야 할 것은 오직 한 벌의 삼베옷 뿐이다. 그것도 세월이 지나면 썩어 문드러져 흙으로 돌아간다. 이렇게 허망한 것이 바로 우리의 삶이다.

나는 오랫동안 불가(佛家)에서 살면서 단 한 번도 나 자신을 버린 적이 없었다. 이것은 부처님이 말씀하신 '천상천하유아독존(天上天下唯我獨尊)'과 무관하지 않다. 탐욕과 욕심, 어리석음에 노출된 사람은 이미 자기 자신을 버린 사람이다. 이런 사람에겐 행복이란 없다.

나의 은사이신 금오 스님의 말씀이 창가의 바람으로 스친다.

'제 마음의 형상을 찾아보려 해도 찾을 수 없는 것이니 볼 수 없는 그 마음을 사무쳐 보라. 그리고 바꾸어라.'

진실로 세상을 살아가는 가장 참된 이유는 나의 마음의 행복을 구하기 위함이다. 이를 깨닫기 위해서는 무엇이든 '놓지 않으면 안 된다.'

4월 초봄 월서

걷다리오

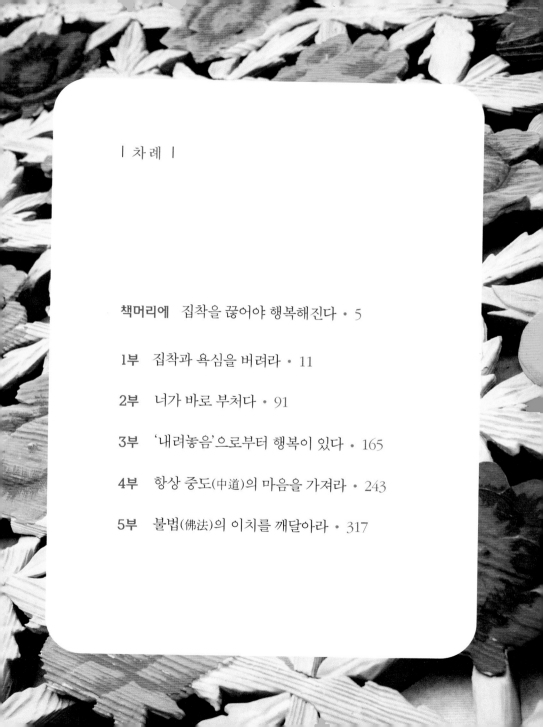

| 차례 |

| 1부 |

집착과 욕심을 버려라

"
유혹을 견디며 한평생 이 세상을 살아가는 일은 결코 쉽지 않다.
아무리 자신이 정직하게 살고 있다고 하더라도 한순간의 실수로 인해 더없는
나락으로 빠지는 것을 우리는 종종 본다. 유혹은 유혹을 견디는 자만이 악의
소굴에서 벗어 날 수가 있다. 결국 모든 유혹으로부터 견디는 것은 무소유의
실천이다. 무소유를 실천하는 사람에게는 애초부터 자신의 마음에서조차
자유로우며 어떠한 속박에도 굴하지 않는다.
"

절은 마음에 묻은 더러운 때를 씻어 주는
세속의 목욕탕과 같은 곳이다

'우주와 세상의 중심인 마음에 묻은 때를 스스로 닦으려고 열심히 수행하는 자는 이미 해탈을 한 사람이다. 이런 사람은 미혹한 생을 이미 떠난 성자이다.'

절이라는 곳도 사람이 살고 있는 집이다. 스님들이 여기에서 자고 일하고 먹고 생활하는 것은 일반가정이나 다름없다. 부처님을 모시고 있다는 것과 이밖에 의복과 음식 등 종교적인 규범이 따르는 곳이라는 것이 다른 점이다.

외형적인 문제로 보면 일반가정과 별 차이가 없지만 내면적으로 보면 큰 차이점이 있다. 사람이 그저 일생을 의식주에 매달려 아무런 문제없이 사는 것도 좋지만 이것은 실로 헛된 삶에 지나지 않는다.

절은 그런 헛된 삶을 관(觀)하고 인간의 내부로부터 일어나는 삶에 대한 존재의 문제를 공부하는 곳이다. 말하자면 사람이 성주괴공(成住壞空)과 생주이멸(生住異滅)과 생로병사의 무서운 법칙을 벗어날 수 있는 방법을 구하는 곳이 바로 절이다.

우리가 사는 이 세상은 시간적으로 보면 무한하다. 설사 우리가 여기에 존재하지 않아도 시간은 영원하여 그 속에서 생멸과 자람이 있다. 대개 이 우주는 4겁(劫)의 긴 시간을 그치는데 이를 두고 성주괴공이라고 한다.

겁은 범어의 음역인 겁파(劫波)의 줄임말로써 우리가 일반적으로 생각하는 년, 월, 일로 계산할 수 없는 지극히 긴 시간인데 지극히 짧은 시간인 찰나(刹那)와 상대되는 개념이다.

성(成)은 세계가 생성하는 시기, 주(住)는 세계가 안주하는 시기, 괴(壞)는 세계가 멸망해 가는 시기, 공(空)은 이 세상이 텅 비어 있을 때를 말한다.

삼천대천 세계는 모두 이 네 가지의 시기를 거치는데 이러한 무한한 시간 속에 모든 생물은 소멸과 생장의 과정인 소장(消長)을 거듭하게 된다. 여기에서 앞의 것이 인(因)이고 뒤의 것이 과(果)여서 서로 인과로 이어지게 된다.

인의 앞에는 또 다른 인이 있어서 그 시작과 끝을 알 수가 없으며 쉼 없이 인과가 서로 이어진다. 그러므로 이 세상은 시작과 끝이 없다. 또한 이 세상은 사물이 생기고, 머물고, 변화하고, 소멸하는 네 가지 현상을 연속적으로 반복하는 생주이멸을 겪는다.

이런 시작과 끝도 없는 인과 속에서 사람은 이별과 태어남을 경험하고, 또한 스스로 생로병사의 고통을 경험하게 되는 것이다. 이러한 인간의 고통을 해소하고 나아가 우주의 진리를 깨닫고 영원의 대생명을 얻어 불생불멸의 상락(常樂)을 구하기 위해 내면적으로 마음을 가다듬고 잡념과 몽상을 벗어나 해탈의 열반을 구하려는 수행을 하는 곳이 절이다.

즉, 일반사회는 평범한 생활을 하는 곳이며 절은 초탈적(超脫的) 삶을 견지하는 곳이다. 그럼, 절을 단적으로 말하면 어떻게 요약할 수 있을까?

나는 사학자도 아니며 또한 고어연구가도 아니기 때문에 자세히는 파악할 수 없으나 결론적으로 말해 절은 '진리의 집'이라고 할 수 있다.

우리나라에 불교가 처음 들어왔을 무렵 아도(阿道)스님께서 '모예가(毛禮家:텔레집)'에 계셨다고 해서 그 '텔레'라는 말이 변화하여 절이 되었다는 가설이 있다. 또 다른 하나는 파리어(巴里語)로 'Thera'에서 온 말이라고도 하나 아직 확실한 근거는 찾을 수가 없다.

아무튼 절이란 곳은 정법(正法)을 연설하고 전미개오(轉迷開悟)의 법을 수행하여 영생의 길을 찾을 수 있는 진리의 집이라는 데는 이견이 있을 수 없다. 이것이 절에 대한 간단한 개념이다.

그렇기 때문에 이렇게 뜻 깊고 현심(玄深)한 이치를 가진 절을 세우는데 있어서 돌 하나라도 함부로 올릴 수 없다. 모두가 청정하고 경건한 마음으로 불사에 임해야 한다. 또한 진리정도에 부합하고 귀일(歸一)할 수 있는 법도(法度)가 있어야 한다.

그래서 절을 두고 우리는 목욕탕이라고 할 수 있다. 남이 들으면 "웬 목욕탕" 하고 웃을 수도 있을 것이다. 목욕탕은 세속을 살면서 육신에 묻은 때를 씻는 곳이지만 마음에 묻은 더러운 때는 씻을 수 없다. 절은 번뇌와 망상의 때를 깨끗하게 씻는 곳이라는 말이다.

재미있는 이야기를 하나 하겠다.

어느 날 내가 거처하고 있는 봉국사에 여자 한 분이 찾아와서 뜬금없이 이렇게 물어 왔다.

"스님, 절은 무엇을 하는 곳입니까?"

잠시 그 신도의 말에 웃으면서 나는 "목욕탕"하고 대답을 했다.

신도는 나의 말에 웃으면서 "우리 스님은 농담도 잘하시네요."하며 대꾸를 하였다.

그 신도는 진심 어린 내 말을 듣지 않고 한갓 농으로 들었는지 연신 얼굴에는 웃음기가 가득 하였다. 나는 적지 않게 무례하다는 생각이 들었다.

"자네, 왜 절에 오는가?"

"부처님 만나러 오는데요."

"너의 집에도 부처가 있는데 왜 여기를 와. 아직 자네는 때를 씻지 못했군."

"우리 집에 부처가 있다니요?"

"남편과 아이들 있어?"

"네."

"그들이 바로 부처야. 그러니 그 가족들을 잘 모셔야 해. 그리고 자주 때를 벗겨."

"때라니요."

"허허. 육신에 묻은 때를 벗기는 곳이 목욕탕이라면 마음의 때를 벗기는 곳이 절이지."

그제야 우둔한 그 신도는 머리를 깊이 조아렸다. 자기 자신의 무지를 깨달았던 것이다.

이렇게 누겁다생(累劫多生)에 겹겹으로 쌓여진 오욕탐진과 삼세육근(三世六根)의 진구(塵垢)를 참회와 정진, 발원의 성업(成業)으로 해탈과 열반 내지 성불의 절정에까지 오를 수 있도록 목욕할 수 있는 곳이 바로 절이다. 여기에서의 생활은 엄숙, 경건, 참회와 발원의 연속이기 때문에 절에 오는 사람들은 항상 마음을 깨끗하게 비우고 정갈한 모습으로 부처님을 찾아야 한다.

있는 그대로 보고 있는 그대로 행하라

'보이는 만물은 관음(觀音)이요, 들리는 소리는 묘음(妙音)이라. 보고 듣는 것밖에 진리가 따로 없으니 시회대중(時會大衆)은 알겠느냐. 산은 산이요 물은 물이로다.'

대선사였던 성철 스님의 그 유명한 '산은 산, 물은 물'이라는 법문이다.

일반 범부의 눈으로 읽고 이것을 깨닫는다는 것은 실로 어려운 일임은 틀림없다. 그런데 이를 거꾸로 보면 일반 범부의 눈으로 읽어도 이를 깨닫는 것은 쉽다. 그냥 '있는 그대로 세상을 보라'이기 때문이다. 이를 두고 깊이 생각할 필요는 없다.

이렇듯이 성철 스님의 법문은 수행자가 들으나 일반신도들이 들으나 그 깨달음에 있어서는 모두 같다. 우리는 자신이 살고 있는 이 세상에서 일어나는 모든 현상이나 사물에 대해 너무 깊이 생각하고 있지 않는지 한번 생각해 볼 필요가 있다.

이 세상의 근본적인 근원은 선(善)이다. 선은 인간이 가진 원래의 마음이기도 하다. 산과 물, 바람, 꽃이 내는 소리는 원래부터 있는 그대로의 소리이듯이 말이다. 이 소리들은 천년 전이나 지금이나 하나도 변함이 없다. 이것이 바로 자연이 가진 위대함이다. 천년을 한결같이 물소리나 바람소리, 꽃 지는 소리는 변함없는 자신들의 목소리를 내고 있으니 그 소리가 바로 관음이고 묘음이 아니겠는가?

그러나 우리 인간의 마음은 셀 수 없는 찰나의 순간에도 쉬임 없이 변한다. 이것은 있는 그대로 세상을 보지 못하는 인간의 사악한 생각 때문이다. 본래부터 인간은 선을 추구하고 있음에도 불구하고 말이다.

성철 스님의 법문이 위대한 것도 바로 여기에 있다. 이 세상 참된 진리는 '보고 듣고 있는 그대로'에 있다는 말씀이다. 사실 이보다 더 위대한 진리는 없다.

성철 스님이 말씀하신 가슴을 울리는 다른 법문을 하나 소개할까 한다.

"나에게는 늘 생각하는 말뚝 하나가 있다. 오래 전부터 그 쇠말뚝을 박아 놓고 있는데 아직도 그것이 꽂혀 있다. 거기에는 '영원한 진리를 위해 일체를 희생한다'고 적혀 있다."

21

성철 스님은 평생 마음속에 '영원한 진리'를 위해 자신을 희생하며 살아가신 분이다. 우리도 머릿속에 생각의 말뚝하나 박아 두어야 하지 않을까?

"마음의 등불이란 한낮에 뜬 해처럼 우주를 항상 비추고 있으니 또 다시 다른 등을 켠다면 이는 대낮에 촛불을 켜는 것과 같다."

성철 스님은 사람의 마음은 하늘에 뜬 우주를 비추고 있는 해와 같다고 말씀하셨다. 이렇듯이 우리의 마음은 위대한 것임이 틀림없다. 이런 우리의 마음을 어찌 제대로 다스리지 못하고 사람행세를 할 수 있겠는가?

마음은 형태와 빛깔도 없고 냄새도 없으며 자취도 없다. 그런데도 불구하고 성철 스님은 마음을 두고 등불에 비유하여 항시 우주를 밝히는 등불과 같다고 하셨다.

그러나 우리의 마음은 형태만 없을 뿐, 어떤 작용을 끊임없이 한다. 마치 바람이 나무를 흔들고 숲을 흔들듯이 남을 사랑하고 미워하고 질투하고 때로는 끊임없이 증오를 양산한다. 이런 변화무쌍한 마음을 잘 다스리지 않고서는 이 세상을 바른 지혜로서 살아가기가 힘들다.

성철 스님의 재미있는 일화를 하나 소개하겠다.

하루는 어떤 신도가 자신의 아들이 시험에 합격을 했다고 당시로는 엄청나게 비싼 라도(Rodo) 시계를 보시하였다. 스님은 그 신도가 가고 나서 시자를 불렀다.

"이게 라도 시계라는 것인데 너 처음 보재. 사람들이 모두 가지고 싶어 하는 거다."

스님은 이 말을 하고 난 뒤 그 비싼 라도 시계를 나무토막 위에 얹어 놓더니 난데없이 돌을 하나 집어 들었다. 이것을 본 시자가 깜짝 놀라 물었다.

"스님, 무엇을 하려고 하십니까?"

그 말이 끝나자마자 스님은 돌로 쳐서 시계를 부숴버렸다.

"자석아, 이 깊은 산중에서 수행승이 시계가 무슨 소용이 있노. 공부하는 놈은 시계를 볼 시간도 없다."

만약, 이 같은 일을 신도가 알았다면 섭섭하게 생각했을지도 모르겠다. 성철 스님은 시자에게 탐욕의 경계를 가르치기 위해서 기꺼이 그 비싼 라도 시계를 희생했던 것이다.

몸과 마음이 깨끗해지면 본질적으로 잡념이 생기지 않는다. 사람이 잡념이 많아지게 되면 망상이 많아지고 현실을 잃어버리게 되는 원인이 되기 때문이다. 성철 스님이 있는 그대로 세상을 바로 보라는 것은 바로 그러한 망상에 빠지는 것을 경계하기 위함이 아니고 무엇이겠는가?

지성적이며 진리에 귀를 기울이라

'어리석고 미혹한 사람은 그 어리석음으로 인해 나쁜 경지로 빠진다. 이와 달리 진리를 바라보는 사람은 올바른 지혜로써 어리석음을 끊어 버린다. 그리하여 이 세상으로 다시 돌아와 미혹한 생을 되풀이 하는 일을 두 번 다시 행하지 않는다.'

옛날 인도의 비데아 왕국에는 미틸라라는 왕이 살고 있었다. 그는 정도(正道)로써 나라를 다스리며 백성을 사랑하는 어진 왕이었다. 특히 왕은 종교에 대한 강한 믿음을 가지고 있었는데 자신은 8만 4천 년마다 왕자로 윤회하며 태어났다는 것을 스스로 알고 있었다. 이렇게 왕은 삼세(三世) 동안 오직 군주의 자리에만 올라 만백성을 통치하는 삶만을 오래 동안 영위하고 있었다.

그러던 어느 날 이었다. 왕은 자신의 머리를 깎아 주는 이발사에

게 이런 말을 하였다.

"이발사여! 만일 내 머리칼을 다듬다가 흰 머리가 발견되면 즉시 나에게 말하라."

왕자에서 국왕에 오른 지 이십여 년이라는 많은 시간이 흘렀다. 이발사는 왕의 머리를 깎다가 한 올의 흰 머리카락을 발견하였다. 즉시 이발사는 왕에게 이를 고하였다.

"대왕님! 여기 흰 머리카락을 찾았나이다."

왕은 이발사의 말을 듣고 고개를 끄덕거렸다.

"머리카락을 나의 손바닥 위에 올려보아라."

그때 왕에게는 아직도 8만 4천년이란 엄청난 수명이 남아 있었지만 흰 머리카락을 보자 마치 자신에게 죽음이 찾아온 듯 마음이 초초해졌다. 어떤 때는 그 머리카락에 때문에 자신이 곧 죽게 될 것이라는 망상에도 빠지게 되었다. 그러던 어느 날 그는 마음을 굳게 먹었다.

"어리석도다. 미틸라여 아직도 나 스스로 내 머릿속에서 백발이 나오도록 번뇌를 끊지 못했다니!"

그는 골똘하게 생각하다가 더 이상 이런 번뇌의 성에 갇혀 산다는 것이 큰 고통임을 깨닫고 출가를 결심하였다. 그는 아들에게 왕위를 물려주면서 이렇게 말을 하였다.

"아들아, 내 머리에 백발이 돋아났구나. 나는 이제 늙고 병들었다. 인간적인 욕망은 누릴 만큼 누려 왔으며 더 이상의 생은 가치가 없다. 이제 나는 출가를 하여 도를 닦고자 한다."

왕은 스스로 왕궁을 떠나 기나긴 수행길을 나서 '마카데바 망소 숲'에서 남은 긴 세월을 고요한 선정에 들었다. 이후 왕은 죽어 다시 범천계에 태어났다.

이것은 붓다의 과거세에 나오는 〈본생이야기〉이다. 여기에서 국왕은 바로 부처이며, 이발사는 아난다의 전생이며 아들은 붓다의 아들이었던 라훌라이다. 여기에서 우리가 주목해야 할 한가지의 위대한 사실을 발견할 수 있다.

아무리 권세와 권력을 누리고 있는 사람이라도 '죽음에 대한 두려움'을 벗어날 수 없다는 것이다. 왕은 어느 날 갑자기 돋아난 단한 올의 흰 머리카락을 보고 자신이 늙고 병듦을 탄식했다.

무릇 생명이 있는 모든 것은 영원할 수 없다. 이것이 우주의 질서이며 진리이다. 가고 오는 것이 그 이치이다. 그런데도 불구하고 한갓 눈앞의 권력과 권세를 버리지 못하고 오늘날 이전투구를 일삼는 많은 이들을 보면 안타까운 마음을 버릴 수가 없다.

사람이란 나이가 들어 늙어 갈수록 욕심이 더 늘어난다. 애착과 집착이 강해지고 가진 것을 놓지 못해 행복으로부터 자꾸 멀어지는 우를 범하고 있다. 병과 재물, 명예는 쌓을수록 화를 불러일으킨다는 원리를 모르고 있는 까닭이다.

미틸라왕이 머릿속에 난 한 올의 흰 백발을 보고 기꺼이 자신의 권력과 권세를 내치고 출가의 길을 걷고 마침내 부처가 되었다는 이 〈본생이야기〉는 우리들에게 큰 교훈을 던져 주고 있다. 왕은 어리석고 미혹한 사람이 되지 않기 위해 스스로 진리를 따라 출가를 했다. 그리하여 미혹한 생을 되풀이 하는 일을 두 번 다시 행하지 않고 부처가 되었다.

여기에서 우리가 반드시 주목해야 할 사실이 있다. 불자 중에 이런 말을 하는 사람이 있다.

"나는 부처를 믿는다."

이 말처럼 어리석은 다짐은 세상에 없다. 왜냐하면 부처란 절대로 대상(對象)이 아니기 때문이다. '나'라는 이것을 제외하고 그밖에 따로 객관적으로 부처라는 것을 둘 수 없다. 궁극적으로 부처는 먼 곳에 있는 대상이 아닌 나의 마음속에 있음을 깨달아야 한다.

미탈라왕이 깨달은 것은 바로 이것이다. 자신의 무지를 깨닫고 모든 권력과 권세를 버리고 출가를 결심하여 스스로 부처가 되고자 했던 것도 바로 자신의 마음속에 든 부처를 보았기 때문이다.

그러므로 진정으로 깨달아야 할 것은 '나' 자신이다. '나'라는 이 마음이 청정법신이며 '이 마음' 이것이 그대로 부처임을 알아야 한다.

'따로 부처가 있는 것이 아니다.'

깨달음에 이른 사람에게는 그 어떤 속박도 결코 없다

'성현이란 흔들림 없이 모든 수행을 마치고 으뜸가는 지혜와 생의 종극을 깨달은 사람으로서 더 이상 미혹의 생을 되풀이 하지 않으며 마지막 몸을 가지신 분이다. 또한 거만한 마음을 끊고 늙고 병듦조차 뛰어넘은 사람이다.

그러므로 선정에 들어 마음이 평온한 사람은 부지런하며 세상의 그 끝을 아는 자이다. 또한 악마의 세력을 정복하여 생사를 초월한 사람이다.'

석가모니 부처님이 해탈을 위해 보리수 아래 있을 때 마왕천자는 석가모니의 과실(過失)을 찾아내기 위해 혈안이 되어 있었다. 그는 집요하게 잘못을 찾으려고 하였으나 끝내 찾지 못하다가 석가모니가 자신보다 뛰어난 열여섯 가지의 이유를 가지고 있음을 깨닫고 스스로 물러나려고 했다.

마왕천자는 석가모니와 같이 "보시바라밀, 지계바라밀, 출리바라밀, 지혜바라밀, 정진바라밀, 인욕바라밀, 진실바라밀, 결정바라밀, 자비바라밀, 사(捨)바라밀 등 이 열 가지를 수행하지 못했기 때문에 그를 도저히 따라갈 수 없다"고 생각을 하였던 것이다.

또한 그는 석가모니가 가진 나머지 여섯 가지의 지혜 즉 '사람의 마음과 뜻을 읽는 지혜, 자비심의 지혜, 기적을 일으키는 지혜, 온갖 지혜를 얻을 수 있는 지혜, 걸림이 없는 지혜, 다른 사람의 능력을 아는 지혜' 등 이 여섯 가지의 뛰어난 점을 가지고 있음을 알고 스스로 낙담을 하였던 것이다.

그때 마왕존자의 탕하(탐욕), 아라티(혐오감), 라가(애염)라는 이름을 가진 세 딸이 나타나 자신의 아버지가 석가모니로 인해 근심하고 있는 것을 알게 되었다.

"애들아, 이 위대한 사문은 이미 나의 힘을 초월해 버렸다. 내가 이 분의 과실(過失)을 찾으려 하였지만 그에게서 그것을 찾을 수가 없었다."

이 이야기를 들은 세 딸은 이렇게 말을 했다.

"그런 일이라면 걱정하지 마세요. 저희들이 그 분을 유혹하여 밧줄로 묶어 오겠습니다."

그때 세 딸은 아무리 뛰어난 남자라도 여자의 유혹에는 견딜 수 없기 때문에 온갖 수단으로 유혹을 할 수 있다고 믿고 있었다. 세 딸은 소녀의 모습으로, 중년 여인의 모습으로, 노년 여인의 모습으로 각각 석가모니에게 다가가 유혹하려고 했다.

그러나 석가모니는 그 세 딸에게 눈길 한번 돌리지 않고 오직 위없는 소멸과 해탈을 위해 정진만을 하고 계셨다. 결국 마왕존자와 그의 세 딸은 석가모니를 유혹하는데 실패를 하고 말았다. 이것을 본 석가모니는 그들에게 이렇게 말을 하였다.

" 내 앞에서 사라져라. 너희들은 어찌하여 그런 일에 목숨을 걸고 달려드는가. 그 같은 짓은 탐욕을 떠난 자 앞에서는 아무런 의미도 없다. 여래는 탐욕과 성냄, 어리석음을 버린 존재이다."

이 이야기를 들은 세 딸은 스스로 물러나며 "아버지가 말씀하신 그대로이다. 세상에서 아라한이 되어 깨달음에 도달한 석가모니는 욕정으로 유혹할 수 없는 분이다."라고 찬탄을 하였다.

이것은 붓다의 과거세 이야기 중 '인연'에 관한 이야기이다. 깨침을 던져 주는 우화적 요소를 지닌 재미있는 내용이다. 세상을 살다보면 자의든 타의든 우리는 뜻하지 않게 남으로부터 어쩔 수 없는 유혹을 받기 쉽다.

유혹을 받는 데에는 지위 고하를 막론하고 있기 마련이다. 석가모니가 보리수 아래에서 만약, 그 세 딸의 유혹을 견디지 못했다면 이 세상에 석가모니 부처님은 존재하지 않았을지도 모른다. 오늘날 우리 사회는 끊임없이 유혹을 받는 세상이다. 명예와 재물, 욕망의 유혹으로부터 견디지 못하고 스스로 절망의 소굴로 들어가는 사람

들을 많이 본다.

　이러한 유혹을 애초부터 끊고 벗어나기 위해서는 '확고한 신념'을 가지는 것이 매우 중요하다. 도리에 벗어나고 잘못된 것에 대해서는 과감하게 관철시키고자하는 자기만의 확고한 신념을 가지는 것이 매우 중요하다는 말이다. 유혹을 견디며 한평생 이 세상을 살아가는 일은 결코 쉽지 않은 일이다. 아무리 자신이 정직하게 살고 있다고 하더라도 한순간의 실수로 인해 나락으로 빠지는 사람들을 우리는 종종 볼 수가 있다. 오늘날 우리가 사는 세상은 한순간에 저지르는 조금의 잘못도 인정하지 않는 곳이다. 유혹은 유혹을 견디는 자만이 악의 소굴에서 벗어 날 수 있다.

　물론 애초부터 그러한 마음조차 가지고 있지 않은 석가모니를 닮으라는 말은 아니다. 그러나 적어도 유혹을 견딜 수 있는 사리분별력을 반드시 가져야 된다는 말씀이다. 석가모니가 그 어떤 유혹으로부터 벗어나 해탈을 이루었듯이 그러한 유혹을 견디며 욕망을 탐하지 않는 진실한 마음을 소유하는 것이 최상의 길이다.

　결국 모든 유혹으로부터 견디는 것은 무소유의 실천이다. 무소유를 실천하는 사람에게는 애초부터 자신의 마음에서조차 자유로우며 어떠한 속박에도 굴하지 않는다.

자기 자신의 육신과 자기 생각의 굴레를 벗어나야만
진정 사람은 자유로워진다

부처님께서 망굴라의 산에 계실 때 어느 날 부처님의 제자인 라다가 이렇게 물었다.

"세존이시여 중생이란 누구를 말하는 것입니까?"

"자신의 육신과 색(色)에 집착하는 사람을 중생이라 한다. 또한 보고 듣는 감각인 수(受), 지각(想), 의지(行), 의식(意識)에 얽매이는 것을 중생이라고 한다. 그러므로 사람은 육신과 자기 생각의 굴레에서 벗어나야 한다. 그러한 애착을 끊어야만 괴로움에서 벗어날 수가 있다. 이를 비유하면 마치 어린애가 모래성을 쌓고 '이것은 내 성이야'라고 하다가 성이 무너지면 발로 헤쳐 버리고 마는 것처럼 자기 육신과 자기 생각의 굴레를 벗어나야만 자기로부터 진정 자유로울 수 있는 법이다."

이것은 《잡아함경》에 있는 부처님의 말씀이다. 여기에서 우리는 중생과 부처의 차이를 발견할 수 있다. 부처님은 중생이란 자신의 육신인 육근(六根)과 육식(六識), 육진(六塵)에 애착하는 사람이라고 하였다.

사람의 눈은 좋은 것만을 보려고 하고, 코는 좋은 냄새만 맡으려고 하고, 혀는 맛있는 것만 맛보려 하고, 귀는 좋은 소리만 들으려 하고, 몸은 자신에게 유리한 것만 받아들이려고 한다. 이러한 다섯 가지의 좋은 것만을 취하기 위해 사람의 마음은 끊임없이 움직인다. 이것이 사람을 미혹의 구렁텅이로 빠지게 하는 원인이 된다.

어떤 이는 이러한 것을 두고 인간의 본능이라고 말하지만 단언컨대, 마음으로 충분히 제어할 수 있는 것들이다. 만약 모든 중생들이 이 마음만을 가지고 있다면 세상은 아마 혼란의 늪 속에 빠지는 것은 자명한 일이다.

부처님이 아이들의 모래성에 비유한 것은 바로 집착을 끊어내는 방법에 대한 것이다. 아무런 유위의 욕심이 들어 있지 않는 아이들의 마음을 닮는 것이 곧 중생을 벗어나는 길이기 때문이다. 이러한 집착에서 벗어나기 위해서는 자기가 가진 육신, 즉 육근으로부터 벗어나야 한다.

자신의 마음을 옭아매고 있는 온갖 좋은 것에 대한 집착을 내려 놓아야만 비로소 모든 것으로부터 자유로워진다는 말씀이다. '자유롭다'라는 말은 하고 싶은 일을 맘대로 하는 것을 말하는 것이 아니다. 모든 애착에서 벗어나는 것, 온갖 집착을 내려놓아야만 인간이 가지고 있는 고통과 번뇌로부터 자유롭게 된다는 뜻이다. 이것이 바로 부처님이 항상 제자들에게 경책하신 '버림의 안락'이며, '열반의 길'이다.

조선시대 대선사였던 휴정 스님은 자유로움을 철저하게 즐겼던 분이다. 휴정 스님의 게송을 하나 소개 하겠다.

'天地一虛堂 古今一瞬息 其中一主人 曠劫一顔色(천지일허당 고금일순식 기중일주인 광겁일안색)

'천지 아래 한 개의 빈 집, 옛날과 지금이 한 순간이네. 그 속에 한 주인이 억겁의 세월에도 변함이 없네.'

실로 뛰어난 한 구절의 시가 아닐 수 없다. 휴정 스님은 부처님이 말씀하시는 '버림의 안락'과 '자유로움'을 동시에 추구했던 스님임을 알 수 있다. 마치 가슴이 후련하고 누겁진뇌(累劫塵惱)가 일시에 소멸되게 한다. 투철한 깨달음이 없어서는 이런 노래가 결코 나올 수 없다. 휴정은 하늘과 땅을 하나의 빈 집으로 보았으며 무한한 겁륜(劫輪)의 찰나로 본 것이다. 말하자면 천지와 고금에 아랑곳하지 않는 한 주인, 이것이야말로 그대로 불생불멸이며 불구부정 부증불감의 부처 진신이 아니고 무엇이겠는가? 휴정의 넉넉한 자유로움이 그대로 드러나는 시이다.

이렇듯이 우리나라의 고승들은 그 자체가 부처이며 진신이 분들이 많았다. 그들이 이렇게 자유자재한 것은 자신이 가지고 있는 육신과 자신이 가진 생각의 굴레를 벗어나 모든 집착을 끊었기 때문이다. 이것을 보면 부처님, 옛 고승들이 한 말씀들은 변함이 없고 한결 같이 진리라는 것을 느낄 수 있다.

우리는 세상을 살면서 취하지 않아야 할 것들에 대해 오히려 많은 애착을 느낄 때가 있다. 그러나 이러한 것들을 과감하게 버릴 수 있는 마음을 가져야 한다. 왜냐하면 버릴 것을 마땅히 버려야만 마음의 평안을 얻기 때문이다.

세상을 살다보면 취하는 것보다 버리는 작업이 더욱 힘들다. 그러나 잘 생각해보면 버리는 것이 괴로움을 덜 얻는다는 것을 알게 될 것이다. 지금부터라도 가엾은 중생에서 벗어나 부처의 길로 가는 길을 택하기 위해서는 육신과 생각의 굴레에서 벗어나 자기 자신을 옭아매는 것들을 하나씩 버리는 작업을 해야 한다.

부처가 되려면 부처를 바로 알라

'참으로 행복한 사람은 아무것도 가지지 않은 사람이다. 또한 최고의 지혜를 갖춘 사람도 그 무엇에도 집착하지 않는 사람이다. 그가 바로 부처이다.'

절간 마당을 지나가다 가끔 불자들은 이런 질문을 내게 던진다.

"스님 부처님은 어디에 계십니까?"

이런 질문을 받을 때마다 나는 빙그레 웃으면서 이렇게 말을 한다.

"너희가 찾는 부처님은 여기에 없다"

불자들은 나의 말뜻의 의미를 아는지 모르는지 화사하게 웃기만 한다. 그리고는 대웅전을 가리키면서 "저기에 있네."하고 달려갈 때도 있다.

나는 그 모습을 보면서 그냥 속으로 웃고 만다. 아마 그들은 나의 말을 한갓 농(聾)으로 듣는 모양이다. 분명이 있는데도 없다고 하니 말이다. 이렇게 저들이 찾는 부처는 부처의 실상(實相)이 아니라 외상(外相)이라는 생각이 드는데도 불구하고 아무런 말도 하지 않고 나는 그만 발길을 염화실로 향하곤 한다.

그렇다고 그들에게 부처는 그것이 아니라고 내가 불자들에게 이야기한들 제대로 알아듣지도 못할 뿐만 아니라 부처를 찾는 그들에게 공연히 마음의 허상(虛想)만 키워 줄 수가 있다. 부처가 어디에 있다고 알려 주는 것이 중요한 것이 아니라 부처를 찾는 그 마음이 오히려 대견하다는 생각이 들었기 때문이다. 자신들의 마음속에 부처가 있음을 모르듯이 말이다.

염송에 이런 구절이 있다.

'世尊未離兜率 已降王宮 未出母胎 度人已畢(세존미리도솔 이강왕궁 미출모태 도인이필)'

'도솔천을 떠나지 않고 왕궁에 강탄(降誕)하셨으며 어머니 태중에서 나오시지도 않고 중생을 다 제도하셨네.'

법문도 이만하면 절정이라 할 수 있다. 이밖에 또 무슨 말이 필요하겠는가? 불교의 뜻은 이 짧은 글 속에 다 표현되어 있다고 해도 과언이 아닐 것이다. 이것은 부처의 본상(本相) 그대로를 적나라하게 표현하였으며 법신 본연의 자세를 숨김없이 바로 보인 직설(直

說)이다.

석가세존께서 도솔천 내원궁(內院宮)에서 획명보살(獲明菩薩)의 몸으로 계시다가 중생을 교화하기 위해 중인도(中印度) 카필라국 정반왕궁(淨飯王宮) 마야부인의 태중을 빌려 탄생하였다. 이것은 인간 석가의 출생연기(出生緣起)이다.

본시 부처라는 근본 당처(當處)에 있어서는 탄생이 있을 수 없으며 출생 또한 있을 수 없다. 더구나 중생을 제도한다는 것도 있을 수 없으며 입멸도 없다. 부처란 석가세존이 발견하였을 뿐이지 결코 창조할 수 없는 것이기 때문이다.

그러므로 원래 부처는 천지보다 먼저라도 그 비롯됨이 없는 것이며 천지보다 뒤에라도 그 마침이 없다.

그렇기 때문에 "古佛未生前 凝然一相圓 釋迦猶未會 迦葉豈能傳 (고불미생전 응연일상원 석가유미회 가섭기능전)"이라고 하였다.

'옛 부처가 나기 전에 한 모양 둥근 것을 석가도 모르거니 가섭이 어찌 전할 것인가?'라는 뜻이다.

부처란 바로 이런 것이다.

무시무종(無始無終)이며 불생불멸이며 불구부정, 부증불멸의 존재이다. 그러므로 우주의 생명이며 실상반야의 본체인 부처에게 생멸증감(生滅增減)이 있을 수 있으며 탄생입멸(誕生入滅)이 어찌 있을 수 있겠는가?

금강경에 보면 '金佛 不渡爐 木佛 不渡火 泥佛 不渡水'란 말이 있다. 이것은 '쇠로 만든 부처는 화로에 견딜 수 없고 나무로 만든 부처는 불에 견딜 수 없으며 흙으로 만든 부처 또한 물에 견딜 수 없다'는 말이다. 정말 방편이 없는 진심어린 직설이다. 그러므로 부처란 위대한 것이 아니다.

쇠로 만든 부처, 나무로 만든 부처, 흙으로 만든 부처는 원각경에 일러 놓은 말과 같이 달을 가리키는 손가락이며 길을 안내하는 이정표에 불과한 것임을 알아야 한다.

그런데도 불구하고 우리 불자들은 정말로 이것을 부처로 알고 있는 것 같다. 이것은 마치 하루 종일 돈을 헤아려도 제 돈이라고는 단 한 푼도 없는 것과 같다.

이는 마치 절에 가는 이유를 전혀 모르고 절에 가는 것과 같은 이치이다. 불자가 절에 오는 이유는 부처를 만나기 위해서가 아니라 제 마음속에 든 부처를 만나기 위해 절을 찾는 것임을 알아야 한다.

'부처가 되려면 부처가 무엇인지 똑바로 알고 보라.'

명상은 무지를 깨부수는 일이며 영혼의 자유를 찾는 일이다

'명상삼매에 들어 열심히 청정행(淸淨行)을 닦은 사람은 스스로의 의심이던 타인에 대한 의심이던 모든 의심을 버린다.'

세상에는 도저히 과학으로도 설명할 수 없는 불가사의한 일이 많다. 특히 불법(佛法)에 있어서는 더욱 그렇다. 관음경(觀音經)에 보면 사람이 원(願)을 세우고 간절히 기도를 하면 32명의 응신(應身) 중, 한 사람을 보내어 원을 들어 주신다는 내용이 있다.

이를 두고 타 종교에서는 불교가 지나치게 신비주의로 흐르고 있다고 지적하지만 불교를 몰라도 한참 모르는 사람이며 종교의 본질을 모르는 사람이다.

종교의 궁극적인 목적은 자기 성취에 있다. 자기의 소망을 위해원을 세우고 간절히 기도를 하는 것은 남을 위해서가 아니라 바로

43

자신을 위해서이다. 다만 여기에서 간과해서는 안 될 점은 부처님이나 관세음보살님은 자신이 원을 이루기 위해 기도하는 하나의 대상에 불과하다는 것이다.

마침내 간절함이 움직여 소원이 이루어지게 되는 것은 부처님이나 관세음보살의 덕이 아니라 자신의 굳은 신심 때문이라는 이야기이다. 그렇다고 내가 부처님이나 관세음보살님을 폄하하기 위함이 아니다. 중요한 것은 절대자에게로 향하는 자기 자신의 강한 신심이 전제가 되어야 한다. 그 절대자가 바로 부처님인 것이다.

이와 같이 사람이 원을 세우고 그 소망을 이루기 위해 부처님이나 관세음보살님에게 기도를 하는 것은 의지할 때 없는 자신을 기대는 하나의 방편이다. 세상에는 우연이라는 것이 하나도 없다. 간절함이 간절함으로 통할 때 그것이 필연으로 나타나는 것이 삶의 이치이다.

그러므로 불교에 있어 원을 세우는 것은 아주 중요하다. 아무런 원도 없이 무턱대고 기도를 하는 것은 시간 낭비에 불과하다. 목표가 있어야만 기도도 잘 되고 그에 따른 자신의 노력도 배가된다는 뜻이다. 왜냐하면 강한 신심은 불가능한 것도 가능하게 하기 때문이다. 확실한 믿음을 가지고 기도명상을 하면 우리는 자신도 모르게 어떤 불가사의한 힘을 받게 된다. 그 힘을 주는 것이 바로 종교의 힘이며 부처님의 힘이다.

부처님에게로 향하는 지극한 신심 하나를 소개한다.

십여 전 미국 플로리다 템파베이에서 일어난 일인데 티벳의 한 스님이 장(腸) 파열로 갑자기 쓰러진 적이 있었다. 매우 심한 고통으로 인해 그 스님은 바로 병원으로 실려가 수술을 받아야만 했다.

그런데 웬일인지 그 스님은 수술을 하기 전에 반드시 해야 할 마취를 거부하였다. 몸에 마취를 하는 것은 부처님의 계율에 어긋나는 일이었기 때문이다. 담당의사는 많은 출혈로 인해 당장 수술을 하지 않으면 생명이 위독한데도 마취를 하지 않겠다는 스님의 고집을 꺾을 수 없어 결국 마취 없이 수술에 들어가야만 했다. 그러나 놀랍게도 스님은 생살을 찢고 장장 여섯 시간 동안 수술을 하고 있는 동안에도 아프다는 소리 한번 지르지 않았다.

의사가 하도 신기해 물었더니 스님의 말씀은 전혀 통증을 느끼지 않았다고 한다. 수술을 집도한 의사들은 뜻밖의 신기한 상황에 놀라워했다. 그도 그럴 것이 수많은 수술을 했던 의사들도 처음으로 경험한 일이었기 때문이다.

의사들은 그 스님의 피를 뽑아 정밀 검사를 해 보았다. 검사 결과 처음 보는 이상한 물질이 피 속에서 검출되었는데 그 물질은 평범한 사람들에게서는 전혀 볼 수 없는 것으로 마음이 지극히 안정된 상태나 명상하는 사람들에게서만 생성되는 물질임을 알았다. 그 물질은 마음이 평화로운 사람들에게서만 생성되는 것이었다.

의사들은 그 이후 그 물질의 이름을 티벳 스님이 마취제 (morphine)를 사용하지 않고 수술을 하였다고 하여 엔돌핀

(endorphine)이라고 이름을 지었다. 원래 엔도(endo)는 영어의 인너(inner)로써, 내부(內部)라는 라틴어이고 올핀(orphine)은 몰핀에서 따온 말이다. 즉 엔돌핀은 체내에서 생성되는 마취제라는 뜻이다. 이렇듯이 사람의 몸은 마음 쓰기에 따라 이런 특이한 물질을 만들어 내는 능력을 지니고 있다. 그런데 수행을 많이 한 이들에게는 엔돌핀보다 일백 배 이상 더 뛰어난 효능을 지닌 물질이 사람의 몸속에 있다는 사실을 학계에서 증명을 하였던 것이다. 그 이름이 바로 다이놀핀(dynolphine)이다. 다이나마이트(dynamite)에서 가져온 다이나(dyna:힘)를 합성하여 지어진 이름이다.

일반인들이 마취를 하지 않고 수술을 한다는 것은 감히 있을 수 없는 일이다. 티벳 스님이 마취를 하지 않고 수술을 한 것은 단지 부처님에 대한 계율 때문이다. 그것은 부처님에 대한 절대적인 신심이 없었다면 결코 행할 수 없는 일이다.

이렇듯이 기도명상은 우리의 몸을 건강하게 하고 모든 세상의 의심과 편견을 끊어 버리게 한다. 티벳 스님이 아픔을 전혀 느끼지 못한 것을 과학적으로 분석해 보면 그 의문은 쉽게 풀릴 수 있지만 그러한 것도 모두 명상수행이 있었기 때문에 가능했던 것이다.

살아 있는 것들은 모두 다 행복하라

　인도의 마하라단나왕이 세상을 다스리고 있을 때였다. 왕에게는 세 아들이 있었는데 첫째는 마하부나, 둘째는 마하제바, 셋째는 마하살타였다. 그중 막내인 마하살타는 성격이 어질고 자비심이 두터워 가난한 사람을 보면 항상 돕기를 자청하였다.

　어느 날 세 형제가 숲속에 산책을 하고 있을 때 바위 아래 동굴 속에서 호랑이가 새끼들에게 젖을 먹이고 있는 광경을 보게 되었는데 오랜 가뭄으로 인해 굶주린 어미 호랑이는 오히려 새끼들을 모두 잡아먹으려고 했다.

　이 광경을 목격한 막내 마하살타는 곧 죽을 목숨인 호랑이 새끼를 보자 가엾은 나머지 곰곰이 생각을 했다.

　'나는 오랫동안 나고 죽음을 수없이 반복하여 왔지만 한갓 부질없는 짓이었다. 내가 윤회를 거듭한 것은 오직 탐욕, 성냄, 어리석음 때문이다. 지금 복의 씨앗을 부릴 좋은 인연을 만났으니 이 얼마나 좋은 기회인가. 저 호랑이 새끼들을 위해 기꺼이 이 몸을 던지리라.'

그는 곧 두 형제들을 먼저 보내고 호랑이에게 다가가 자신의 몸을 던져 기꺼이 먹이가 되었다. 그 순간 마하살타 왕자는 보살이 되어 도솔천으로 올라가 다시 태어났다.

부처님의 초기불전인 《붓다밤사》에 실려 있는 내용이다. 한 왕자가 배고픈 호랑이에게 자신의 몸을 던져 자비를 실천하고 보살로 화(化)한 이 이야기는 우리들에게 많은 감동을 던져 준다. 이와 같이 자기를 위생하고 남을 돕는 살신성인(殺身成仁)의 정신은 마음속에 굳은 신념이 없다면 결코 실천할 수 없는 것이다.

원래부터 눈앞의 이해관계에 매우 영리한 존재가 바로 인간이다. 자기희생은 이러한 이해관계를 버려야만 행할 수 있는 것들이며 오직 남을 위한 삶을 살겠다는 자비정신이 있어야만 가능하다. 왕자가 행한 자비정신은 생명의 귀중함을 일깨워주는 이야기임이 틀림없다. 요즘에도 이러한 자비 정신을 실현하고 있는 사람들을 많이 본다. 물에 빠진 여자 친구와 여자 친구의 동생을 구하고 숨진 고양헌 씨, 은행에 침입한 강도가 동료 여직원을 위협하자 막기 위해 달려들었다가 흉기에 찔려 사망한 도현우 씨 등이 그 선례들이다.

추위를 가릴 옷 한 벌과 바리때만을 들고 길에서 살다가 길에서 사라져 간 부처님이 영원한 구도자의 상징이었으며 보살들 또한 자비를 몸소 실천한 부처들이었다. 또한 남을 위해 자신을 희생한 두 사람 역시 부처라고 할 수 있을 것이다.

부처님은 보리수나무 아래서 깨달음을 얻은 다음 그 깨달은 내용들을 다른 이에게 들려주기 위해 45년 간을 바람처럼 살다가 80세의 일기로 조용히 열반에 들었다. 그런 부처님의 가르침이 뒷사람에 의해 하나의 묶음으로 써진 최초의 경전이 《숫타니파타》이며 이 경전과 함께 전해 내려오는 것이 바로 부처님의 초기 불전인 《붓다밤사》이다.

《숫타니파타》가 짧은 잠언의 글들로 '깨침'을 주는 글이라면 경전들은 재미있는 이야기를 통해 '깨침'을 주는 것이 다른 점이지만 그 내용들이 던져주는 주제들은 대개 일맥상통한다.

왕자가 행한 자비의 정신은 바로 '살아있는 것은 다 행복하라'의 《숫타니파타》에 쓰인 경전에 대한 가르침이라고 할 수 있다. 짧은 한 구절의 잠언 같은 시와 함께 우화(寓話) 같은 불전들은 읽다보면 새삼 부처님의 위대함에 저절로 고개가 숙여진다.

그렇다 살아 있는 것은 다 행복해야 할 그 나름대로의 이유가 있는 것이다.

죄의 싹을 잘라 버리고 더 이상 죄의 씨를 뿌리지 않는 사람,
지금 생긴 죄를 더 이상 자라게 하지 않는 사람,
홀로 걸어가는 저 사람을 성자라 부른다

　　부처님 재세시, 코살라국의 사밧티에 마니발타라라는 한 바라문
이 5백여 명의 제자를 거느리고 있었는데 그중에는 앙굴리마라는
큰 제자가 있었다. 그는 외모가 뛰어나고 뜻이 깊어 여러 사람들에
게 매우 신임을 얻고 있었는데 어느 날 바라문이 출타를 한 사이 그
의 부인이 앙굴리마를 유혹하려고 했으나 거절당하자 부인은 앙심
을 품고 남편이 돌아오자 앙굴리마가 자신을 성폭행했다고 거짓으
로 일러바쳤다. 이때 바라문은 앙굴리마의 말은 듣지도 않고 오직
부인의 말만을 믿고 그에게 벌을 내렸다.
　　"그대는 아침 일찍 거리로 나가 오늘 하루 동안 백 명의 사람을
죽여라. 그리고 한 사람마다 손가락을 잘라 그것으로 목걸이를 만
들어 목에 걸어라. 그러면 도(道)를 이루게 될 것이다."
　　앙굴리마는 곧 칼을 들고 거리로 나가 눈에 보이는 대로 사람을

죽였는데 순식간에 아흔아홉 명이 되었다. 이 이야기를 듣고 울며 달려온 어머니마저 죽이기 위해 그는 칼을 뽑았다. 이때 부처님께서 앙굴리마의 앞을 가로막았다. 앙굴리마는 다시 칼을 부처님에게 뽑아 달려들었다. 그때 부처님은 천천히 걷고 있었으나 앙굴리마는 도저히 부처님을 쫓아갈 수 없었다.

"사문아, 나는 머무는데 그대는 어찌하여 머물지 못하는가?"

앙굴리마는 정신이 번쩍 들었다. 그리고 마침내 부처님 앞에 무릎을 꿇고 이렇게 말했다.

"부처님이시여, 저는 아흔아홉 명을 죽인 살인마입니다. 이제부터 출가를 원합니다."

"사문이여, 그대는 이제 단 한 명도 죽이지 않았다."

"어찌하여 그러하옵니까?"

"네가 저지른 일은 여래 이전에 행한 일이니라."

다음 날 앙굴리마는 대중들과 함께 탁발을 나갔다가 그를 본 한 임산부가 놀라 피를 흘리며 쓰러졌다. 이 모습을 본 앙굴리마는 자신 때문에 놀라 쓰러진 여인의 모습을 보고 부처님께 아뢰었다.

"부처님 저로 인해 또다시 한 여인이 죽어 가고 있습니다."

"아니다. 사문아 지금 그 여인에게 가서 나는 사람을 단 한 명도 죽이지 않았다고 하라."

"어찌 그러하옵니까?"

"그것은 여래 이전의 일이니라."

앙굴리마는 그 길로 여인에게 돌아가 자신은 한 명도 죽이지 않았다고 소리쳤다. 여인은 고통을 멈추고 곧 순산을 하였다. 그 후 앙굴리마는 진정으로 부처님의 제자가 되어 용맹정진하여 아라한이 되었다.

못된 한 여인의 증오에 의해 살인마가 되었던 앙굴리마라는 아라한에 대한 이야기이다. 사람이 아무리 어진 마음을 가지고 있다고 해도 악한 한 마음을 이기지 못한다는 것을 보여준 교훈이다. 이와 같이 언제나 마지막 시점에 선은 악을 이기지만, 악을 이기는 것은 결코 쉽지 않다. 거기에는 많은 고통과 난관들이 도사리고 있기 때문에 악의 구렁텅이 속에서 빠져 나오기란 쉽지 않기 때문이다.

그럼에도 불구하고 선은 악을 능히 이길 요건들을 충분히 가지고 있다. 그러기 위해서는 이길 수 있다는 강한 신념과 믿음이 동반 되어야만 가능한 일이다.

이 이야기 속에서 부처가 우리에게 던지는 교훈은 바로 '여래 이전의 일'과 '여래 이후의 일'이다. 죄를 지은 것은 바로 여래 이전의 일이며 '참회'는 여래 이후의 일인 것이다. 여래 이전의 일에 아무리 많은 죄를 짓고 있다고 하더라도 이를 진정으로 '참회' 한다면 용서를 받을 수 있다는 부처님의 말씀이다.

이 세상을 살면서 사람은 자신도 모르게 죄를 지을 수 있다. 이보다 중요한 것은 그 죄에 대한 스스로의 뉘우침과 깨달음이다. 이것이 부처님 말씀의 중요한 요지이다. '죄는 미워하되 사람은 미워하지 말라'는 것과 같은 말이기도 하다.

달마 대사와 혜가 스님과의 만남도 부처님과 앙굴리마와의 만남과 흡사하다. 달마 대사는 오지에서 9년 동안 면벽수행을 실천한 위대한 선사이다. 어느 날 혜가 스님이 도를 깨치기 위해 달마대사를 찾아 갔다. 마침 소림굴에는 눈이 내리고 있었는데 달마대사는 혜가 스님의 인기척에 전혀 미동도 하지 않고 오직 면벽수행만을 하고 있었다. 혜가 스님은 달마대사의 수행이 끝나기만을 기다렸다. 눈이 쌓여 어느새 자기의 허리춤까지 차올랐으며 강추위는 그의 몸을 얼어붙게 했는데 다음 날 아침, 마침내 달마대사가 혜가 스님을 향해 고개를 돌렸다.

"자네는 누구이며, 어떻게 왔는가?"

"도를 구하러 왔습니다."

"도를 구하러 왔다고?"

"네. 달마 스님에게 제가 원하는 바는 없습니다. 다만 지금 제 마음이 대단히 불안합니다. 저도 수행을 한다고 하지만 수행의 바른 길을 알지 못하며 또한 가는 길을 모릅니다."

"언제부터 있었느냐?"

"하루가 지났습니다. 그래서 눈이 제 온몸을 덮었습니다."

달마 대사는 깊은 생각에 잠시 잠기다가 이내 이렇게 말을 했다.

"네가 지금 가지고 있는 불안한 마음, 초조한 마음을 가져오너라."

"그것은 형상이 없어 지금 드릴 수가 없습니다."

"지금부터 너에게 있었던 그 초조하고 불안한 마음들은 이 순간 사라졌다. 내가 지금 그것들을 없앴노라."

이때부터 혜가 스님은 자기 자신을 옭아매던 초조한 마음과 불안한 마음이 사라졌음을 스스로 느꼈다. 결국 혜가 스님의 불안하고 초조한 마음은 자신의 마음에 달려 있었던 것이다. 그는 그때부터 달마 대사의 제 1제자가 되었다.

만약 혜가 스님에게 이러한 신심이 없었다면 그 짧은 만남 동안 달마 스님을 통해 결코 대오(大悟)를 할 수 없었을 것이다. 그의 이러한 신심은 사실은 달마 스님을 만났기 때문에 생긴 것이 아니라 그가 깨달음을 얻기 위해 오래 동안 스스로 신심을 다져 왔기 때문이다. 어느 날 달마라는 큰 고승을 만남으로서 자기 마음속에 잠재해 있었던 신심이 빛을 발해 대오를 했던 것이다.

앙굴리마가 부처님의 말씀을 듣고 불가에 귀의 한 것이나 혜가 스님이 달마대사에게서 깨달음을 얻었던 것은 모두 그 이전의 죄와 불안감을 씻었기 때문이다.

우리는 자신도 모르게 죄를 지으며 세상을 살아간다. 그러나 중요한 것은 그 죄를 인식하고 스스로 뉘우쳐 다시 죄를 범하지 않는 데에 있다.

남을 괴롭히는 사람, 이런 짐승 같은 자의 삶은
죄악으로 가득 차 있다. 세월이 갈수록 늘어나는 것은
자신의 더러움뿐이다

어느 날 부처님께서 라자가히라는 마을에서 설법을 하고 있었다. 대중 속에는 숫파붓다라는 나병환자가 그 설법을 듣고 있었는데 부처님은 그의 곁에 다가가서 법을 설하였다. 그 법은 부처님의 가르침 속에서도 가장 훌륭한 가르침인 괴로움, 괴로움의 원인, 괴로움의 소멸, 괴로움을 소멸시키는 길인 즉, 고(苦), 집(集), 멸(滅), 도(道)였다. 그러자 그 나병환자는 마치 하얀 천을 가진 듯 눈이 맑아지고 피부가 고와지는 것을 느꼈다. 숫파붓다는 비로소 더러움을 떠나 깨끗한 법의 눈이 열렸던 것이다.

숫파붓다가 부처님에게 이렇게 말을 했다.

"부처님. 저는 이제 불법에 귀의합니다. 저는 이제 거룩하신 가르침에 귀의합니다. 저는 이제 거룩하신 승가에 귀의합니다. 부처님 오늘부터 이 목숨이 다하는 날까지 저를 삼보께 귀의한 재가신자로 받아주소서."

부처님께서 다시 말씀하셨다.

"잘 왔구나. 숫파붓다여."

그러는 순간 암소가 달려와 숫파붓다를 들이받아 그는 그 자리에서 죽고 말았다. 이것을 보고 놀란 대중들이 부처님에게 아뢰었다.

"부처님. 이제 삼보에 귀의한 그의 미래세는 어떠하옵니까?"

"대중들이여 그는 원래 라자가히에서 제일 부자인 집의 장자였다. 어느 날 한 벽지불이 탁발을 하러 왔는데 그를 보고 '이 문둥아 감히 어디에 와서 동냥하느냐'고 했다. 그 업보로 그는 나병환자가 된 것이다. 그러나 그는 이제 삼보에 귀의하였으므로 후세에는 삼십삼천의 신들과 함께 있게 될 것이다."

예나 지금이나 사람들은 남을 비방하기를 좋아하고 때론 음모하기를 좋아한다. 한 번 내뱉은 말은 쏟아진 독의 물처럼 주워 담기란 매우 힘들다. 그러므로 항상 삼업의 하나인 구업(口業)을 조심해야 한다. 설령, 마음이 그렇지 않다 하더라도 순간적으로 내뱉는 말은 상대방에게 깊은 적의를 품게 하거나 상처를 주기 쉽다.

부처님이 숫파붓다에게 법을 행한 것도 이미 그가 전생에 저지른 업을 알고 있었던 까닭이다. 그는 생전에 부잣집의 장자였으나 탁발을 하러온 벽지불에게 문둥이라고 말한 업보로 인해 기나긴 세월동안 지옥에서 고통을 받았으며 그 후 다시 태어났으나 그 업으로

인해 문둥이가 되었던 것이다.

이런 그를 바른 길로 인도하기 위해 부처님은 최상의 가르침인 '고,집,멸,도'의 설법을 펼쳤다. 다행스럽게도 그는 부처님의 바른 법을 알아듣고 불, 법, 승, 삼보에 귀의를 하게 되고 마침내 죽어서 복덕을 누리게 되었다는 이야기이다.

숫파붓다처럼 우리는 남에게 자신도 모르게 죄를 짓고 있지 않은지 한번쯤 생각을 해 보아야 한다. 사람이란 남의 과실은 보기 쉬워도 자신의 허물을 스스로 깨닫는 것은 매우 힘들기 때문이다. 남의 허물만을 쳐다보게 되면 정작 자신의 허물은 보기가 힘들다.

만일, 진실로 많은 복덕을 원한다면 숫파붓다처럼 전생에 함부로 남의 허물을 말하여 지옥에 떨어지거나 그 업으로 인해 불행에 빠지지 않도록 많은 공덕을 쌓아야 한다.

'죄는 지은 대로 오고 복도 지은 대로 받기 때문이다.'

모든 소유욕은 바라는 마음에서 일어난다

카필라성 동쪽에 로히니강을 두고 석가족과 코올리족들은 강물을 나누어 쓰면서 농사를 지으며 평화롭게 살고 있었다. 그들은 서로 교류를 하며 혼인관계를 맺고 있었다.

그러던 어느 날, 가뭄이 심하게 들어 강물이 줄어들었다. 양쪽의 농부들은 서로 강물의 물을 많이 쓰기 위해 다툼이 일어나서 나중에는 전쟁 직전 까지 갔다.

이것을 보다 못한 부처님이 두 부족의 왕들을 만나 해결을 하려고 했다.

"왕이여, 도대체 이 싸움은 무엇 때문에 일어난 일입니까?"

"부처님이시여 저희들은 잘 모릅니다. 장군들이 더 잘 알 것입니다."

부처님은 그 나라의 최고 권력을 쥔 장군들을 불러 다시 물었다.

"장군들이여 이 싸움은 무엇 때문에 일어난 일입니까?"

"부처님이시여 저희들은 잘 모릅니다. 관리들이 잘 알고 있을 것입니다."

그들은 싸움의 원인조차 잘 모르고 있었다. 마침내 농부들에게 물었더니 그 싸움의 시작은 강물 때문에 빚어진 일임을 알게 되었다. 부처님은 두 부족의 왕들을 불러 이렇게 물었다.

"왕들이여. 물과 사람의 생명 중 어떤 것이 더 귀중한 것입니까?"

"물론 사람의 생명이 더 소중합니다."

"그런데 어찌하여 왕들은 한갓 물 때문에 귀중한 생명을 해치려 드는가."

그제야 왕들은 잘못을 깨닫고 장군과 관리와 농부들에게 무기를 버리라고 명령하였다.

그리고 부처님이 이렇게 설하였다.

"원한을 지닌 사람들 속에 있을지라도 원한을 버리고 즐겁게 살자. 원한을 지닌 사람들 속에 있을지라도 원한에서 벗어나 살자."

요즘 우리는 아주 사소한 다툼에서 시작하여 큰 싸움으로까지 치닫게 되는 경우를 많이 보게 된다. 심지어 이로 인해 사람을 서로 죽이기까지 한다. 마음의 화를 억제하지 못해 생기는 하나의 병이다. 자신의 조그만 이익을 얻기 위해 마침내 자신을 파멸로 이끄는 이 행위들은 인간이 가진 십선업(善業) 중에서도 의업(意業)으로 생기는 탐욕과 진애(塵埃), 사견(邪見)때문에 일어나는 것들이다.

석가족과 코올리족이 강물을 서로 많이 차지하려고 다투는 것은 탐욕이요, 이로 인해 싸움을 하는 것은 화를 다스리지 못해 생기는 진애 때문이며 급기야 사람의 생명을 빼앗으려 드는 것은 어리석은 사견 때문에 발생한 것이다.

한 발만 뒤로 물러서서 깊은 생각을 단 한 번만이라도 한다면 결코 일어나지 않을 일들이다. 그럼에도 불구하고 전쟁까지 한 것은 조금도 자신이 손해를 보지 않으려는 어리석은 마음 때문이다.

우리는 가족이나 친척, 친구 간에 이런 사소한 다툼으로 인해 나중에는 급기야 원수가 되는 일이 있다. 부처님의 설법은 여기에 그 요지가 있다. 비록, 우리는 우리의 삶속에서 어쩔 수 없는 원한을 만들더라도 이를 스스로 해소하고자 하는 노력이 필요하다. 우리가 추구하는 인생의 목적은 서로가 즐겁고 화목하게 사는 데에 있다. 이러기 위해서는 먼저 원한을 만들지 않아야 한다. 진실로 남을 위하는 마음이 있어야 상대방도 나를 위하는 마음이 생기기 때문이다.

'백지장도 맞들면 낫다'라는 속담이 있다. 자신만의 욕심을 버리고 모두 함께하는 화합이 곧 행복의 지름길임을 명심해야 한다.

홀로 가는 수행자를 보살펴 줘라 구도의 길은 홀로 가는 것이다

아라한 세존께서 이렇게 말씀하시는 것을 나는 들었다.

"비구들은 수행의 공덕과 뛰어난 지혜, 해탈의 정수와 훌륭한 기억을 가지고 생활해야 한다. 만약 이를 가진 사람은 두 가지의 과보 가운데 하나를 가지게 되는데 그것은 현세에서 완전한 지혜를 갖춘 아라한과가 되거나 아니면 아직 번뇌가 남아 있어도 이 미혹한 세상으로 되돌아오지 않는 불환과가 되는 것이다."

다시 세존께서 말씀하셨다.

"모든 수행을 흔들림없이 마치고 최고의 지혜와 생사의 끝을 깨달은 성현이야말로 더 이상 미혹한 생을 되풀이하는 일 없는 마지막 몸을 가지신 분이다. 교만한 마음을 끊고 늙고, 병듦을 뛰어넘는 성현이 될 수 있음을 나는 자신한다. 언제나 마음을 한데 모아 정신을 바르게 통일하는 사람은 생사의 끝을 아는 사람이다. 그러므로 악마로부터 벗어나 생사를 초월할 수 있는 사람이 되라."

초기불전 《우다나》에 기록된 기쁨의 언어, 진리의 언어 중에 나온 부처님 말씀이다. 여기에서 엿볼 수 있는 것은 바로 수행자가 가져야 할 마음의 자세이다. 수행자가 수행의 공덕과 뛰어난 지혜, 훌륭한 기억을 가지기 위해서 첫째로 가져야 할 것은 확고한 신심이다.

특히 불교에서는 신(信), 해(解), 행(行), 증(證)의 수행에 대한 차례가 있음을 각별히 되새겨야 한다. 사견(邪見)과 의심이 없는 깨끗하고 견실한 신심을 첫째로 가져야만 한다는 것이다. 이것이 바탕이 되지 않고 불교를 믿는다는 것은 한갓 어불성설(語不成說)에 지나지 않는다. 그 다음으로는 바른 길을 찾아갈 수 있는 지견(知見)이 있어야 하며 이것이 갖추어진 다음에는 수행 곧, 실천이 있어야 한다.

이 과정을 거쳐 원숙해진 다음에야 증득(證得)이라는 큰 열매를 얻게 되는 것임을 수행자와 불자들은 반드시 명심해야 한다. 이러한 계단을 차근차근하게 밟지 않고서 성불을 이룬다는 것은 있을 수가 없다.

요즘 주위를 돌아보면 확실한 신심을 가진 불자도 정확한 지견을 가진 수행자도 보기 힘들다. 오히려 이들이 지닌 것은 불교의 지식이나 쓸데없는 알음알이에 불과하다. 불교 수행에 가장 위험천만한 일은 바로 이 부분이다. 수행이란 높은 지식이나 단순한 알음알이만으로 되는 것이 아니라는 말이다.

수행자나 불자들은 수행실천과 정진이 내실적(內實的)으로 확실히 다져져 있어야만 불교가 지향하는 궁극적인 큰 깨달음에 도달 할 수가 있다. 이와 달리 수행자가 정진을 하지 않고 그저 듣는 것만으로 그치고 만다면, 풍성수색(風聲水色)에 지나지 않게 될지도 모른다. 즉, 한갓 바람소리와 물빛에 지나지 않게 된다.

불교의 깨달음이란 크게 두 가지로 나눌 수 있다. 하나는 해탈의 정수(精髓)를 아는 지견을 가진 아라한이 되는 것이고 또 하나는 생사를 초월한 사람이 되는 것에 있다. 그리하여 다시는 번뇌의 삶인 현세에 다시 돌아오지 않는 불환과가 되는 것이다.

불자라면 탐(耽), 진(嗔), 치(痴) 삼독을 모르는 사람은 거의 없다. 부처님 말씀이나 경전을 읽고 한없이 외우기만 할 것이 아니라 그 삼독 가운데서 어느 것 하나라도 착실히 마음속에서 제거할 수 있는 수행을 실천으로 옮기는 것이 매우 중요하다는 말이다. 이와 같이 수행에 있어 어느 것 하나 중요하지 않은 것은 하나도 없다. 그러므로 수행이란 혼자 가는 외롭고 힘든 길임을 명심해야 한다.

인간에게 있어서 가장 값진 것은 믿음이다

부처님과 스님들이 기원정사에 있을 때 국왕과 백성들이 많은 공양을 하고 있었다. 당시 그 곳에는 난타라는 가난한 여인이 살고 있었는데 자신도 부처님께 공양을 올리려고 했으나 그녀에게는 돈이 오직 1전밖에 없었다. 그녀는 그것으로 등불을 켜기 위해 기름집으로 달려갔으나 그 돈으로는 기름을 살 수 없었다. 그녀는 주인에게 애원을 했다.

"부처님과 제자들에게 불을 켜 공양을 하기 위해서이니 이것이라도 받으십시오."

기름장수는 애절하게 원하는 이 가여운 여인을 위해 등불을 켤 정도의 기름을 주었다. 여인은 이 등불을 켠 뒤 이렇게 부처님께 서원을 올렸다.

"저는 지금 몹시 가난하여 부처님께 공양할 것은 오직 이 작은 등

불 하나뿐입니다. 이 등불은 저의 전 재산과 저의 마음을 모두 바치는 것이오니 부디 이 인연 공덕으로 저도 내생에 지혜광명을 얻어 일체 중생의 어두운 마음을 없애게 하여 주십시오.”

밤이 지나고 먼동이 텄다. 부처님의 제자 목련은 밤이 되면 다시 켜기 위해 등불들을 하나씩 끄기 시작했다. 그런데 이상하게도 그중 하나의 등불이 꺼지지 않았다. 이것을 본 부처님이 목련에게 이렇게 말하였다.

“지금 네가 끄려는 불은 바람의 힘으로 끌 수 없다. 또한 크나큰 태풍으로도 끌 수 없다. 그 등불을 보시한 사람은 자기의 재산과 마음을 진실하게 바친 뒤 일체 중생을 구원하겠다는 큰 서원을 세웠기 때문이다.”

그 후 부처님은 그녀에게 수기(授記)를 주었다. 이에 난타는 기쁜 나머지 부처님께 꿇어앉아 출가를 원해 비구니가 되었다.

“너는 오랜 세월이 지난 뒤 불국토를 성취하고 부처가 될 것이다.”

불교에 있어서 서원을 세우고 강한 신심을 갖는 것은 매우 중요하다. 이것은 《현우인연경(賢愚因緣經)》에 나오는 이야기이다. 이 경전은 큰 발심과 원력으로 믿음을 가지고 악을 그치고 선을 행하며 신심을 다해 수행에 든다면 지혜를 증득(證得)할 수 있다는 내용이다.

가난한 여인의 등불을 밝히게 한 것은 보시를 통해 강한 원력을 세워 서원을 얻겠다는 신심 때문이다. 이렇듯이 보시란 물질의 크고 작은 것에 달려 있는 것이 아니라 그 마음에 있다는 것을 알 수 있다. 이 이야기가 우리들에게 던져주는 교훈은 매우 크다.

오늘날 불교는 교리를 바탕으로 전문성 있게 연구하여 매우 수준 높은 경지에 와 있는 것이 사실이다. 또한 법회에 참석하여 법문을 경청하는 신도들의 수준도 매우 높다. 바야흐로 불교가 종교적인 측면을 지나 생활 속의 철학으로 깊이 흡입되고 있기 때문이다. 그만큼 지식층이 불교사상에 깊이 관심을 가지고 있는 까닭이다.

그러나 우리가 반드시 주지해야 할 사실이 있다는 것을 간과해서는 안 된다. 이 경전의 내용과 같이 깨달음이란 지식과 어떤 과학적인 논리로서 해석될 수 없다는 점이다.

불교란 이론과 설명과 학술에 그 진실이 있는 것이 아니라 실천의 수행과 정견(正見)의 정진(精進)에 진실한 의의(意義)가 있다. 이론이나 설명 따위는 실천의 수행과 정견의 정진을 위한 바른 길을 찾는데 필요한 보조 수단에 지나지 않는다.

그러므로 이론과 설명을 가지고 성불(成佛)을 했다는 사실은 결코 있을 수 없는 일이며 또한 지식과 건혜(乾慧)만으로 해설의 정상(頂上)을 점검할 수도 없다.

계환선사(戒環禪師)가 쓴 능엄경에 보면 이런 말이 있습니다.

'의의불의어(依義不衣語) 의지불의식(依智不依識) 의료의(依了義)

불의불요의(不依不了義) 의법불의인(依法不依人)'

　이는 뜻〔義〕에 의지하고 말〔語〕에 의지하지 말 것이며 지혜에 의지하고 식(識)에 의지하지 않을 것이며 대승(大乘)에 의지하고 소승(小乘)에 의지하지 말 것이며 법(法)에 의지하고 사람에 의지하지 말아야 한다는 뜻이다. 우리 모두는 다 같이 이 말을 눈감고 고요히 꿇어앉아 다시 한 번 생각하지 않으면 안 된다.

　《현우인연경》에서 부처님이 하시고자 하는 말씀은 진실과 믿음이다. 가난하고 미천한 사람일지라도 반드시 서원을 받겠다는 강한 믿음과 신심을 가지는 것이 매우 중요하며, 또한 보시에 있어 물질에 그 바탕을 두지 않고 오직 마음으로 해야 한다는 사실이다. 이것이 바로 불교의 핵심이다.

명예와 형태에서 집착을 아주 떠난 사람은
어떤 번뇌도 존재하지 않는다

부처님께서 쿠시나가라의 사라쌍수 아래서 열반에 드시려 할 때 여러 제자들에게 불법의 요지를 간략하게 말씀하셨다.

"제자들이여 마땅히 알아야 할 것이 있다. 탐욕이 많은 사람은 자신에게 이익을 구하는 것이 많기 때문에 고뇌도 또한 많다. 이와 달리 탐욕이 적은 사람은 구함도 없고 하고자 함도 없기 때문에 그만큼 근심이 없다. 또 탐욕을 멸하는 사람은 마음이 항상 너그러워 근심과 두려운 바가 없으며 모든 일에 여유가 항상 있어 언제나 모자람이 없다. 이렇게 탐욕을 멸한 사람은 곧 열반을 얻을 것이니 이것을 소욕(小欲)이라 한다.

그러므로 모든 고뇌를 벗어나고자 하거든 마땅히 만족할 줄 알아야 한다. 만족할 줄 아는 법이 바로 부유하고 즐겁고 안온한 것이다. 만족함을 아는 사람은 비록 지상에 누워 있어도 오히려 안락할 것이며, 만족함을 모르는 사람은 비록 천당에 있어도 그 마음은 오히려 부족할 것이다. 또한 만족함을 모르는 사람은 비록 부유해도 가난할 것이며 만족함을 모르는 사람은 항상 오욕에 이끌려 사람들은 그를 오히려 불쌍하게 여긴다. 이것을 두고 지족(知足)이라 이름한다."

이 내용은 부처님이 입멸을 하기 전에 제자들에게 마지막으로 설법한 내용 중의 하나이다. 부처님은 사슴 동산에서 최초의 설법으로 다섯 비구를 교화하고 최후의 설법에서 수발타라(須跋陀羅)를 구제하여 중생제도의 사명을 마치게 되는데 이때 부처님은 사라쌍수 사이에서 이제 곧 입멸할 것임을 먼저 말한다. 이 유훈들을 모아 놓은 것이 《불수반열반교계경(佛垂般涅槃教誡經)》, 《불유교경(佛遺教經)》이다.

이 책은 어휘구사나 문체에 있어서 매우 유려하며 또한 부처님의 임종이라는 극적인 무대를 배경으로 하여 불교의 근본적인 가르침을 간결하게 설명하고 있는 것이 특징이다.

세상에는 많은 종교들이 존재하고 있다. 종교란 어떤 것을 막론하고 모두가 인간의 참된 길을 가르쳐 주는데 있으며 진실한 행복과 영원의 안락을 추구하는 동시에 안심입명(安心立命)의 경지를 지향하는데 있다.

만일, 이 세상에 종교라는 것이 없다면 인간의 생활은 살벌하고 삭막해질 것이 틀림없다. 이 같은 견해를 두고 새삼 논의할 필요도 없으며 또한 생각할 여지도 없다. 종교의 위대함은 바로 여기에 있다. 종교는 우리의 삶을 사랑과 자비로 인도해 주며 또한 인간이 가진 본래의 심성을 맑게 하여 사람과 사람 사이의 인간관계를 자연스럽게 맺어 주는 역할을 하기도 한다.

부처님이 마지막 제자들에게 남긴 이 유훈은 불교의 종교적 가치를 극대화시키는 놀라운 것들로 가득 차 있다. 제자들에게 삶의 지혜와 올바른 가르침을 던져 줄 뿐 아니라 인간이 나아가 어떠한 자세로 세상을 살아가야 할 것인가에 대한 명징한 부처님의 설법이 들어있기 때문이다.

지금 우리나라는 절박한 위기에 직면하고 있다. 모두가 물본주의(物本主義)에 빠져 있기 때문에 인간의 본질은 상실되고 물질 앞에 인간은 더 이상 존재하지 않을 지도 모르는 상황이다. 어쩌면 인간의 존엄성이란 고어사전(古語辭典)에서나 찾아 볼 수밖에 없는 낡아 빠진 낱말이 되고 말았다.

부처님이 제자들에게 탐욕을 가지지 말라고 한 유훈을 남긴 것도 이러한 물본주의에 대한 철저한 경계이며 2천 5백여 년이 지난 지금에도 부처님의 사상은 빛을 발하고 있는 것이다.

오늘날의 사회는 누가 뭐라고 해도 물질주의 사회인 것만은 분명하다. 사람이 아무리 인품이 뛰어나고 지식이 많다고 하더라도 물질 앞에서는 어떤 힘도 발휘하지 못한다. 심지어 부모와 자식 사이

에도 돈이 없으면 공경과 효도도 존재하지 않는 사회에 우리는 살고 있는 것이다. 참으로 비애를 느끼지 않을 수 없다. 이와 같이 인간이 가진 물력(物力)은 대단하다.

이런 시점에서 종교는 모든 물질로부터 인간의 존엄성을 유지시키고 인간의 본성을 깨닫게 해 준다. 불교의 궁극적인 목적도 여기에 있으며 종교의 위대성도 바로 이러한 것에서 발견된다.

그러므로 인간이 가진 본래면목(本來面目)의 회복을 위해 불교는 매우 중요한 역할을 한다. 인간이 인간으로서 가지고 있어야 할 양심과 정도(正道)를 회복하는데 절대적으로 필요하기 때문이다.

사람은 본래부터 착한 마음과 부처의 본성인 불성을 가지고 이 세상에 태어난다. 그러나 이 거친 사회를 살아가면서 인간은 물질과 이해의 득실 사이에서 그러한 불성을 차츰 잃어버리게 되는 과오를 범한다.

부처님이 제자들에게 유훈을 남긴 것도 바로 이 때문이다. 이러한 물질사회에서는 바른 양심을 가지고 정의와 신뢰와 평화라는 기본적인 정신을 가지고 있는 사람이 극히 부족하다.

이러한 시점에 불교의 힘은 가히 절대적이라 할 수 있다.

탐욕과 증오와 어리석음, 그리고 뒤얽힌 번뇌의 매듭을 끊어라

'모든 부처님께서 적멸궁(寂滅宮)을 아름답게 만든 것은 억겁의 긴 시간 동안 탐욕을 끊고 수행을 한 까닭이며, 수많은 중생들이 불타는 화택(火宅)에서 고통을 끝없이 받는 것은 끊임없이 탐욕을 버리지 못하기 때문이다. 막는 사람이 결코 없는데도 불구하고 천당에 가는 사람이 매우 적은 까닭은 탐욕, 화냄, 어리석음의 삼독을 자기 재물로 삼기 때문이다.

유혹하는 사람이 없는데도 악도(惡道)에 들어가는 사람이 많은 것은 자신의 몸에 대한 애착과 온갖 욕망을 마음속의 보배로 삼은 까닭이다.'

한국 불교사의 최고의 성현(聖賢)이었던 원효 스님이 쓴 《발심수행장》에 나오는 내용이다. 이 책은 출가수행과 발심수행을 직접적으로 사람들에게 권고하는 유일한 책이기도 하다.

신라시대의 구심적인 역할을 했던 불교신앙을 일반 민중들에게 권고하기 위한 이러한 원효 스님의 노력은 천년이 훨씬 지난 오늘날에도 불교의 발전에 큰 힘이 되고 있다.

발심(發心)이란 말은 부처님이 증득하신 것을 바로 깨닫기 위해 결심하는 것을 말한다. 발심을 하는 순간, 수행자는 서원(誓願)을 세우고 치열한 수행을 통해 완전한 인격자로 가기 위한 마음을 갖는데 있다. 즉 참다운 보리심의 발원(發源)인 것이다.

원효 스님은 이《발심수행장》을 출가를 위한 교본으로 삼고 수행에 전력을 할 것을 그 당시 신라인들에게 역설했다.

이 책은 삶의 이치를 있는 그대로 설명하고 있기 때문에 무릎을 딱 칠 만큼 우리들에게 많은 교훈을 던져 주고 있다. 원효 스님의 말씀대로 천당에 가는 것을 막지 않는데도 천당에 사람이 적은 까닭은 인간이 탐욕의 구렁텅이에 빠져 있는 까닭이며, 또한 고통의 화택에서 벗어나지 못하는 것도 인간이 스스로 만든 탐 진 치 삼독 때문이다. 또한 사람이 악도(惡道)에 빠지는 것은 끝없는 탐욕과 쾌락을 이기지 못하는 스스로의 어리석음 탓이다.

이렇듯이 인간은 삼독이라는 치유할 수 없는 불치병에 걸려 있으면서도 자신이 병에 걸린 줄도 모르고 있다. 그런데도 불구하고 인간은 마치 완성된 인격체인양 착각하고 있다. 이 같은 견해는 일반인들뿐만 아니라 다른 종교인들조차 깨닫지 못하고 있는 실정이다.

본시 불교는 타 종교와 비교해 볼 때 몇 가지의 우수한 종교적 특징을 가지고 있다.

첫째, 다른 종교는 모두가 믿어야 할 대상이 가설(架設)되어 있다는 점이 불교와 근본적으로 다르다. 가령, 산을 믿는다던지 태양을 믿는다던지 등 무엇엔가 하나의 절대자를 가설해 놓고 그곳에 신앙을 쏟고 있다. 이와 같이 믿는 사람이 따로 있고 믿어야 할 대상이 따로 설정되어 있어 상대적으로 양립되어 있는 것이 타 종교의 구성형태이다. 그러므로 거의 전부가 신을 중심으로 하여 구성되어 있다고 봄이 옳다.

그러나 불교는 믿어야 할 대상을 따로 설정해 두고 있지 않다. 왜냐하면 불교는 전적으로 자기 수행의 종교이기 때문이다. 이것이 타 종교와 확연히 다른 점이다. 부처란 우주의 진리이며 대생명, 대광명체(大光明體)이므로 부처와 나는 갈라질 수 없으며 또한 생사가 분리될 수도 없다. 그렇기 때문에 어떠한 거래도 있을 수 없다. 하나의 광명이며 오직 한 덩이의 진리뿐, 믿고 따라야 할 대상이 없으며 끝까지 인간을 중심으로 하여 구성되었다는 것이 불교만이 가진 특색이라 할 수 있다.

그러므로 불교는 혼미하고 치음(痴暗)한 자성을 갈고 닦아 진선(眞善), 진미(眞美)한 최고의 인격을 완성시키는 것이 최종의 목표이다. 내 몸 속의 참된 자아를 찾아나서는 것, 그 이상도 그 이하도 아닌 것이 바로 불교의 관점이다. 즉 내가 바르게 살면, 그것이 종교가 되고 나의 본성을 바로 찾으면 자기 자신이 바로 부처가 된다. 하지만 아직도 우리에게는 탐진치 이 세 가지의 삼독이 인간의 본래 모습을 가로 막고 있다.

　원효 스님이 들려주는 《발심수행장》은 이러한 인간의 어리석음을 깨치게 하는 훌륭한 교본인 것이다.

놓아 버리는 곳에 진정한 행복이 있다

'음란하면서 참선을 하는 것은 모래를 쪄서 밥을 지으려는 것과 같고, 살생을 하면서도 참선을 하는 것은 자신의 귀를 막고 소리를 지르는 것과 같고, 도둑질을 하면서도 참선을 하는 것은 밑 빠진 그릇에 물이 가득하기를 바라는 것과 같고, 거짓말을 하면서 참선을 하는 것은 똥으로 향을 만들려는 것과 같다. 이런 것들은 비록 많은 지혜가 있더라도 모두 악마의 길을 갈 뿐이다.'

청허당(淸虛堂) 휴정(休靜) 스님이 지은 《선가귀감(禪家龜鑑)》에 나오는 마음의 계율(戒律)이다. 이 책은 불교를 수행하고 배우는 사람들이 지켜야 할 계율에 대한 어록으로서 선의 진수가 담겨져 있어 반드시 읽고 실천해야 할 내용들이다.

휴정 스님이 대장경과 선사들의 어록 가운데서 실천하고 따라야

할 것들을 직접 주해를 달고 송(訟)과 평(評)을 붙인 것으로 알려져 있으며 오늘날에도 중국과 일본에서 수행서로서 널리 읽혀지고 있다.

수행을 하는데 있어서 무엇보다도 가장 중요한 것은 마음가짐이다. 겉으로는 참선을 하는 것처럼 보이지만 안으로는 온갖 잘못을 저지른다면 그것은 오히려 더 나쁜 일이다. 오늘날 한국불교가 더욱 발전하기 위해서는 이러한 잘못된 수행관(修行觀)을 버리고 부처님의 계율과 법에 따라서 승단(僧團)이 청정해져야만 한다.

'사자신중충(獅子身中蟲)'이란 말이 있다. 오늘날 불교의 불법이 망하는 것은 마치 사자의 몸속에 있던 벌레가 몸을 뜯어 먹게 되어 마침내 사자가 죽는 것과 같은 원리이다. 사자는 짐승 중에서도 가장 힘센 왕이다. 그런데도 자신의 몸을 스스로 다스리지 못해 한갓 벌레에게조차 죽임을 당한다. 이렇게 죽은 사자의 고기를 다른 짐승들조차 뜯어 먹지를 못하는데 그 죽은 사자의 고기를 먹다가는 다른 짐승들도 벌레에게 죽임을 당하기 때문이다.

비단 이 같은 이야기는 사회에서만 적용되는 것이 아닌 불교내부에서도 적용이 된다. 불법(佛法)의 정법(正法)은 어떤 외부의 이교도(異敎徒)에 의해서 무너지는 것이 아니라 오히려 내부의 적에 의하여 무너지기 쉽다. 결국 불법은 내부의 파괴분자에 의해 망한다. 이는 부처님의 법망경(法網經)에도 자세하게 나와 있는데 그러므로 바깥보다 내부를 잘 단속해야 한다.

계율은 하나의 질서이다. 그 질서를 지키면 마음이 편안해지지만 반대로 한순간을 참지 못하고 계율을 어기게 되면 평생 씻지 못할 과오와 죄업에 시달리게 된다. 그러한 생각에 못 이겨서 계율을 스스로 파괴해 버리게 되면 하나의 지옥이나 다름없다.

계율을 지키는 방법은 계율이란 생각조차 놓아버려야 한다. 이는 애초부터 집착과 번뇌 망상을 갖지 않는 것을 말한다. 그러나 사람들은 마음의 욕심 때문에 좀처럼 그렇게 되지를 않는다.

가족에게도 지켜야 할 계율이 있다. 한 가족 구성원으로는 아내와 남편, 자녀와 시부모님 등이 있다. 가장은 가장으로 지켜야 할 기본적인 도리가 있고 아내는 아내로서 지켜야 할 기본적인 도리가 있다. 이러한 도리를 잘 지키면 언제나 행복하다. 자식들도 자신이 지켜야 할 도리를 잘 지킨다면 가정은 화목하게 된다.

이와 반대로 가장이 남편의 도리를 저버리고 바람을 피운다면 하루아침에 가정의 행복이 무너질 수 있다. 아내도 마찬가지이다. 부처님도 마음을 음란(淫亂) 속에 두게 되면 사람은 본질을 잃게 되고 큰 불행에 빠지게 된다고 말씀하셨다.

지금 우리나라는 자살자 중 가정파탄으로 인해 생기는 자살률이 35%가 넘는다. 사람이 자살을 할 때는 그 심정이 오죽하겠는가. 가족의 행복이 국가를 부강하게 한다는 말이 있다. 남편은 남편의 도리를 다하고 아내는 주부로서 그 도리를 다해야만 한다. 이것이 행복한 가정을 만드는 규칙이다.

행복과 불행의 과정은 손바닥과 손등 사이에 불과하다. 모든 것은 마음먹기에 달려 있다. 그러므로 마음속의 이기심들을 놓아 버려야만 자신이 원하는 피안의 행복 속으로 들어갈 수 있음을 우리모두는 명심해야 한다.

육신은 한갓 티끌에 지나지 않는다

'육체는 사라지는 것임을 알아야 하며 마음은 또한 변해가는 것임을 알며 집착의 원인이 되는 이 몸과 마음의 두려움을 보아야 하며 미혹한 생은 생사의 반복임을 깨달아야 한다. 그러므로 스스로를 수련하여 깨달은 사람은 열반의 고요함에 도달하여 죽음을 맞이할 수 있다.'

일찍이 부처님은 육신은 한갓 티끌에 지나지 않으며 마음은 끊임없이 변해 집착의 원인이 된다고 말씀하셨다. 만약 인간이 이러한 집착을 끊게 되면 번뇌가 사라지고 마침내 마음에 평안이 온다고 하셨던 것이다. 그런데도 불구하고 사람들은 이를 깨닫지 못하고 미혹(迷惑)의 생에 빠져 허덕이고 있다.

경(經)에 이런 말이 있다.

‘我有一券經 不因紙墨成 展開無一字 常放大光明(아유일권경 불인지
묵성 전개무일자 상방대광명)’

나에게 한 권의 책이 있으니 종이와 먹으로 만들어진 것이 아니다.

펴보아야 글자 하나 없건만 항상 큰 광명을 놓고 있다.

무슨 이런 책이 있겠는가? 종이로 만들지도 않았으며 먹으로 쓰
지도 않았으며 아무리 펴 보아도 글자하나 쓰여지지 않았는데도 언
제나 큰 광명을 놓고 있다고 하였으니 이것이 도대체 무슨 책일까?

이 책은 나만 가지고 있는 것이 아니라 일체중생(一切衆生)이 다
같이 가지고 있으며 이 책은 어디 감추어 둔 것이 아니라 우주건곤
(宇宙乾坤) 아무데서라도 볼 수 있고 들을 수 있고 냄새를 맡을 수
있고 만져 볼 수 있고 맛볼 수 있도록 항상 펼쳐져 있다.

그런데 우리들은 쉴새없이 이 책에서 일러 주는 기막힌 설법(說
法)을 듣고 보고 있지만 이것이 책인 줄도 모르고 있다. 다시 말하면
누가 누구에게 설법을 한 것이며 누구에게 설법을 들어야 하는지
조차 모르고 있는 것이다.

설할 사람도 없는 동시에 들을 사람도 없다는 말이 정말 옳은 설
법인지도 모른다.

관음찬(觀音讚)에 이런 글이 있다.

‘白衣觀音 無說說 南巡童子 不聞聞(백의관음 무설설 남순동자 불문문)’

흰옷 입은 관세음보살이 항상 설법을 하고 계시지만 설해도 설한 것이 없고 남순동자는 그 곁에서 듣고 있어도 하나도 들은 것이 없다는 뜻이다.

관세음보살의 설법은 속된 세관의 설법과 달라 이름도 없고 상(相)도 없고 시간의 제제도 없고, 공간의 구애도 없으며 빛도 없고 소리도 없는 것이기 때문에 때 묻은 눈으로는 볼 수 없다. 또한 업 짙은 감각으로 알 수 있는 지묵이나 문자로 표시된 책이 아니라는 거기에 정말 심심미묘(甚深微妙)한 참뜻이 들어 있는 것이다.

불교란 간단히 말하자면 마음에 묻어 있는 더러운 때를 깨끗이 벗기는 작업이다. 그러므로 마음에 묻어 있는 삼독 오욕(三毒 汚辱)을 제거하는 것이 매우 중요하다. 외적으로 자신을 닦고 내적으로 자성을 개발하여 우주의 진리를 철오(徹悟)하고 영원한 생명(生命)을 향유하는 것이 최고의 목적이며 수행의 과정임을 명심해야 한다.

여기에서 말하는 책 한 권이란 곧 마음이란 뜻이며 우주의 진리를 말한 것이다. 그러므로 진리는 건곤에 충만하고 고금에 변하지 않는 것이며 불생불멸이기 때문에 '영원의 생명'이라 부르는 것이다. 그리하여 우리는 이것을 부처라고 부른다.

이와 같이 부처는 결코 먼 데 있는 것이 아니다.

우리는 밤마다 부처와 같이 자고 아침마다 부처와 같이 일어난다. 산산수수(山山水水)가 모두 부처이며 추국춘란(秋菊春蘭)이 모두 부처이며 있는 그대로가 모두 부처라는 말이다.

그러므로 수행자는 반드시 이름에 의지하거나 그 어떤 형태에 대해서도 집착을 하여서는 안 된다. 집착은 곧 번뇌를 일으키는 원인이 되기 때문에 세상을 있는 그대로 보는 마음을 가져 '이 마음이 곧 부처'라는 것을 반드시 명심해야 한다.

화엄경에 이런 말이 있다.

'佛身充滿於法界 普現一切衆生前(불신충만어법계 보현일체중생전)'

부처는 법계에 가득하여 일체중생 앞에 낱낱이 나타난다는 뜻이다. 그러나 부처는 우리 앞에 나타나는 것이 아니라 바로 우리 자신이 그대로 부처라 해도 조금도 틀린 말이 아니다.

본분실상(本分實相)의 눈으로 볼 때 어느 것 하나 부처 아닌 것이 없으며 이러한 의미에서 '마음은 대원경(大圓鏡)'이라 하였던 것이다. 즉, 거울 속에는 비치지 않는 것이 없듯이 이 마음도 큰 거울과 같다는 말이다.

청황백적(靑黃赤白)이 다 비치고 대소장단(大小長短)이 다 비치지만 거울 자체에는 그 어떤 흔적도 남지 않는다. 우리의 마음도 이와 같다. 삼라만상과 희로애락이 하나도 빠짐없이 있는 그대로 다 나타나지만 마음 자체에는 그야말로 무흠무여(無欠無餘)인 것이다.

다만, 표면에 먼지가 끼었을 때 그것을 닦아내면 다시 본래의 얼굴이 되듯이 마음도 오욕과 탐진(貪嗔)의 먼지를 깨끗이 닦아 내면 부처가 된다는 말이다. 마침내 무량수(無量壽) 무량광(無量光) 상적광사(常寂光土)가 나타나고 생사의 고통을 영원히 벗어 대자재(大自在) 대해탈(大解脫)의 진리를 얻게 된다.

부처님께서는 "현재의 과(果)는 과거의 인(因)이며 현재의 인(因)은 곧 미래의 과(果)"라고 말씀하신 적이 있다. 이렇게 의심과 막연한 이치를 절대 용납하지 않는 명명백백한 이론을 가진 종교가 바로 불교이다.

결국 부처님의 말씀은 자기가 묶은 매듭은 자신이 풀어야 한다는 논리인데 이는 종교적인 해석이 아니라 인과에 대한 해석이다. 바꾸어 말하면 불교는 자업자득의 대원칙을 가진 종교라는 점을 알아야 한다.

인간을 나약하게 만들고 번뇌의 구렁텅이 속에 빠뜨리게 하는 것은 명예와 형태에 집착하는 마음 때문이다. 이 마음이 악을 만들고 이 마음이 자신을 고통 속에 빠뜨리게 하는 원인이 된다. 그러므로 불자라면 마음을 고요하게 하여 집착하는 마음을 버려야만 한다.

2부

너가 바로 부처다

" 사람이 어리석음에 빠져 스스로 고통을 당하는 것은
자신의 마음속에 든 부처를 바로 보지 못하기 때문이다.
이것으로 인해 자기 것이 아닌 것을 소유하려 하고 자기 것이 아닌 것을 붙잡으려 하고,
자기 것인 아닌 것에 집착하는 마음이 자신을 파멸로 이끈다.
그러므로 자신의 마음속에 든 그 부처를 찾아야만 한다. "

언제나 어리석음으로 뒤덮여 있는 사람은
아무리 진리를 가르쳐 줘도 그것을 제대로 이해하지 못한다

'어리석은 사람이 세상을 살아가며 받는 고뇌는 불타는 화택(火宅) 속에 갇혀 받는 고통보다 더 심하다. 어찌 이대로 머물면서 고통을 받고만 있는가. 윤회의 고통에서 벗어나기 위해서는 부처를 찾아야 한다.

부처는 어디에서 찾을 것인가. 다른 곳에 있는 것이 아니라 곧 내 마음속에 있다. 그런데도 불구하고 어찌하여 멀리서 부처를 찾으려고만 하는가. 이 육신을 떠나서 부처는 따로 있지 않다. 우리의 육신은 영원하지도 않기 때문에 생겼다가 죽어 없어진다. 그러나 참마음[眞心]은 모양이 없는 허공이어서 끊어지지 않고 변화하지 않는다.

육체는 죽으면 본래의 모습인 흙, 물, 불, 바람으로 돌아가지만 마음[一物]은 항상 신령하여 하늘과 땅 온 세상에 영원하다.'

고려의 보조국사 지눌 스님이 불교를 바로 잡기 위해 쓰신 《수심결》에 들어 있는 내용이다. 이 책은 마음을 닦는 바른 길을 제시해 주는 명저(名著)인데 일찍이 국내 불교인들뿐만이 아니라 명, 청 중국의 대장경과 일본의 《대정신수대장경》에도 수록되어 있다. 최근 한국에서도 가장 많이 읽히는 선서(禪書) 중의 하나이기도 하다.

불교는 자신의 마음을 닦는 종교이기 때문에 어찌 보면 매우 쉽다고 생각할지 모르지만 어렵게 보면 한없이 어려운 것이 불교이다. 바로 보고 바로 아는 것도 쉬운 것이 아니지만 바로 알았다고 하더라도 도저히 이론 따위로서는 그 깨달음을 확인할 수가 없는 것이 바로 불교이다.

그러므로 불교를 제대로 알기 위해서는 반드시 대분심(大憤心), 대정진(大精進), 대용맹(大勇猛)이 절대적으로 있어야 한다. 불교의 현묘(玄妙)한 진리를 확실히 몸으로 깨달아야 하며 삼계의 고해(苦海)를 뛰어넘어야 하기 때문에 이런 각오를 가지지 않고 깨달음을 얻을 수 없다는 것을 모두 뼈아프게 명심해야 한다.

사람이 번뇌와 고통 속에 빠져 오랜 세월을 헤매는 것은 어리석음을 버리지 못하기 때문이다. 이것은 마치 삼계의 화택 속에 갇혀 당하는 고통보다도 더 크다. 그럼, 이러한 고통과 번뇌에서 벗어나기 위해서는 어떻게 해야만 할까? 대분심, 대정진, 대용맹이라는 철두철미한 자기 수행이 뒤따라야만 한다.

그렇지 않고 얕은 신심과 피상적인 생각만으로 수행하는 것은 자기 마음속에 든 진정한 부처를 발견할 수 없다.

우리의 육신은 영원하지 않기 때문에 육신을 떠나서 부처는 따로 없다. 우리의 마음이라는 것은 모양이 없는 허공이어서 끊어지지도 않고 변화하지도 않는다. 육체 또한 죽으면 본래의 모습인 흙, 물, 불, 바람으로 돌아간다. 그러나 우리의 마음[一物]은 항상 신령하여 하늘과 땅, 온 세상에 영원하다.

그러므로 부처는 먼 곳에 있는 것이 아니라 자기 마음속에 들어 있다. 그럼, 자신의 마음속에 든 부처를 구하기 위해서는 어떻게 해야 할까? 마음을 다스려 산란함을 버리고 자신을 똑바로 쳐다볼 수 있는 눈을 가져야만 하며 집착과 번뇌에 얽매이지 말아야 한다.

'한 방울의 물도 놓기가 어렵다'라는 말이 있다. 이것은 범부가 가진 마음이다. 사람이 견성하게 되면 물질도 놓아버리고 형상도 놓아 버리며 심지어 생사(生死)도 놓아 버리게 된다. 이것이 올바로 될 때만이 비로소 견성을 하게 된다.

우리가 견성을 하지 못하게 되면 시주를 받은 한 방울의 물도 놓기가 어려워지는 법이다. 그래서 생사를 두고 '생사일여(生死一如)'라고 하는 것이다. 즉 '일체중생이 나고 죽는 것은 하나'라는 말이다.

강물이 흔들리지 않고 고요해야만 달의 형상이 곱게 보이듯이 자신의 마음이 혼란스럽지 않고 편안해야만 자신이 하는 일도 잘 되는 이치와도 같다. 만약 강물이 흔들리게 되면 걷잡을 수 없는 깊은 혼란 속에 빠지게 되는 것처럼 말이다.

　진정한 마음속의 부처를 만나기 위해서는 우선 탐진치 삼독을 버려야만 한다. 이를 위해서는 지눌 국사의 말씀처럼 '수심(修心)'을 실천해야만 한다.

진리를 사랑하는 사람은 번영하고
진리를 싫어하는 사람은 멸망한다

부처님께서 기원정사에 계실 때였다. 독수리 잡기를 좋아하는 제자 아리타(arittha.阿梨陀)는 나쁜 소견을 가지고 있었다. 그래서 다른 사람들이 그의 잘못을 고쳐주려고 하였지만 듣지를 않아 부처님이 그에게 꾸짖었다.

"어느 땅꾼이 큰뱀을 잡으려고 하다가 손을 물렸다. 그때 땅꾼은 죽거나 그만큼의 고통을 받았다. 그것은 무엇 때문인가? 그것은 뱀을 잡는 방법이 틀렸기 때문이다. 이와 같이 어리석은 사람은 여래의 교법(敎法)을 배우면서도 가르침의 의미를 깊이 생각하지 않기 때문에 그 진리를 분명하게 깨닫지 못한다. 그러나 이와 반대로 지혜로운 사람은 여래의 가르침을 듣고 그 뜻을 깊이 생각하여 바르게 진리를 깨닫기 때문이다. 이는 어떤 땅꾼이 큰 뱀을 보면 막대기로 뱀의 머리를 눌러 잡는 것과 같다. 왜냐하면 뱀 잡는 방법들을 잘 알고 있기 때문이다."

초기경전에 나온 부처님의 가르침이다. 초기불교는 고도의 지성(知性)과 수행력을 갖춘 부처님의 직계자들에 의해 전해졌는데 삼법인(三法印), 사성제(四聖諦), 팔정도(八正道), 오온(五蘊), 십팔계(十八界), 연기법(緣起法), 중도(中道) 등과 같이 불교교리의 기본 골격을 이루고 있다.

부처님은 여기에서 제자의 잘못을 어떤 형상에 비춰 정확하게 꾸짖어 주고 있다. 사람이 사람에게 배움을 줄 때는 그에 합당한 방법을 제대로 가르쳐 주어야 한다. 이 방법보다 더 큰 가르침은 없다. 단순하게 제자가 잘못했다는 이유 하나만으로 꾸짖는 것은 오히려 역효과가 나기 쉽다. 지혜의 깨침도 이와 같다.

가르침에 있어 매우 중요한 것은 옳고 그름에 대한 정확한 판단을 내리게 하는 기준을 설정해야 한다. 부처님이 잘못된 제자의 견해를 땅꾼의 예를 들어 설명한 것도 바로 이 때문이다.

사람들은 대개 잘못된 이치와 버릇들을 가지고 있는데 스스로 그러한 자신의 단점을 알고 있으면서도 쉽게 고치지를 못한다. 왜냐하면 의외로 사람들은 자신의 잘못에 대해 스스로 자성하는데 인색하기 때문이다. 이러한 것은 자신이 가진 지혜를 희석시키는 결과를 초래하기 쉽다.

이와 같이 불교라는 큰 덩어리는 너무 깊기도 하고 너무 크기도

하여 작은 지혜로써는 도저히 그 밑바닥을 엿볼 수 없고 그 이치를 옳게 짐작할 수도 없다.

집을 하나 지을 때도 제대로 기초공사를 해야 하듯이 먼저 자신의 마음바탕을 제대로 갖추지도 않고 수행을 하는 것은 그야말로 사상누각(砂上樓閣)에 지나지 않으며 '빈 독에 물을 채우는 것'과 다름이 없다.

최고의 인격을 완성시켜 성불이니 해설이니 하는 절대의 정상에 오르기를 목적으로 하는 사람으로서 제일 중요한 것은 바로 옳은 가르침을 받아들이고자 하는 자신의 마음가짐에 달려 있는 것이다. 이것이 수행에 있어 가장 중요한 기본적 태도이다. 이러한 자세를 가지고 수행을 하지 않는다면 그것은 한갓 무용지물에 지나지 않는다는 말이다.

여기 높은 산이 하나 있다. 그 높은 산을 향해 등산하는 사람에게 가장 중요한 것은 무엇일까? 물론 훌륭한 등산장비도 있어야 하지만 그 산길로 올라가는 길을 제대로 선택하는 것이 매우 중요하다. 길을 제대로 찾는다면 정상을 밟는데도 수월하기 때문이다.

만약 올라가는 길을 제대로 선택하지 않는다면 정상의 길은 너무나 힘들고 고통스러울 것이 분명하다. 자칫하면 산을 오르다가 부상을 당하거나 길을 잃고 큰 곤경에 빠질 수도 있다.

불교에 있어서의 깨달음도 이와 같다. 성불이니 열반이니 해탈이니 하는 것은 눈으로 볼 수 없는 정신적인 최고의 등반과도 같다.

이러한 어려운 일을 해보겠다고 나선 사람이라면 자신의 장비와 의지, 길의 선택, 이러한 것을 반드시 점검해보아야 할 것이다. 그렇지 아니하고 막연하게 불교에 입문하겠다는 생각을 가진다는 것은 실로 위험천만한 일이 아닐 수 없다.

이러한 자기반성이 없이 그냥 자신이 알고 있는 그 길이 옳다는 생각만을 고집하고 있는 것은 한갓 과대망상에 지나지 않으며 또한 미신에 지나지 않는다. 이러한 과정을 계속 밟는 것은 맹신에 불과하다. 이런 사람은 정상에 올라가기도 전에 낙오자가 되기가 쉽고 부상을 당해 불구자가 되기 쉽다. 또한 인생항로의 난파자(難破者)가 될 수도 있다.

이보다 더욱 심각한 문제는 자신이 환자이면서 그 사실을 전혀 모르고 있다는 데에 있다. 남이 그러한 잘못을 일러 주어도 쉽게 받아들이지 않는다는 데에 더 큰 문제가 있다는 점이다.

자신만이 옳다는 완고한 아집(我執)에 사로잡혀 있기 때문에 바른 진리를 보지 못하는 동시에 자신이 가진 지혜조차 제대로 쓰지도 못한다. 이 때문에 영원히 치유를 하지 못하는 중병에 걸린 중생들이 많다.

부처님이 제자 아리타에게 던지는 설법도 바로 이와 같다. 진리와 바른 이치가 있음에도 불구하고 오직 자신의 견해만 옳다고 믿고 있는 철없는 아리타가 되어서는 결코 안 된다.

현자는 과거의 오염을 이미 버렸으며
또 새로운 오염을 만들지 않는다

'은둔 생활을 기뻐하라. 은둔 생활을 즐기며 스스로의 내면(內面) 속에 정신적인 평정을 이루며 항상 무엇인가에 집중하는 사람은 통찰력을 갖춘 사람이다.

마음이 항상 고요하고 깊으며 온갖 욕망에 미련을 두지 않고 올바르게 사물을 관찰하는 사람은 정신통일이 잘된 사람이다.

마음이 고요한 사람은 정진하기를 게을리하지 않고 즐기며 항상 게으름 자체를 두려워하기 때문에 결코 물러서지 않고 열반으로 다가가는 사람이다.'

초기경전 《우다나》에 나오는 부처님 말씀이다. 이 내용의 주제는 현자가 가져야 할 덕목에 관한 것들인데 마음을 항상 고요히 하고 욕망에 티끌만큼의 미련을 두지 않고 정진을 게을리하지 않는 사람이 되라는 것이다.

사람은 누구나 몸속에 병을 한 가지씩은 가지고 있다. 이 병은 비단 의학적인 병만을 뜻하는 것이 아니다. 지나친 탐욕을 가지거나, 화를 참지 못하고 함부로 남에게 성을 내거나 어리석음으로 인해 판단력을 잃어버리는 것도 큰 병이다. 이 병은 의학적인 병보다 더 무서운 질환이라는 것을 사람들은 모르고 있다.

나의 몸속에 무슨 병이 들어 있지 않은지 또 들어있다고 한다면 그 병은 어떻게 고쳐야 할 것인가? 하는 것을 항상 생각하는 이는 훌륭한 사람이라 할 수 있을 것이다.

자기가 자기를 아는 것처럼 어려운 일은 없다고 하지만 그래도 아침, 저녁 잠깐이나마 한번씩 자기 자신을 되돌아보는 것도 값진 일이다.

불교의 병은 다양 각색으로 나누어 볼 수가 있다. 그중에서도 부처를 외형만으로 생각하는 병을 들 수 있는데 다시 말해 눈으로 볼 수 있는 부처가 명(命)도 주고 복(福)도 주는 줄로 착각하는 것도 참으로 무서운 병이다.

석가세존은 부처를 발견한 사람일 뿐, 결코 부처를 창조한 사람이 아니라는 말이다. 즉 인간 석가모니를 부처로만 생각해서는 안 된다. 석가모니가 발견한 것은 눈으로 볼 수 없고 귀로 들을 수 없고 시간과 공간에 구애받지 않는 영원의 대생명체이다. 불교에서는 이것을 두고 부처라 하며 '비로자나불'이라 한다.

이 부처를 바로 보는 그날이 바로 성불이며 열반인 것이다. 이러한 초점이 바로서지 않고 단순하게 외형적인 부처를 부처로만 생각한다면 두말 할 것도 없이 미신이라 규정지을 수밖에 없다. 그렇기 때문에 불교는 신을 중심으로 하여 구성된 종교가 아니라 어디까지나 인간을 중심하여 구성된 가장 현실적인 종교이다.

그러므로 부처는 오직 하나이다. 일물일심(一物一心)이란 모두 이것을 의미한다.

아미타불이 다르고 관세음보살이 다르고 석가모니가 다른 줄 생각한다면 이것은 재론의 여지가 없이 불교를 모르는 사람이라고 하지 않을 수 없다. 극락세계라는 곳이 있어 그 세계에는 아미타불이 계시면서 중생을 교화하시는 줄 알고 있거나 관세음보살이 따로 있어 천수천안(千手千眼)으로 모든 고통을 살피시는 줄로 생각하는 사람이 있다면 참으로 난치병을 앓고 있는 중환자라고 하지 않을 수 없다.

중생을 제도함에 있어 갖가지의 수단과 방편으로 가설해 놓은 것을 미신적인 개별사상으로 부처를 분해한 견해로써 관찰하고 각자의 소견으로 해석한다는 것은 매우 위험천만한 일임을 알아야 한다.

또한 아미타불이니 관세음보살이니 문수보살이니 지장보살이니 부처의 이름이 다르고 그 맡은 바 소임이 다른 것처럼 보이지만 어디까지나 그것은 청정법신(淸淨法身)이라는 대생명 대진리의 다른 이름임을 알아야 한다.

즉, 진리의 덩어리는 쪼개질 수 없는 것이며 대생명의 우주본체는 결코 둘이 될 수 없다. 이것은 마치 하나의 태양을 두고 농부는 농부의 태양으로 보고, 과학자는 과학자의 태양으로 보고, 시인은 시인의 태양으로 보게 되지만 그렇다고 해서 태양이 쪼개지거나 둘이 되지 않는 것과 같은 이치이다.

이렇듯이 부처란 오직 한 덩어리뿐이다. 부처란 색(色)과 상(相)이 없는 것이며 고(古)와 금(今)이 없는 것이며 생(生)과 멸(滅)이 없는 것이며 시(始)와 종(終)이 없는 절대 평등한 진리라는 말이다.

이러한 부처를 구하는 현자는 항상 마음이 고요하고 깊으며 온갖 욕망에 미련을 두지 않고 올바르게 사물을 관찰하고 정신통일이 잘 된 사람이다. 또한 게으름 자체를 두려워하기 때문에 결코 물러서지 않는 사람이다.

그대 마음속에 생각하고 있는 것을 물어보라
내 그 의문의 매듭을 하나씩 풀어 주리라

아라한 세존께서 설하셨다고 나는 들었다.

"사람에겐 세 가지 구하는 마음이 있다. 그 세 가지란 욕망의 즐거움을 구하는 마음, 생(生)을 구하는 마음, 청정행(淸淨行)에 따르는 명예를 구하는 마음이다. 이것이 바로 세 가지 구하는 마음이다. 이와 같은 것을 진실하다고 집착하는 일은 잘못된 견해를 일으킨다. 모든 탐욕을 떠나고 모든 탐욕의 마음을 멸하여 완전한 정신적 자유를 얻은 사람은 그 세 가지의 잘못된 견해를 송두리째 없앤다. 따라서 구하는 마음을 소멸시킴으로써 욕심과 의심이 없어지게 된다."

대개 팔리어로 전해지는 초기불교의 경전들은 다섯 부분으로 나누어지는데 《쿳다카 니카야》가 다섯째 부분이다. 이 속에는 모두

열 다섯 편의 경전이 들어있으며 그중 세 번째가 《우다나(Udana)》
경이다.

이것은 석가세존이 재세시에 제자들에게 가르침을 전해준 짧은
산문이나 시구들을 모은 경전으로써 재가생활을 완전히 버리고 떠
난 부처님의 고요하고 적정(寂靜)한 마음과 일체 만물에 대한 집착
을 버린 열반의 경지, 붓다에 대한 깊은 신뢰와 존경, 그리고 붓다
의 능숙한 교화방법 등이며 석가세존이 제자들을 진리의 세계로 이
끄는 마음을 엿볼 수 있는 경전이다.

부처님이 말씀하신 대로 사람의 마음을 악하게 만드는 것은 욕망
을 구하는 마음, 생을 구하는 마음, 명예를 구하는 마음 때문이다.
사람이 이것에 집착을 하게 되면 분별을 일으키게 되고 고통과 번
뇌를 만들게 된다.

이러한 마음을 능히 올바르게 스스로 다스릴 수 있는 사람은 적
정에 들어 만물에 대한 모든 집착을 끊을 수 있기 때문에 번뇌와 고
통을 사라지게 할 수 있다. 부처님의 말씀이 위대한 것도 바로 이
때문이다.

《우다나》에 들어 있는 최상의 말씀은 바로 인간이 가진 '마음을
다스려라'이다. 모든 사람의 본질을 뒤흔드는 것은 육체가 아니라
무엇인가를 구하고자 하는 욕망을 이끄는 사람의 마음이다. 이 마
음을 다스리지 못하면 최상의 경지인 아라한이 될 수가 없다.

그러기 위해서 가장 경계해야 할 것은 '있다·없다, 이것이다·

저것이다'라는 분별력을 가지지 말아야 한다.

일찍이 석가모니는 금강경에 '만일 색상(色相)을 가지고 부처라 생각한다던지 음성(音聲)을 가지고 부처라 생각하는 사람이 있다면 이 사람은 사도(邪道)를 행하는 사람'이라고 했다.

이런 사람은 영원히 참부처를 볼 수 없다. 이러한 사람은 끊임없이 '있다 · 없다, 이것이다 · 저것이다'라는 분별 속에서 헤매다가 끝내는 진리의 본체마저 잃어버리는 결과를 초래하게 된다. 분별조차 끊어 버리고 자신의 마음을 고요하게 이끌어 똑바로 자신의 본모습인 부처를 찾는 일이 무엇보다 중요하다.

그런데도 불구하고 오늘날 색상을 가지고 부처라고 생각하는 사람의 수가 많아지고 음성을 가지고 부처라고 생각하는 사람이 많아졌다. 이것은 확실히 슬픈 일이 아닐 수 없다. 관세음보살을 신과 동일하게 본다든지 지장보살을 우상화하여 거기서 영험을 구하려는 생각은 진정한 의미에 있어 부처를 모독하는 행위이다.

불교는 어디까지나 귀납적(歸納的)으로 관찰해야 하며 연석적(演釋的)으로 다변화해서는 안 된다. 항상 만법귀일(萬法歸一)의 사고가 필요하다. 표면에 드러난 껍질만 가지고서 그대로 심층의 내부로 오인을 해서는 안 된다는 말이다.

이것은 '중맹모상(衆盲模像) 각설이단(各設異端)'이 될 수밖에 없다. 즉, 코끼리 한 마리를 두고 여러 장님들이 각자 코끼리의 형상들을 알고 있는 대로 설명하는 것과 다름없다는 말이다. 우리는 부처를 똑바로 보고 내 안의 부처를 찾아야 한다.

그러기 위해서는 번뇌와 고통 속으로 이끄는 욕망을 구하는 마음, 생을 구하는 마음, 명예를 구하는 이 세 가지의 마음을 버려야만 한다.

불교에서는 이름 없는 꽃들의 장엄을 두고 화엄(華嚴)이라고 한다. 이 세상은 아름다운 일들도 많지만 사실은 힘들고 어려운 일이 더욱 많다. 즐거운 일과 힘든 일이 공존하는 곳이 바로 화엄세계인 것이다.

이 세계를 정화하기 위해 노력하는 과정의 하나가 십지(十地)이며 그것을 구현해 보인 것이 바로 선재동자의 구도행이다.

부처님이 말씀하시는 세 가지의 구하는 마음을 버리기 위해서는 철저한 수행을 통한 구도적인 삶이 매우 중요하다. 그래야만 화엄국토를 이룰 수가 있다.

도처에 흐르는 욕망의 물줄기를 그치게 할 수 있는 것은
생각을 깊게 함으로써 이 흐름을 막을 수 있다

어느 때 세존이 사밧티 교외의 제타숲에 있을 때였다. 그때 제자 아난다가 세존에게 여쭈었다.

"세존이시여 모든 여래, 아라한, 옳게 깨달으신 분이 세상에 없는 동안 외도들이 존경을 받았습니다. 이제 세존께서 나심으로써 그들은 더 이상 존경을 받지 못하게 되었습니다."

이에 세존께서 다음과 같이 설하였다.

"태양이 떠오르지 않는 동안에는 반딧불이 빛을 낸다. 그러나 해가 떠오르면 그 빛은 점점 사라져 반딧불은 더 이상 빛나지 않게 된다. 외도(外道)의 빛 또한 그와 같다. 올바르게 깨달은 이들이 세상에 태어나지 않는 한 외도들은 빛을 발하고 어리석은 자와 제자들도 깨끗하지 않게 될 것이다. 또한 사악한 생각을 하는 자들 또한 괴로움으로부터 벗어나지 못할 것이다."

세상은 항상 양극단을 이루고 있다. 선이 있으면 악이 있고 빛이 있으면 어둠이 있고 기쁨이 있으면 슬픔이 있기 마련이다. 이 극단은 하나가 멸하면 다른 하나가 새롭게 생성된다.

부처님이 반딧불의 비유를 통해 외도들의 멸(滅)을 예견하고 어리석은 제자들을 꾸짖는 이 설법은 우리들에게 많은 가르침을 준다. 세상은 바른 것만이 있는 것이 아니다. 어리석고 옳지 않은 것이 있음으로 해서 바른 것이 더욱 빛을 발한다.

여기에 수행의 깊은 정신이 숨겨져 있다.

우리가 늘 추구하는 피안의 세계도 이와 같다. 우리가 살고 있는 이 세계는 우리가 직접적으로 숨을 쉬며 살고 있는 곳이다. 그래서 우리는 이러한 세계를 두고 항상 이상형의 다른 세계를 꿈꾸고 있다. 그 이상형의 세계가 다름 아닌 피안이다.

원래 피안(彼岸)이란 이쪽이 아닌 '저쪽 언덕'이란 뜻이다. 수행자는 언제나 저쪽 언덕을 그리워하고 동경하고 있으며 그 피안에 가닿기 위해 모든 성력(誠力)과 수행을 기울여 정진하고 있지만 아이러니하게도 그 피안의 실체를 모른다.

다만 우리는 그 피안을 두고 해탈의 경지, 성불, 깨달음, 꿈, 희망 등 수많은 언어로서 그곳을 말하고 있는 것에 불과하다. 즉 막연한 대상에 대한 그리움과도 같다.

그렇다면 도대체 '저쪽 언덕'이란 과연 어떤 곳이기에 우리들이 그토록 열심히 그곳으로 가기를 원하고 있을까? 또 '저쪽 언덕'이란 현실적으로 우주 어느 한구석에 정말 있는 것일까? 실재로는 없지만 사람들이 그러한 국토를 가설해 놓고 다만 권선징악(勸善懲惡)의 사상으로 그곳을 동경하도록 만들어 놓은 것인지 도무지 알 수 없는 곳이 바로 피안인 것이다. 분명한 것은 피안이 오랜 역사를 통해 전 인류에게 지대한 역할을 하였으며 많은 사람을 구제했다는 점이다.

이 피안을 두고 불교에서는 극락이라 하고 기독교에서는 천당이라 하였으며 혹은 유토피아니 파라다이스니 하는 이상의 세계로 표현하고 있다. 특히 오늘날 불교에서는 이 피안을 두고 극락이란 뜻과 동일한 어의로 쓰이고 있다.

다른 종교에서 하는 말들은 모두가 인간이 신이라는 절대자에게 귀의복종(歸依服從)하게 되면 신의 위력과 구제의 감흥에 의하여 그 사람을 그러한 국토에 나도록 만들어 준다는 완전히 타력(他力)적인 교의(敎義)로 구성되어 있다. 그러므로 인간 자신의 힘으로는 도저히 이 피안에 도달할 수 없다는 것이 그들의 일괄적인 정설인 것이다.

그러나 불교에서는 이것을 하나의 가설된 세계로 보지도 않으며 또한 이 우주 안 어느 구석에 실재한 세계로도 보고 있지 않는 것이 특징이다. 그렇다면 피안이니 극락이니 하는 말들을 불교에서는 어떻게 소화시킬 것이며 어떻게 합법화할 수 있을까?

아니 합법화가 아니라 대성(大聖) 석가세존의 참마음이 무엇이며 이러한 세계는 실재 어느 곳에 있을까? 우리는 이를 정확히 규명해

보아야 한다.

'피안으로 건너간다'

이를 단순하게 풀이하면 이쪽에서 저쪽으로 건너간다는 개념이다. 마치 강물이 있는데 이쪽 기슭에서 배를 타고 저쪽 언덕으로 건너가는 것 같은 관념을 가지고 생각하는 사람들도 많다. 또한 대다수의 사람들은 반드시 죽어야만 피안으로 가는 줄 알고 있다. 한마디로 무지의 소산이 아닐 수 없다.

더욱이 '저쪽 언덕'이라 하였으니 거리감을 가지는 것 같고 시간적인 유예가 있는 것처럼 생각하기 쉽지만 사실 이러한 생각을 가지는 것은 매우 위험하다.

화엄경에 보면 '一超直入如來地 衆生成佛刹邪中(일초직입여래지 중생성불찰나중)'이란 말이 있듯이 피안이란 곳에 도달하는 것은 매우 간단하다. 그것은 인간의 마음속에 든 어리석은 생각만 완전히 제거가 되면 찰나에 그것이 피안인 것이다.

결국 피안이란 멀리 있는 것이 아니며 사악한 생각들과 어리석은 생각들을 버리면 자연히 피안을 얻게 된다. 이것이 부처님이 하신 설법의 핵심임을 명심해야 한다.

올바른 생활, 구도자의 삶 이것이야말로 가장 값진 보석이다

'나는 죽음을 기뻐하지 않으며 삶도 기뻐하지 않는다. 월급날을 기다리는 사람처럼 나는 죽음이 올 날을 기다린다.

나는 죽음을 기뻐하지 않으며 삶도 기뻐하지 않는다. 생각을 고요 속에 가두어 다소곳이 죽음이 올 날을 기다린다.

나는 스승 붓다를 섬기고 붓다의 가르침을 실천하였다. 무거운 짐은 벗어 버리고 헛된 삶의 구렁텅이로 빠져드는 불행은 사라졌다. 나는 출가하여 드디어 나의 목적을 달성했다. 그것은 일체의 속박에서 벗어나는 일이었다.'

부처님 초기경전인 테라가타에 있는 '비구의 고백'이다. 집을 떠나 출가를 하여 삶과 죽음, 욕망과 애욕의 속박을 벗어나 드디어 진리의 삶을 이루어 내는 수행자들의 마음을 담은 경전이다.

구도자의 삶도 이와 같다. 진리를 향하는 삶은 이 세상의 그 어떤 삶보다도 값진 보석이다. 인간이 가진 가장 큰 고통은 생로병사(生老病死)인데 이것의 원인은 생사에 대한 강한 집착 때문이다.

사람이 만약 생사를 초월한다면 인간의 마음을 괴롭히는 애욕과 욕망, 어리석음조차 버릴 수 있을 것이다. 이것이 바로 부처님이 원하는 진리의 삶이다.

이러한 부처님의 말씀을 전하는 법회가 요즘에도 많이 열리고 있다. 법회가 많이 열린다는 말은 그만큼 불교가 우리 생활 속에 깊이 스며 있다는 증거이기도 하다. 불교인의 한 사람으로서 대단히 기쁜 일임에 틀림없다.

옛날과 달라 법회에 나와 법문을 하는 스님들도 깊은 교리를 바탕으로 전문성 있게 연구하여 수준 높은 경지에 와 있으며 법문을 경청하는 신도들의 수준도 매우 높다. 바야흐로 불교가 종교적인 측면을 지나 생활 속의 철학으로 깊이 흡입되고 있다.

그만큼 지식층이 불교사상에 깊이 관심을 가지고 있는 탓이라 할 수 있으며 이와 같이 오늘날의 불교는 이미 대중화되었으며 현대화되었다고 볼 수 있다.

그런데 이러한 시점에 있어 이것을 아무런 비판과 분석도 없이 그냥 '발전 현상'이라고만 한다면 크게 잘못된 일이다. 분명히 이 속에서도 잘못된 그늘이 속을 물들이고 있으며 좀 먹고 있는 것이다. 우리는 이러한 점을 세밀하게 검토하여 반성을 하지 않으면 안 된다.

불교란 이론과 설명, 학술적인 견해에 그 진실이 있는 것이 아니라 실천의 수행과 정견, 정진에 진실한 의의가 있다. 즉, 이론이나 설명 따위는 실천의 수행과 정견의 정진을 하기 위해 바른 길을 찾는데 필요한 보조 수단에 지나지 않는다.

이론과 설명을 가지고 성불을 했다는 사실은 결코 있을 수 없는 일이며 또한 지식과 건혜(乾慧)만으로 해설의 정상을 점검할 수는 절대 없다.

법회에서 하는 법문은 결코 웅변대회가 아니다. 어느 법사(法師)가 말을 더 잘하는가 하는 마음을 가지고 신도들은 법회에 와서도 안 된다. 또한 여기저기를 비교하고 비판하는 마음을 가져서도 더욱 안 된다.

신도들은 그냥 법문 속에 들어 있는 부처님의 말씀들을 그대로 음미하고 받아들이는 자세를 가져야만 한다. 법사란 그저 부처님의 말씀을 있는 그대로 전하는 사람임을 알아야 한다. 어디까지나 법에 의지할지언정 사람을 본위(本位)로 하지 말라는 것이다. 또한 법회에서 하는 법사의 말씀은 부처님의 말씀과 동일하다는 생각을 가져야 한다.

그런데도 불구하고 어찌된 일인지 근래에 들어서는 높은 수준의 지성인들은 학술적으로나 이론적으로는 매우 밝으면서도 신행에 있어서는 그다지 훌륭하지 못한 태도를 가지고 있는 것 같다. 일반 신도들은 이와 달리 너무 종교를 맹신하여 미신의 경향으로 흘러가는 불행한 현상이 일어나고 있다.

불교는 그런 것이 아니다. 불교는 마음을 닦는 종교이며 그 이상도 그 이하도 아니다. 오직 과거의 죄업을 씻고 참회를 통해 자신을 닦는 종교이다. 지식의 척도를 가름하는 종교도 아니며 또한 맹신을 요구하는 것도 아님을 명심해야 한다.

또한 지식정도와 수양정도, 견문정도를 가지고 제 나름대로의 견해를 가지고 자신이 하는 방법이 가장 옳고 바른 종교라고 생각하는 것은 큰 착각이다.

우리는 생사와 모든 애욕과 욕망의 속박으로 벗어난 사람을 두고 수행자라 한다. 비단 이것은 스님들만이 가져야 할 마음이 아니라 일반인들도 반드시 그러한 속박으로 벗어날 때만이 진정한 사람으로 다시 태어날 수 있다.

오직 바로 아는 실천, 오직 바로 보는 신심, 이것이 전제가 되어 수행정진할 때만이 깨달음의 큰 열매를 맺을 수 있다는 것을 다시 한 번 강조하고 싶다.

수행이란 단숨에 되는 것이 아니다. 신심을 굳게 가지고 한 계단 한 계단 밟고 올라가듯 정진의 밑거름을 주어야만 큰 결실을 얻을 수가 있다.

불교는 종교적 가치 이전에 선이며 철학이며 하나의 사상이다. 불교가 다른 종교보다 더욱 위대하다는 것은 바로 여기에 있다.

훌륭한 가르침을 귀담아 듣고 깊이 이해하라
그러면 바라는 바를 이룰 수 있다

어느 날 부처님이 가사와 발우를 들고 사밧티에 아침 탁발을 하러 가던 중에 사람들이 물고기를 괴롭히는 광경을 보고 말씀하셨다.

"만약 그대들이 고통의 순간을 꺼린다면 사람이 보고 있든지 보고 있지 않을지라도 절대로 악한 짓을 하지 말아야 한다. 만약 악한 일을 하거나 혹은 악한 일을 하고자 마음을 먹는다면 이것은 마치 허공을 날며 몸을 숨기려 하는 것과 같아 그대들은 절대로 고통으로부터 벗어날 수가 없다."

계율이란 재가자나 출가자(出家者) 모두가 지켜야 하는 가장 기본적인 생활규범이다. 일반적으로 오계(五戒)는 살생을 하지 말라[不殺生], 도둑질을 하지 말라[不偷盜], 음행을 저지르지 말라[不邪淫], 거짓말을 하지 말라[不妄語], 술을 마시지 말라[不飲酒] 등이다.

계율을 지키는 것은 매우 어려운 일이다. 부처님의 가르침이 훌륭하고 위대한 점은 이 계율을 지키는 것을 바탕으로 인간을 최고의 인격체로 만들어 주기 때문이다.

계율을 지키려고 애써 노력하다 보면 오히려 좋지 않은 부작용이 생길 수가 있다. 차라리 계율을 한순간에 놓아버리게 되면 힘들지 않게 자연스럽게 지켜질 수가 있는 것이다. 계율이 몸에 자연스럽게 배이도록 수행을 하는 것이 매우 좋다는 말이다. 십중팔구 집착과 번뇌에 얽매이게 되면 계율을 견디지 못하고 파계(破戒)하기 쉽다.

나는 스무 살에 출가를 하여 엄한 금오 스님 밑에서 공부를 하고 가르침을 받았다. 그 이후에는 발심(發心)을 위해 백 리 안에는 사람이 살지 않는 태백산 오지에 들어가서 공부를 한 적이 있었는데 그때 그곳에 간 스님은 나와 두 명의 스님이 더 있었다.

나는 견성(見性)을 하기 위해 지독한 참선수행에 들어갔다. 그런데 셋 중에서 둘은 견디지 못해 포기를 하고 나중에는 나 혼자만 홀로 남게 되었다.

그때가 아마 겨울 동안거였던 것 같다. 어떻게 하든지 결제를 마쳐야만 하기 때문에 수행에만 전념했는데 밤마다 지독한 추위와 눈보라가 몰아쳤다. 그러기를 몇 달을 보낸 뒤 드디어 해제를 하루 앞둔 어느 날 저녁 양치질을 하다가 길을 잃고 산으로 올라오는 처녀를 발견했다.

이런 깊은 산중에 웬 처녀인가 싶어 매우 놀랐는데 문제는 그 처

녀가 거처할 방이 하나 밖에 없다는 것이었다. 부처님이 나에게 어떤 무언의 실험을 하는 것이 아닌가 싶어 크게 놀랐다.

결국 길을 잃고 지친 처녀에게 따뜻한 방을 내주고 나는 문밖에서 옷이란 옷은 모두 껴입고 밤을 지새우지 않으면 안 되었다. 눈보라는 몰아치고 바람은 차갑게 목덜미를 휘감았다. 어찌나 추웠던지 이를 달달 떨며 나는 밤새도록 목탁만을 부서져라 쳤다. 내 안에 크나큰 싸움이 일어났던 것이다.

지독한 추위를 견디지 못해 방 안에 들어가고 싶었지만 그럴수록 참아야 했던 것이다. 그런 나와의 지독한 싸움 끝에 드디어 해제 날 아침을 맞이했다. 나는 기쁨에 겨워 눈물을 흘렸다. 오히려 나를 시험한 그 처녀가 고마운 생각마저 들었다.

이와 같이 계율은 하나의 질서이다. 그 질서를 지키면 마음이 편안해진다. 반대로 한순간을 참지 못하고 그 계율을 어기게 되면 평생 씻지 못할 과오와 죄업에 시달리게 된다.

하지만 이런 생각에 못 이겨서 계율을 스스로 파괴해 버리게 되면 지옥이나 다름없다. 계율을 지키는 방법은 그러한 생각조차 놓아 버려야 한다. 집착과 번뇌 망상을 끊어 버리면 되는 데도 불구하고 사람들은 업이 쌓여 좀처럼 지켜지지 않는 것이 바로 계율이다.

부처님은 남이 본다고 해서 계율을 지키고, 보지 않는다고 해서 계율을 지키지 않는 것은 오히려 더 큰 죄업을 낳는다고 말씀하신 적이 있다. 진정한 수행자는 타인의 시선과는 관계없이 오직 자기 자신과의 계율에 대한 약속을 잘 지키는 사람이다. 그래야만 생사의 고통에서 벗어날 수가 있다.

　불자로서 탐(貪), 진(瞋), 치(痴) 삼독을 모르는 사람은 거의 없다. 그 삼독 가운데서 어느 것 하나라도 착실히 마음속에서 제거할 수 있는 수행을 실천으로 옮기는 것이 매우 중요하다. 이와 같이 수행에 있어 어느 것 하나 중요하지 않은 것은 하나도 없다. 특히 불교에서는 신(信), 해(解), 행(行), 증(證)의 수행에 대한 차례가 있음을 각별히 되새겨야 한다.

　불교 수행 정진에 앞서 가져야 할 것은 확고한 신심이다. 사견(邪見)과 의심이 없는 깨끗하고 견실한 신심을 첫째로 가져야만 한다. 이것이 바탕이 되지 않고 불교를 믿는다는 것은 어불성설(語不成說)에 지나지 않는다. 그 다음으로는 바른 길을 찾아갈 수 있는 지견(知見)이 있어야 하며 이것이 갖추어진 다음에는 수행 곧, 실천이 있어야만 한다.

　계율을 지키는 것도 하나의 수행과정이다. 이 과정을 거쳐 원숙해진 다음에야 증득(證得)이라는 큰 열매를 얻게 되는 것임을 불자들은 반드시 명심해야 한다. 그러므로 이러한 계단을 차근차근하게 밟지 않고서 성불을 이룬다는 것은 절대 있을 수가 없다.

애욕이 있으면 더러운 것도 신비하게 보이느니
매혹적인 겉모양에 사로잡히지 말라

부처님은 일곱 살이 된 자신의 아들 라훌라에게 이렇게 가르쳤다.

"라훌라여, 우리는 성찰하고 또 성찰한 뒤에 청정하게 신체적으로 행동해야 한다. 성찰하고 또 성찰한 뒤에 청정하게 언어적으로 말해야 하며 성찰하고 또 성찰한 뒤에 정신적으로 청정하게 생각해야 한다. 너는 이를 반드시 배워야 할 것이다."

이후 부처님은 열여덟 살이 된 라훌라에게 위빠사나 명상을 가르쳤다.

"라훌라여, 느낌, 지각, 형성, 의식 등 어떤 물질이든지 과거, 미래, 현재, 내적인 것, 외적인 것, 거친 것, 미세한 것, 열등한 것, 수승한 것, 멀고 가까운 것이든지 이 모든 것은 나의 것이 아니고 이것이야말로 내가 아니고, 이것은 나의 자아가 아님을 올바른 지혜로써 관찰해야 한다."

라훌라는 부처님의 아들로써 아버지의 권유로 출가하여 계율을 엄격히 지켜 밀행의 일인자로 불리었다. 후에 사미(沙彌)의 시조가 되었는데 부처님의 십대 제자 가운데 한 사람이다.

라훌라가 일곱 살 사미였을 때 농담으로 거짓말을 매우 잘해 부처님은 아들에게 농담으로라도 거짓말을 절대하지 말라고 가르쳤다. 그리고 신체적, 언어적 행동을 하기 전, 하고 있을 때, 끝냈을 때 스스로 깊이 생각하고 실행에 옮기라고 했다.

자신의 행동이 스스로를 해치거나 남을 해치거나 자신과 남 둘 다를 해치게 되는 것은 아닐까를 깊이 생각하고 또한 자신이 한 행동이 악하고 불건전한 것이어서 그 결과도 괴로움이며 그 과보도 괴로움이 아닐까를 성찰하라고 가르쳤던 것이다.

한때 라훌라는 자신도 석가모니처럼 잘 생겼으며 아름답다는 허영심에 빠져 있었다. 부처님은 이러한 아들의 모습을 보고 "자신의 몸을 자아로 여기거나 자아의 소유라고 여겨서는 안 된다"는 제법무아(諸法無我)의 설법과 함께 위빠사나 명상을 가르쳤다.

명상에는 사마타수행과 위빠사나가 있는데 명상하는 사람이 오직 집중(samadhi)만 하고 있다면 사마타수행이고 집중(samadhi)과 관찰(vipassana)이 공존하면 위빠사나이다.

실례로 경전을 보면 부처님께서는 사마타와 위빠사나를 함께 사용하고 있었다. 중국 사람들은 사마타를 '지' 또는 '묵' 위빠사나를 '관' 또는 '조'라 번역하여 지관법이나 묵조선이라 표현하였다.

부처님은 이후 라훌라에게 아직 제거되지 않은 몸에 대한 집착을 다스리게 하기 위해 몸을 구성하는 지수화풍(地水火風) 사대(四大)에 대한 명상, 공간, 자애, 연민, 기쁨, 평정, 부정, 무상에 대한 명상을 가르쳤다.

부처님은 이와 같이 자신의 아들에게도 매우 엄격하게 설법을 하였는데 이것이 바로 부처님의 위대함을 엿볼 수 있는 것들이다.

요즘 주위를 돌아보면 확실한 신심을 가진 불자도 드물며 정확한 지견을 가진 법사도 드물다. 대개 그들이 지닌 것은 불교의 지식이나 높은 알음알이인데 이것이 바로 불교 수행에 있어 큰 잘못임을 깨달아야 한다. 수행이란 높은 지식이나 단순한 알음알이만으로 되는 것이 아니기 때문이다. 부처님이 라훌라에게 가르친 것도 바로 이것이다.

설법을 하는 법사나 설법을 듣는 불자나 모두가 수행실천과 정진이 내실적(內實的)으로 확실히 다져져 있어야만 불교가 지향하는 궁극적인 큰 깨달음에 도달할 수가 있다.

이와 달리 설법하는 사람이 그저 말에 그치고 그 설법을 듣고 있는 사람이 듣는 것만으로 그치고 만다면 한갓 헛된 시간을 보내는 것에 지나지 않는다.

불자를 대상으로 설법을 하는 사람은 실천적 법력(法力)을 스스로 지니고 있어야만 하며 불자 또한 듣는 것만으로 그쳐서도 안 된다. 반드시 수행신심(修行信心)이 전제가 되어야만 한다.

부처님이 라훌라에게 설법을 한 것이나 스님들이 불자들에게 법문을 한 것이나 다 일맥상통한다고 볼 수 있다.

불교의 깨침은 심심상계(心心相契)의 현심(玄深)한 경지(境地)에 도달하는 것에 있다. 또한 거칠고 어두운 인격을 갈고 닦아 스스로 바른 인격을 완성하는 것이 궁극적인 불교의 이상이다.

불교 수행에 있어 그저 간단히 피상적으로 자기 나름의 견해와 편견을 가지고 집착하여서는 안 된다. 오직 바로 아는 실천, 오직 바로 보는 신심이 전제가 되어 수행정진할 때만이 깨달음의 큰 열매를 맺을 수 있다.

욕망 속에 머물지 않으며 집착이 없는 사람
이런 사람은 해탈이 필요치 않다

'몸이란 여기에 있는 것도 아니며 또한 내 몸이라고도 할 수 없다. 지금부터 우리 몸은 없을 것이며 내 몸 또한 지금부터 없다.

바로 이렇게 어떤 사람의 내부에서 움직이는 바른 몸에 대한 생각이 항상 한곳에 머물러 있다면 삼매의 경지에 들게 되며 또한 몸에 대한 집착을 뛰어넘어 해탈을 이루리라.'

이 글은 부처님께서 사밧티 교외의 제타숲에 있는 동산에 머물고 있었을 때 장로 마하캇챠나가 근처에서 상체를 꼿꼿하게 세우고 결가부좌로 명상에 잠기고 있을 때 그 모습을 보고 부처님께서 진리의 말씀인 '우다나'를 노래한 것이다.

불교에서 말하는 몸이란 사실, 없다. 몸은 정신을 유지시키기 위한 한갓 물질에 지나지 않기 때문이다. 중요한 것은 정신을 이루는 마음이다. 이 마음을 닦아 밝은 지혜를 갖춘다면 지금 이 우주가 설령 멸(滅)한다 해도 그 자체는 항상 밝아 있다.

고로 인간의 본질은 마음밖에 없다. 이 마음이 항상 바른 생각을 움직이게 하여 모든 집착과 욕망을 끊어내는 것이 바로 불교가 말하는 해탈이다. 즉, 모든 집착으로부터 풀려났다는 말로서 꽁꽁 묶여 꼼짝할 수 없이 얽혀 매어져 있다가 묶어 놓은 노끈이 다 풀어지고 끊어져 이제는 자유자재하게 아무데도 걸림이 없는 것을 해탈이라고 하는 것이다.

쉽게 말해, 남에게 속박되어 자유를 잃고 살다가 그 속박에서 풀려나게 된 것을 말하기도 하는데 외적으로 보아 신체의 구속이나 부자유 같은 작은 문제도 해방을 원하는 것이 인간의 본능이다. 더구나 내적으로 마음의 부자유와 구속은 큰 문제가 아닐 수 없다.

그러므로 해탈이라 하는 것은 아집(我執)과 아상(我相)을 버리고 오욕(汚辱)과 탐진(貪嗔)의 세계에서 벗어나는 것을 말한다. 말이 쉬워 아집, 아상 또는 탐진(貪塵)이라지만 이것은 너무도 중대한 작업이다.

부처님도 일생동안 이룬 것이 아니라 과거 무량세(無量世)에 걸쳐 이 작업을 계속하였기 때문에 비로소 해탈을 이룰 수 있었다는 것을 알아야 한다.

이와 같이 사람이 모든 욕망과 집착으로부터 벗어나 해탈을 이룬다는 것은 엄청난 노력과 시간이 요구되는 일이다. 그럼에도 불구하고 사람들은 아무런 정진과 끝없는 수행없이 그냥 마음으로만 그 속으로 들어가려고 하지만 그것으로 이루어질 수 없는 것이 해탈이다.

반야심경에도 '마음에 걸림이 없으면 두려움과 어리석은 생각이 없어진다'고 하였다. 사람이 만약 이러한 것을 이루게 된다면 그 다음에 오는 것은 부처라는 마지막 지위뿐이라고 적혀 있다.

그러므로 해탈이란 대자유와 평등의 세계에 도달하는 것을 말하는데 이를 두고 불교에서는 성불(成佛)이라고도 한다. 아집, 아상을 버리고 오욕과 탐진의 속박에서 벗어나기를 최종의 목적으로 삼고 있다.

우리가 참선을 하는 것도 그것이오, 염불을 하는 것도 그것이오, 주력(呪力)도 그것이며 간경(看經)도 필경은 그것이다. 오직 해탈 그 하나를 달성하기 위해 천만 가지의 방법이 있을 뿐 그것 이외의 다른 목적이라든지 또는 다른 길은 결코 있을 수 없다는 것을 알아야 한다.

부처님이 말씀하신 요지는 바로 여기에 있다. 우리의 몸은 여기에 있지만 사실, 우리의 몸은 내 몸이라고 할 수 없다는 것을 부처님은 '우다나'로 노래하셨던 것이다. 진정한 내 몸을 구하기 위해서는 몸에 대한 집착을 뛰어넘고 사람의 내부에서 움직이는 마음을 삼매의 경지에 두게 될 때만이 비로소 해탈을 이루게 된다고 말씀하신 것으로 보면 틀림없다.

그러므로 욕망 속에 머물지 않으며 집착이 없는 사람에게는 애초

부터 해탈이란 필요치 않은 것이다. 그러나 이러한 욕망과 집착을 끊어낸 사람은 보기가 힘들다. 오늘날 같이 물질의 풍요 속에서는 더욱 그렇다. 부처님이 말씀하신 해탈이란 마음을 다스려 항상 옳은 일에 자신의 몸을 의지하라는 뜻이다.

형상, 맛, 냄새, 수명 이러한 것들이 소멸해갈 때 인간은 고통이라는 것을 알게 된다

'참으로 행복한 사람은 아무 것도 지니지 않은 사람이다. 최고의 지혜를 갖춘 부처로서 생각하건대 인간이란 태어날 때부터 아무 것도 지니지 않은 존재이다. 사람이 무엇인가를 소유하려다 보면 도리어 고통을 당하는 모습을 우리는 흔히 본다. 사람의 마음은 사람에게 속박되어 있기 때문이다.'

부처님이 바라문들에게 말씀하신 진리의 말씀이다.

불교에서 가장 싫어하는 네 가지의 상(相)이 있다. 아상(我相), 인상(人相), 중생상(衆生相), 수자상(壽者相)이다. 사람들은 이 네 가지의 상에 대해 제대로 알지도 못하며 또한 자신이 이것으로 인해 엄청난 고통을 당하고 있다는 사실조차 제대로 느끼지 못하고 있다.

부처님이 '세상에서 가장 행복한 사람은 아무 것도 가지고 있지 않은 사람이다'라고 하신 말씀에 우리는 주목하지 않으면 안 된다.

사람이란 존재는 한 가지를 가지고 있으면 다른 또 한 가지를 원하게 되고 욕망은 급기야 두 배수로 늘어나 나중에는 엄청난 탐욕을 지니게 된다. 사람이 무엇인가를 많이 가지고 있으면 고통도 상대적으로 늘어나는데도 불구하고 전혀 이를 깨닫지 못하고 있는 것이다.

우리가 이 네 가지를 완전히 끊으려고 노력하는 것도 물론 중요하다. 그러나 상대적으로 그것은 매우 힘들기 때문에 그중에서 단 한 가지만이라도 완전히 끊으려고 노력한다면 그밖의 것은 자연스럽게 끊어지게 된다는 것을 먼저 알아야 한다.

불교에서 말하는 '나'라는 존재는 색(色), 수(受), 상(想), 행(行), 식(識)으로 구성된 '아상(我相)'이다. 인간은 이 다섯 가지 존재의 실상을 믿고 생활하기 때문에 강한 집착이 생겨나게 되고 급기야는 이것을 중심으로 탐진치가 일어나 오욕과 일체의 번뇌가 생겨나게 되고 일체의 악업이 조성되어 윤회의 고뇌를 면할 수 없는 동시에 부처의 길에서 멀어지게 되는 것이다.

다시 말해 욕망에 사로잡혀 사리분별을 명철하게 하지 못해 우주의 본체를 바로 보지 못하게 되는 어리석음을 범하게 된다.

그러므로 우선 아상이라는 이 한 가지만이라도 완전히 제거시킬 수가 있다면 그 자리에서 반야의 밝은 지혜를 볼 수 있으며 부처의 자리인 열반, 성불에 다가갈 수 있다.

그 다음은 인상(人相)이다. 주관을 성립시켜 놓고 보면 객관이란 필연적으로 따라올 수 밖에 없듯이 '나'라는 것을 인식하게 될 때 '남'이라는 것은 의례히 따라오기 마련이다. 마치 물체가 있으면 반드시 그림자가 따라오는 것과 같은 이치이다. 이와 같이 '나다, 남이다'라고 하는 분별의식 때문에 일체의 죄업과 망상이 일어나게 되는 것이며 이것으로 인해 밝은 지혜가 사라지게 된다.

중생상(衆生相)은 공간적 인식개념으로 볼 수 있는데 다시 말해, 세계라는 횡적인 관념에만 사로잡혀 맑고 밝은 본지(本地)를 바로 보지 못하는 것을 의미한다.

끝으로 수자상(壽者相)이 있다. 공간적인 관념에 사로잡히지 말도록 당부하였다면 의례히 시간적인 문제가 대두되지 않을 수 없다. 사람이 오래 살고 싶다는 욕망에 시달리게 되면 주관과 공간과 시간이라는 일체의 인식작용에 사로잡혀 집착과 탐욕이 생겨나게 된다. 사람이라면 누구나 오래 살고 싶어 한다. 그러나 이러한 상에 매이게 되면 오히려 고통을 얻게 되어 수명이 짧아 질 수도 있다.

그러므로 인간은 이 네 가지의 관념에 사로잡히게 되면 모든 망상과 모든 번뇌의 쇠사슬 속에 얽매이게 되어 올바른 지혜를 바로 보지 못하게 된다.

결국 부처의 길도 그만큼 멀어지게 되는 것이다. 반대로 이 네 가지의 상에 대해 집착을 끊게 되면 부처의 길도 그만큼 가까워진다는 것을 우리는 반드시 명심해야 한다.

사람들이 '기쁨'이라고 하는 것을 현자들은
'고통'이라고 하고 있으며 사람들이 '고통'이라고 하는 것을
현자들은 '기쁨'이라고 한다

'사람들의 마음을 덮고 밤낮으로 흘러 다니게 하는 것은 어리석음이다. 나는 어리석음보다 더한 것을 이 세상에서 단 한 번도 본 적이 없다. 이와 달리 어리석음을 끊어 버린 사람은 또다시 암흑 덩어리를 쳐부수어 버리지만 결코 어리석음으로 다시 흘러 다니는 일은 없다. 왜냐하면 그들은 어리석음의 원인을 만들지 않기 때문이다.'

부처님이 인간이 나약하고 어둠 속으로 빠지게 되는 원인은 어리석음에 있다는 것을 설한 내용이다. 인간인 '나'라는 존재는 앞에서 말한 것과 같이 색(色), 수(受), 상(想), 행(行), 식(識)으로 된 오온(五蘊)이다. 인간이 어리석음으로 빠지는 것은 이 '나'라는 것을 위한 탐욕 즉 맛과 냄새, 재물이라는 상(相)에 집착하기 때문이다. 이것을

버리는 순간부터 인간은 누구나 현자(賢者)가 된다.

현자는 남들이 '기쁨'이라고 하는 것을 '고통'이라 하고 남들이 '고통'이라고 하는 것을 '기쁨'이라고 한다. 왜냐하면 '탐욕'이란 '고통'이 전제가 되지 않고서는 얻어지지 않는데 현자는 그러한 고통을 스스로 받아들여 기쁨으로 만들 수 있는 지혜를 가지고 있기 때문이다.

'탐욕'에는 반드시 '위해(危害)'가 따른다. 얻고자하면 할수록 인간의 고통은 상대적으로 크게 발생한다. 이것이 불교에서 말하는 인과관계이다.

부처님이 인간의 고통 중에 가장 큰 것은 '어리석음'에 있다고 말씀하신 것도 이 때문이다. 사람은 이 어리석음으로 인하여 자신 앞에 떨어진 정도(正道)를 찾지 못해 '혼란스러움'에 빠지게 된다. 결국 인간은 혼란스러움으로 인해 정신과 마음이 불일치를 이루게 되고 급기야 그 정신의 어지러움으로 인해 정도를 잃게 되어 깊은 나락으로 빠지게 되는 원인을 스스로 제공하고 있다.

이러한 점을 미리 예견한 것이 '부처님의 지혜'이다. 그러므로 불교는 부처를 찾는 것이 제일 중요하다. 부처를 믿는 것이 불교의 근본 교법이기 때문이다.

그럼, 부처란 무엇일까? 단적으로 말하면 '깨달았다'는 뜻이다. 무엇을 '깨달았다'는 말일까? 이는 우주의 진리를 바로 깨달았다는 말이며 실상의 참얼굴을 정확히 보았다는 것을 말한다. 정확히 본다는 것은 바로 '정견(正見)을 가지고 있다'라는 뜻이다.

우리가 사는 이 세상은 깨끗함, 더러움, 혼탁함, 지혜 등이 공존하는 사회이다. 이러한 세상에서 가장 중요한 것은 자기 자신을 똑바로 바라볼 수 있는 정견을 가지고 있어야 한다. 그래야만 어리석음에 대한 원인을 만들지 않게 되고 마침내 부처님이 말씀하시는 어리석음에서 벗어날 수가 있다.

부처님이 '인간의 마음을 지옥으로 이끄는 것은 바로 어리석음이다'라고 한 말씀도 바꾸어 보면 자신이 가진 실상의 참 얼굴을 바로보라는 것과 같다.

석가세존께서 열반에 드실 무렵 어떤 제자가 이렇게 물었던 적이 있다.

"이 세상에 누가 마땅히 지옥에 떨어지겠습니까?"

"부처가 마땅히 떨어질 것이니라."

"어찌하여 그러하옵니까?"

"지옥 중생을 내가 제도하지 않으면 누가 능히 제도하겠느냐. 그러므로 나는 지옥으로 들어갈 수밖에 없느니라. 그리고 나는 지옥에 떨어질 뿐만 아니라 항상 지옥에서 거주할 것이며 항상 거주할 뿐만 아니라 항상 지옥을 즐거워 할 것이며 항상 즐거워 할 뿐만이 아니라 지옥으로 장엄할 것이다."

부처님의 철저한 이타 정신이며 겸선(兼善)의 사상이라 하지 않을 수 없다.

이것이 불교가 가지는 특색이라 할 수 있다. 불교는 어리석음에 대한 뉘우침의 종교이다. 세상에는 허다한 종교가 존재한다. 어느 종교를 막론하고 인간이 인간의 길을 바로 걸어갈 수 있도록 그 정신을 순화하고 권선징악(勸善懲惡)의 방법으로 인간의 가치를 발양(發揚)시키는 것은 같다. 그러나 그 내용에 들어가면 그 교(敎)가 가지고 있는 특수한 교리의 성격과 특징은 모두가 서로 다르다.

은밀히 말하면 불교는 종교이기 이전에 하나의 철학이다. 이것이 불교가 뛰어난 종교이며 부처님이 삼대 성인으로 불리어지는 궁극적인 이유 중의 하나이다.

뱀의 독이 몸에 퍼지는 것을 약으로 다스리듯
화가 일어나는 것을 제압하라

'원수와 원수끼리는 이렇고 저런 구실로 서로에게 해를 끼치려고 한다. 또한 원한을 품은 사람은 원한을 품게 한 다른 사람에게 여러 가지 해를 끼치려고 한다. 이러한 성낸 마음은 나중에 그보다 더한 악한 일도 하게 된다.'

세상을 살다보면 자기 자신도 모르게 남에게 해를 입힐 때가 있으며 때로는 해를 입을 때도 있다. 그러다 보면 알게 모르게 서로가 서로를 미워하게 되고 때로는 돌이키지 못할 원수지간이 되기도 한다.

부처님은 이러한 모든 근원이 인간이 가진 분노 때문이라고 하셨다. 남을 원수로 생각하고 급기야 남을 죽이는 돌이키지 못할 범죄를 저지르는 것도 화를 참지 못해서이다.

여기에서 우리가 마음 깊이 새겨야 할 것이 있다. 세상을 사는 동안 단 한 명이라도 자신의 원수를 만들지 말라는 것이다. 내가 만든 원수는 단 한 사람일지라도 세월이 지나 돌아보면 그 사람으로 인해 수많은 적이 자신의 주위에 생기고 있다는 것을 깨달아야 한다.

한 사람의 원수가 생기면 그 사람으로 인해 또 다른 원수가 생기기 마련이다. 왜냐하면 모든 기쁨과 고통은 단순한 것이 아닌 두 배수로 늘어나기 때문이다. 이와 반대로 한 사람에게 자비를 베풀게 되면 그 복은 두 배수로 돌아온다는 것을 깨달아야 한다.

사람과 사람이 원수가 되는 것은 우리 몸속에 든 탐진치 때문이다. 이 삼독이 사람을 번뇌와 망념에 빠뜨리게 하고 급기야 분별력을 잃어 버리게 하여 남을 해치게 된다. 때문에 맑고 아름답고 크고 바른 우주의 본성을 바로 보지 못하게 되는 결과를 초래한다.

그런데도 불구하고 사람들은 한순간의 화를 다스리지 못하고 끝내 남과 원수가 되는 과오를 적지 않게 범하고 있다. 참으로 자비심을 잃은 어리석은 행동이라 하지 않을 수 없다.

자비란 남에게 무엇인가를 베풀어 주는 것만을 뜻하는 것이 아니라 남을 용서하는 마음을 가리킨다. 마음에 끼어 있는 더러운 때를 벗기기만 하면 우주의 대생명체인 진리 본성에 귀일 부합하게 되어 성불을 이룰 수 있는데도 불구하고 인간은 한순간의 화를 참지 못하고 깊은 나락 속에 빠지고 있다.

지장경(地藏經)에 보면 이런 글이 있다.

"地獄未除 誓不成(지옥미제 서불성)"

지옥이 다 없어지기 이전에는 맹세코 성불하지 않겠다는 말이다. 고통 속에 파묻혀 있는 중생을 모두 구제하여 영원의 안락을 얻도록 해준 다음 더 이상 구제할 사람이 단 한 명이라도 없을 때 자기가 성불하겠다는 지극한 서원이다.

이 마음을 가지는 것이 매우 중요하다. 이러한 마음을 가지고 있다면 이미 그는 마음속의 분노와 욕심을 없앤 사람이기 때문이다.

사람은 몸에 병이 나면 바로 병원으로 가서 약을 먹든지 주사를 맞는다. 그런데 마음속에 든 화냄, 탐욕, 어리석음에 대한 병은 스스로 고치려고 하지도 않는다. 아니 아예 이러한 것을 병이라고 생각하고 있지 않는 것이 더 큰 병이다. 몸이 아픈 것만 병이 아닌데도 불구하고 말이다.

세상에서 이보다 더 크고 치명적인 병은 없다. 화를 이기지 못하는 병을 더 키우게 되면 그보다 더 큰 화를 불러오게 될지도 모른다.

화엄경에 보면 '일체유심조(一切唯心造)'라는 말이 있다. '모든 것은 오로지 마음이 지어내는 것'임을 뜻한다. 결국 사람이 화를 내고 원수를 만드는 것도 모두 마음이 지어내는 것에 지나지 않는다. '이 마음'을 다스리는 것이 행복을 얻을 수 있는 지름길임을 명심해야 한다.

진리를 전혀 알지 못하는 사람들은 진리가 있어도
그것을 전혀 느끼지 못한다

'사람이 사람을 사귀는 것에서 욕망이 일어나고 사귀지 않는다면 욕망도 생기지 않는다. 넓은 바다에서 작은 나무토막 위에 몸을 실어도 곧 가라앉고 말듯이 게으른 자와 어울린다면 바른 사람도 곧 가라앉고 만다. 그러므로 노력하지 않는 게으른 사람과 사귀는 것은 피해야 한다. 세속의 더러움을 떠나 선정에 전념하는 성현이나 언제나 정진을 게을리하지 않는 지혜로운 사람과 함께 세상을 가야 한다.'

부처님께서 망망대해의 작은 나뭇잎을 비유하여 비구들의 어리석음을 깨치게 한 눈부신 설법이다. 사람들은 자꾸만 먼 곳에서 진리나 깨침을 얻으려고 한다. 사실, 진리란 먼 곳에 있는 것이 아니라 우리가 살고 있는 아주 가까운 곳에 자리하고 있다.

사람이 사람을 사귀는 것은 하나의 필연이다. 그러나 무턱대고 아무나 사귀어서는 결코 안 된다는 것을 부처님은 말씀하시고 있다. 사람이 사람을 사귀는 것은 당연하지만 그것도 어쩌면 욕망의 전제 때문이라는 것을 부처님은 엄중하게 경고를 하고 있는 것이다. 즉, 사람을 사귀는 것에도 욕망을 전제로 하여서는 안 된다는 것을 보여 주고 있다.

　망망대해에서 배가 좌초되어 나무토막 위에 몸을 실어도 온전히 육신을 보존하기는 힘들다. 이와 같이 내가 의지하고 사는 사람이 어리석은 이라면 그는 한갓 망망대해에 떠다니는 나무토막에 불과하다. 그런 사람을 곁에 둔다는 것은 오히려 자신을 사지(死地)로 몰고 가는 것과 다름이 없다. 이것이 부처님이 우리에게 말씀하신 진리이다.

　부처님이 사람 사귀는 것을 하지 말라는 것이 아니다. 더욱이 독불 장군처럼 홀로 노력하고 정진만을 하라는 말씀도 더욱 아니다. 흔히 불교를 두고 세상과 단절하고 오직 혼자만의 안위를 도모하는 독선적인 종교라고 말하는 사람들이 간혹 있지만 이것은 전혀 불교의 진수를 모르는 백일몽의 잠꼬대에 지나지 않는다.

　다시 말해 불교는 홀로 자신의 인격을 최고로 연마하여 모든 사람들에게 지혜를 베푸는 종교라고 할 수 있다. 불교에서는 나 이외의 다른 존재를 인증하지도 않으며 또한 인증할 수도 없다.

　여기에서 ‘나’라는 존재는 육신적인 ‘나’를 말하는 것이 아니라 우주의 주인이며 영원의 생명인 '마음' 이것을 '나'라고 한다. 그러 므로 이 마음을 잘 다스리게 되면 나 주위의 모든 사람들도 잘되게 된다는 논리이다. 이를 통해 인격이 최고도로 연마 도치되어 원만 무결하게 완성된 것을 '부처'라 하며 열반, 해탈이라 하는 것이다.

그렇기 때문에 불교는 지극히 현실적이다. 또한 인간 중심적이며 자아완성과 인격완성을 이루는 것이 불교의 목표라고 보면 된다. 여기에는 의문의 여지가 있을 수 없고 미흡한 곳이 있을 수도 없다.

나 이외의 절대 다른 존재를 용납하지 않으므로 객관적 대상이 있을 수도 없다. 이것이 불교만이 지닌 명명백백한 정신이다. 이런 나를 위해서는 내가 만나고 사귀는 사람도 반드시 훌륭하고 현명한 사람이어야 한다.

그러므로 불교는 독선이 아니라 겸선(兼善)이다. 불교의 궁극은 전미개오(轉迷開悟)와 광도중생(廣度衆生)에 있다. 전미개오를 자리 (自利)로 본다면 광도중생(廣度衆生)은 이타(利他)로 보아야 할 것이 다. 이 때문에 세속의 더러움을 떠나 선정에 전념하는 성현이나 언 제나 정진을 게을리하지 않는 지혜로운 사람과 함께 세상을 가야만 한다.

그런 관점에서 볼 때 불교는 우리가 세상을 살아가는 동안 함께 의지하고 가야 할 위대한 종교이다.

눈으로 볼 수도 없고 그의 존재를 확신할 수도 없는 유일신을 가 정해 놓고 인간의 모든 일은 이 유일신의 절대적 명령에 의하여 이

루어지는 것이라고 믿는다던지 인간 이외의 어떤 특수한 존재를 내세워 거기서 전지전능한 위신력(威信力)을 빌리고자 하는 믿음이라든지 또는 현대에 와서 인간의 손으로 만들어 놓은 과학 앞에 인간은 다시 무릎을 꿇어야 하는 과학 지상주의라든지 또는 인간의 생활에 문물을 교역하고 경제 유통을 편리하게 하기 위하여 만들어 사용하는 금력에 굴복 맹종하는 따위의 사고는 미신이라 규정할 수밖에 없다.

이론의 근거가 확실하지 못하고 그의 실태를 완전히 파악할 수 없는 것을 신봉하는 것이라면 도매금으로 미신에 집어넣지 않을 수가 없다. 그리고 어디까지나 인간이 인간을 중심하지 않고 신이라든지 그밖의 다른 존재를 인증한다는 것은 결코 옳은 믿음이라 볼 수 없다.

인간이 스스로 이러한 모순 속에 얽히게 되고 인간 자신의 존엄성과 자신의 위치를 망각 포기하는 현상이 세계를 쓸고 있는 것을 개탄하여 이미 학자들 사이에서는 인간회복의 문제에 고심하고 있는 실정이다.

이와 같이 불교를 믿고 공부한다는 것은 마치 망망대해에서 제 몸을 실을 수 있는 큰 배를 만나는 것과 같다.

근심걱정과 욕정을 버리고 지나치게
지나간 일을 후회하지 말라

이와 같이 세존께서 설하신 것을 들었다.

"비구들이여 사람에게는 세 가지 탐욕의 마음이 있다. 세 가지란 어떤 것인가? 애욕을 구하는 마음, 존재를 구하는 마음, 존재의 멸함을 구하는 마음이다. 이것이 사람이 가진 탐욕의 마음이다."

일찍이 부처님은 애욕의 속박에 묶여 존재와 존재의 사라짐에 마음이 더럽혀진다고 했다. 또한 오래 살고 싶어 하고 죽음을 두려워하여 생사(生死)를 벗어나지 못하는 마음이 사람에게 근심을 만들며 지나간 일에 대해 반성하지 않고 오직 실의에 빠져 후회하는 마음이 사람을 고통스럽게 한다고 하였다.

이런 사람은 마음이 항상 편치 못하고 번뇌와 미망 속에 떠돌게 되어 모든 병의 근원이 되어 고통 속을 헤매게 된다. 병이란 마음에서 오기 때문에 근심과 욕정을 버리지 못하고 지나친 후회로 일관하게 되면 깊은 병에 빠질 수도 있다는 말이다. 이런 사람은 다시 미혹한 세상에 태어나게 되고 죽어서도 끝없이 윤회하며 떠돌게 된다.

그러나 이러한 탐욕의 마음을 깨끗하게 버린 사람은 현생에서 깨달음의 언덕을 도달한 사람으로 항상 마음과 정신이 건강하여 몸 또한 건강해지기 마련이다.

금강경에 보면 '先天地而 無其始 後天地而 無其終(선천지이 무기시 후천지이 무기종)'이라는 말이 있다.

'천지보다 먼저라도 비롯함이 없으며 천지보다 후에라도 그 마침이 없다'라는 뜻이다. 결국 세상은 '처음과 끝이 없다'라는 말과 같다. 이런 끝없는 세상에서 존재를 구하는 마음은 하나의 탐욕에 지나지 않는다.

생사는 그냥 오고 가는 것에 지나지 않으며 애욕은 하나의 속박에 갇히는 것에 지나지 않기 때문이다. 사람은 이러한 생사 집착과 애욕 때문에 끊임없이 고통을 당하고 있다. 그러므로 부처님은 탐욕을 버려야만 고통 속에서 벗어날 수 있다고 하셨던 것이다.

'영원(靈源) 심적(湛寂) 무고(無古) 무금(無今)'이란 말이 있다. 유한의 생명을 벗어나 무한의 생명을 얻으려는 것이 바로 불교수행의 목적이며 또한 무한의 생명에 합일이 되는 것을 성불(成佛)이라고 한다. 인간의 생명은 유한한 것이지만 성불을 이루는 것은 무한의 세계로 들어가는 것을 말한다.

타 종교에서는 영생천국이니 말일심판이니 하는 말을 많이 쓴다. 은밀하게 따지면 유한성을 나타내는 말에 지나지 않는다. 이것도 오래 살고 싶은 인간이 지어낸 탐욕 때문이다.

이와 달리 불교는 삼세윤회설과 전생업보의 이론을 가지고 있는 최고의 진리이다. 여기에 바로 불교의 장점이 있다. 즉, 우주적 가치를 동시에 가지고 있다는 점인데 부처님이 말씀하신 요지가 여기에 모두 들어 있다.

인간이 육도 윤회를 하지 않기 위해서는 고요한 선정에 들어 탐욕을 버리고 성불을 이루어야만 한다. 이러한 진리를 깨닫고 똑바로 지킨다는 것은 사실 힘들다. 하지만, 성불을 이루기 위해 마음을 닦고 정신을 똑바로 세우면 인간을 고통스럽게 하는 번뇌를 더 이상 겪지 않게 된다.

그렇다고 인간이 가진 본능을 모두 버리라는 것은 아니다. 사람이 지녀야 할 최소한의 도리를 지키는 '중생심(衆生心)'을 가지라'는 것이다. 이것이 바로 부처님이 우리들에게 말씀하시고자 하는 요지이다.

그 무엇도 소유하지 않고 집착하지 않으며
붙잡으려 하지 않는 것, 이것이 바로 안전한 섬이다

'욕망을 최고의 반려로 삼는 사람은 오래도록 미혹의 세계를 헤맨다. 즉, 이곳 저곳으로 떠돌아다니며 미혹한 생을 되풀이 할 수밖에 없다. 또한 미혹의 세계를 뛰어 넘을 수도 없다. 이와 같은 사람은 탐욕이 괴로움을 낳는다는 것을 알아 집착을 반드시 끊어야만 한다.'

인간에게 가장 큰 괴로움은 탐욕으로부터 오는 속박이다. 이것은 사람의 마음을 잡아당기고 휘몰아 이로 인해서 인간을 미혹의 생으로 떠돌게 하는 원인이 된다.

부처님은 "나는 탐욕의 마음보다 더한 속박을 보지 못했다"고 설한 바가 있다. 이는 탐욕의 마음이 인간의 마음을 악하게 만들고 미혹의 세계로 이끈다는 것을 염려하신 말씀이다.

인간에게는 세 가지의 욕구가 있다. '식욕' '성욕' '수면욕'이다. 이 세 가지를 잘 다스리기만 해도 성불을 이룰 수가 있다. 그런데 이 세 가지의 기본적인 욕구조차도 다스리지 못하면서 인간은 또 다른 욕구인 탐하는 마음을 끊임없이 추구하고 있다. 이것이 바로 인간을 미혹의 세계로 빠뜨리게 하는 가장 큰 근본적인 이유이다.

부처님이 우리에게 끊임없이 가르치고자 한 것은 무엇인가를 탐하려고 하고, 소유하려고 하고 붙잡으려고 하는 '마음의 집착'을 끊어내는 방법이다. 이러한 집착은 나중에 자신도 모르게 최악의 결과를 낳는다는 것을 미리 부처님은 예견하고 있었던 것이다.

이러한 집착으로부터 벗어나기 위한 최상의 길은 무엇일까? 그것은 영화나 부귀에 홀리지 않고 인생의 뒷면에 흐르는 덧없음에 대한 무상(無常)을 깨닫는 것이다. 인간이 무상을 깨닫는다는 것은 결코 쉬운 일이 아니다.

왜냐하면 덧없음을 깨닫는 데는 많은 고행의 순간을 겪어야만 하기 때문이다. 그러므로 이러한 집착을 끊어내기 위해서는 자신의 현재 이 순간을 열심히 수행할 도리밖에 없다.

인간이 스스로 어리석음에 빠져 고통 속에서 헤매는 것은 자신에게 주어진 순간, 순간을 잘못 살아왔기 때문인데 자기 것이 아닌 것을 소유하려 하고, 자기 것이 아닌 것을 붙잡으려 하고, 자기 것이 아닌 것에 집착하는 마음이 자기 자신을 고통스럽게 한다.

한국불교의 근대 고승이었던 효봉 스님은 인간이 고통 속을 헤매는 것은 인간이 가진 본래의 마음인 '착한 마음'을 버리기 때문이라고 하신 적이 있다.

'我有一輪月 無影亦無相 若慾見此月 善心切莫忘(아유일륜월 무영역무상 약욕견차월 선심체막망)'

'나에게 달이 하나 있으니 모양도 없고 그림자도 없네. 이 달을 보려면 착한 마음 잊지 말라.'

모양도 없고 그림자도 없는 달이란 무슨 말일까? 모든 인간들이 다 가지고 있으면서도 가지고 있는 줄 모르고 있으니 참으로 답답하기 그지없는 인간의 어리석음을 되묻는 효봉 스님의 고담준령(高談峻嶺)의 말씀이다.

모든 인간들은 근본적으로 '달빛 같은 착한 마음'을 가지고 있다. 그런데 이런 것조차 모르니 참으로 '어리석다'라고 할 수밖에 없다.

부처님이 '집착을 끊고 무소욕의 삶을 살아라' 하는 것이나 효봉 스님이 '착한 마음 잊지 말라'는 것도 은밀하게 따져 보면 일맥상통한 의미를 가지고 있다.

이렇듯이 인간은 어리석은 중생에 지나지 않는다. 자신에게 주어진 순간, 순간을 정진하지 않고 오직 탐욕에만 눈이 멀어 있으니 안타까운 일이 아닐 수 없다.

탐욕과 증오는 바로 탐욕과 증오에 가득 찬
자신으로부터 생긴 것이다

'그릇된 마음을 가지고 그릇된 말을 쓰며 몸으로 그릇된 행동을 하는 사람이 있다. 짧은 생을 살면서도 지혜롭지 못하고 공덕을 짓지도 않는 어리석은 사람은 죽은 뒤에도 지옥에서 태어난다.'

부처님께서 인간이 저지르는 삼업(三業)에 대해 말씀하신 것이다. 인간은 살아가는 동안 세 가지의 업을 저지르는데 '몸으로 짓는 것을 신업(身業), 입으로 짓는 것을 구업(口業), 마음으로 짓는 것을 의업(意業)'이라 하셨다.

업이란 말은 본래부터 어떤 행위라는 의미를 가지고 있지만 불교에서는 인간이 짓는 선악(善惡)의 행위가 어떤 보이지 않는 힘에 의해 과보(果報)를 갖게 할 때의 그 힘의 뜻으로 사용된 것을 말한다.

인간은 활동을 할 때, 몸, 입, 마음을 사용한다. 즉 신체에 따른 행위와 언어에 따른 행위, 마음에 의해 일어나는 행위 등 이 세 가지가 가장 크다. 모든 선악의 근원이 여기에서 나오기 때문에 이 삼업을 다스리는 일은 무엇보다도 중요한데 이 중에서 마음으로 짓는 의업이 매우 중요하다.

왜냐하면 마음작용에 의해 몸과 입이 움직이기 때문에 의업은 전적으로 심리적 요소가 매우 강하다. 이 작용에 의해 육체적인 요소인 몸과 입이 결합되어 행동으로 나타나기 때문에 인간의 근본 주인은 '마음'인 것이다.

결국 마음은 인간의 모든 행위를 결정하는 사(思)인 것이다. 여기에서 말하는 사는 인간의 마음을 움직이게 하거나 멈추게 하는 의지와 결부되는 것으로써 행위보다 인간의 정신적 측면을 더욱 강조한다.

이밖에도 삼업에서 파생되는 인간의 업에는 십선업(十善業)과 십불선업(十不善業)이 있다. 십불선업은 살생(殺生)·도둑질[偸盜]·사음(邪淫) 등의 신업, 거짓말[妄語]·이간질[兩舌]·욕설[惡口]·희롱하는 말[綺語] 등의 구업, 탐욕(貪慾)·성냄[嗔心]·그릇된 견해[邪見] 등의 의업을 말하며, 십선업은 이 반대의 의미를 지니고 있다.

우리가 여기에서 간과하여서는 안 될 것이 하나 있다. 바로 부처가 무엇이냐는 것이다. 사람이 가진 이 삼업을 제대로 잘 다스리는 것이 바로 부처가 되는 길인데 참 부처란 원래부터 진리의 덩어리이다. 그렇기 때문에 형상이 없으며 또한 언어도 끊어져 그 무엇으로도 표현할 수 없다. 다만 수행 정진의 과정에 있어 정신 집중의 대상이며 일심으로 공경하는 대상이 바로 부처이다. 인간이 가진 이 삼업을 올바르게 다스리지 않고서는 결코 부처가 될 수 없다는 말이다.

이 말은 달을 가리키는 손가락은 될지언정 바로 달이 될 수 없다는 이치와 같은 것임을 알아야 한다. 즉, 손가락이란 달을 가리키는 데 필요한 사물이지 달을 본 사람에게는 아무런 소용이 없다는 말이다. 그러므로 인간에게 있어서 이 삼업은 달을 가리키는 손가락과도 같다.

이 손가락을 올바로 사용하여야만 진정한 달을 가리킬 수 있다는 이야기와 일맥상통한다고 볼 수 있다. 손가락의 목적은 달을 바로 보도록 하는데 있어서 필요한 도구이지 손가락 그것을 보고 달이라 믿어서는 안 된다는 이치이다. 그러므로 진리란 우리가 가진, 신(身), 구(口), 의(意)에 있는 것이 아니라 바로 이 세 가지를 올바르게 사용하여 진정으로 부처를 찾는 일인 것이다.

이와 달리 어리석은 사람은 달보다 손가락이라는 이미지에 더욱 집착한다. 만약 이렇게 된다면 사람은 자신의 쾌락과 욕망을 위해 오직 자기가 가진 신, 구, 의를 사용하게 되어 깊은 지옥으로 떨어지게 된다. 인간이 탐욕과 증오를 가진다는 것은 인간이 가진 이 삼업을 제대로 사용하지 못하기 때문에 생기는 것임을 명심하지 않으면 안 된다.

우리에게 중요한 것은 달이지 손가락이 아니라는 말이다. 인간이
부처가 되는 길은 오직 인간이 가진 삼업의 가치를 제대로 알아 사
용하는 길이다.

'내려놓음'으로부터 행복이 있다

"사람이 세상을 살면서 가져야 몇 가지의 마음이 있다.
그것은 어떤 물질의 유혹을 견디며 항상 작은 것에 감사하며
자신의 삶에 만족하는 마음이다. 이러한 마음을 가지기 위해서는
우선 자신이 가야 할 길을 제대로 알고 가는 것이 매우 중요하다.
그래야만 어떤 일을 하면서도 거침없는 행동으로
실천할 수가 있기 때문이다. 이것이 금강경에서 말하는
'응무소주 이생기심(應無所住 而生其心)'이다."

거울에는 그 어떤 것도 비치지 않는 것이 없다

경전에는 엄청난 지혜가 들어 있다. 그러나 이러한 지혜를 다 섭렵한다는 것은 너무 어렵다. 그중에서도 우리의 가슴을 치는 몇 가지의 시 구절을 소개할까 한다. 단 몇 줄의 시일지라도 이 속에 든 진리의 말씀들은 허공처럼 넓고 태양처럼 밝기 때문이다.

'空生大覺中 如海一漚發(공생대각중 여해일구발)'

이 말은 원각경(圓覺經)에 나오는 어구로써 '세상에서 제일 큰 것이 허공'이라는 말이다. 대각(大覺)가운데서 나온 그 큰 허공이 마치 바다에서 거품하나 일어난 것과 같다는 말이다. 이와 같이 법신(法身)은 매우 크다. 또한 법계(法界) 허공에 가득하여 충만되지 않은 곳이 없다. 그런데 이 법신이 클 때는 엄청나게 크지만 작을 때는 바늘 한 개도 용납할 수 없을 정도로 작으며, 태양보다 그 빛이 밝고 어두울 때는 칠흑같이 어둡다.

그 법신은 어떨 때는 붉기도 하고 혹 어떤 때는 푸르기도 하며 자유자재하기 때문에 거울과 같다고 하였다. 거울에는 그 어떤 것도 그 모양과 빛이 비치지 않는 것은 없다. 그러므로 '胡來胡現(호래호현) 漢來漢現(한래한현)'이라고도 한다. 즉 거울 앞에 되놈이 서면 되놈의 얼굴이 비치고 한나라 사람이 서면 한나라 사람의 얼굴이 비친다는 말이다.

그러므로 법신은 짧지도 않고 또한 길지도 않으며 희지도 않고 검지도 않지만 경우에 따라 푸르기도 하고 혹은 누렇기도 하다. 다시 말해 우리의 마음을 풀이하고 자세히 알도록 가르쳐준 말이다.

꽃을 보면 아름다운 마음이 일어나고 밥을 보면 먹고 싶은 마음이 일어난다. 온갖 것이 이처럼 있는 모양 그대로 거울 속에 비치지만 거울 자체는 조금도 물들지 않고 조금도 동요하지 않는다. 여기에 정말 신묘한 대목이 있는 것이다.

'竹影掃皆塵不動 月穿潭底水無痕 (죽소귀개진부동 월천담저수무흔)'
'대그림자 뜰을 쓸어도 티끌은 움직이지 않고 달빛이 못바닥을 뚫어도 물에는 흔적이 없다.'

위에서 말한 바와 같이 일체처(一切處), 일체행(一切行)에 닿지 않는 곳이 없으며 사리분별과 행주좌와(行住坐臥)에 통하지 않는 곳이 없으나 본성(本性) 그 자리에는 아무런 흔적도 남지 않는다는 말이다. 또한 이런 구절도 있다.

'鳥飛空中無形跡(조비공중무형적)'
'새가 허공에 날아도 허공에는 아무런 자취를 남기지 않는다.'

청정법신인 본성진여(本性眞如)에는 자취가 없는 것이므로 이것을 대원경(大圓鏡)이라고 표현한다. 여기에 그것을 한 번 더 간곡히 설명하기 위해 이런 글이 있다.

'竹密不妨流水過 山高豈碍白雲飛(죽밀불방유수과 산고기애백운비)'
'대나무가 아무리 빽빽해도 물 흐르는 데는 상관이 없고 산이 아무리 높아도 구름 나는 데는 방해가 되지 않는다.'

적절한 비유이며 실감나는 말이다. 이것 역시 금강오가해에 있는 말씀이다. 이렇기 때문에 불생불멸(不生不滅)이며 불구부정(不垢不淨)이며 부증불감(不增不減)이라고 했는지도 모르겠다. 이러한 한 생각의 격차로 인해 성불과 지옥이 갈라지게 되는 것이며 중생과 부처가 나누어지게 되는 것이며 정신과 미신이 벌어지게 되는 무서운 결과가 생기게 되는 것이다.

이 정석 하나가 바로 놓여지지 않고서는 천 권의 경과 만 가지의 글, 즉 천경만론(千經萬論)을 독송하더라도 소용이 없는 것이며 염불주력을 아무리 잘하더라도 마군사도(馬軍邪徒)를 면할 수가 없게 되는 것이다.

애욕 때문에 사람은 큰 고통을 당한다

'사람이 애욕이라는 속박에 갇히게 되면 생사라는 존재와 존재의 마음이 더럽혀진다. 또한 악마의 속박에 묶인 사람은 마음이 편하지 못하며 죽어서도 다시 미혹의 세상에 태어나 끊임없이 윤회하며 떠돌게 된다. 그러나 존재와 존재의 사라짐, 즉 생사를 구하는 탐욕의 마음을 떠나 번뇌를 멸한 사람은 깨달음의 피안에 도달한 사람이다.'

부처님의 전생인 《본생경 이야기》에 있는 애욕에 관한 이야기이다. 그 옛날 마가다 왕국의 라쟈가히에 마가다라는 국왕이 나라를 다스리고 있었다.

어떤 비구가 야생사슴으로 화해 그 숲에서 살고 있었는데 그는 마을 변두리에 살고 있던 젊디 젊은 암사슴을 매우 좋아한 나머지 위험을 무릅쓰고 종종 마을로 내려왔다.

당시 마을의 젊은이들은 산을 내려오는 사슴들을 활로 쏘아 잡기 위해 벼르고 있었다. 그러나 젊은 암사슴에게 마음을 빼앗긴 야생 사슴은 아랑곳하지 않고 늘 마을로 내려왔다. 이를 본 암사슴이 말을 하였다.

"당신은 어리석은 사슴이군요. 지금은 사냥꾼들이 당신을 잡으려고 혈안이 되어 있습니다. 부디 숲으로 돌아가 몸을 숨기세요."

암사슴은 야생 사슴에게 이런 위험을 알려주었지만 그는 암사슴을 사랑한 나머지 이런 경고를 무시했다. 그러던 어느 날 야생사슴은 암사슴을 만나기 위해 또다시 마을로 내려왔다. 야생사슴을 만난 암사슴은 자신도 위험에 처한 것을 알고 항상 길을 갈 때도 자신의 앞에 야생사슴을 앞세웠다.

그 순간 한 개의 화살이 날아왔다. 날카로운 화살은 야생사슴의 가슴을 관통하여 결국 야생사슴은 그 자리에서 즉사하고 말았다. 암사슴은 그 순간 숲으로 달아나 야생사슴의 죽음을 멀리서 지켜보았다.

야생사슴의 몸은 사지가 잘리고 몸통은 살코기로 변해 벌건 불 위에 놓여져 있었다.

그때 숲속에 있었던 보살은 이 광경을 보고 이렇게 노래하였다.

"애욕에 빠져 죽음을 당한 야생사슴의 어리석은 죽음은 결코 그의 아버지와 어머니 때문이 아니라 전적으로 자신의 잘못이다. 사랑하지 않아야 할 대상을 사랑하였으므로 당하는 고통이다."

이것은 수행 정진을 할 수행자가 애욕에 빠져 돌이킬 수 없는 지옥의 나락으로 빠지는 이야기이다. 그때의 야생 사슴은 사랑에 빠진 지금의 비구이며 젊디젊은 암사슴은 그 이전의 아내이다.

암사슴은 자기 자신을 사랑하는 야생사슴을 방패삼아 애욕을 즐겼으나 야생사슴은 그러한 사실조차 모르고 사랑에 빠졌다는 것을 엿볼 수 있다. 남녀 간의 사랑은 육체만이 아니라 정신적인 사랑이 더욱 중요하다.

애욕이란 이렇게 무서운 결과를 낳는다는 것을 알아야 한다. 애욕이란 마치 부유하며 떠도는 검은 구름과 같은 것이어서 항상 부질없는 고통을 준다는 것을 깊이 되새겨야 한다. 특히 수행자에게는 더욱 그러하다. 비록 부처님의 전생이야기가 현실에 맞지 않고 우화적인 요소를 가지고 있다고 하더라도 그 속에 든 의미는 매우 깊다.

그래서 붓다는 이것에 대해 다음과 같이 설을 하셨다.

'화살대에 놓인 화살, 저것은 사람들에게 상처를 입혀 큰 재앙을 안기게 하고 여인의 지배를 받는 나라는 항상 재앙이 들끓는다. 또한 여인들의 애욕에 지배를 당하는 사람은 결국 비난을 받는다.'

이것은 부처님이 여인들을 비난하기 위해 한 말씀이 아니다. 지나친 애욕에 빠진 남자들에 대한 경계를 경고하는 부처님의 말씀이다. 이렇듯이 애욕은 사람의 정신을 병들게 하고 또한 판단력을 흐리게 하여 자신이 가야 할 길을 잊게 만든다는 것을 명심해야 한다.

최고의 목표를 향해 나아가라 조금도 주저하지 말라

'자신이 얻어도 결코 죄가 되지 않는 것, 작은 것과 얻기 쉬운 것
에 만족하는 사람에게는 의식주에 대한 고민이 없다. 그런 사람은
어느 곳으로 가야만 그것이 얻어질 것이라는 심각한 고민을 하지
않고 오직 자신이 닦아야만 할 바른 것에 족함을 안다.'

근대 한국불교를 이야기하면서 선지식 혜월(慧月) 스님을 빼놓고
이야기할 수는 없다. 혜월 스님은 1800년대 근대 한국 불교의 중흥
을 이루었던 경허 스님이 은사이다. 혜월 스님은 열두 살에 어머니
를 따라 정혜사(定慧寺)에 갔다가 당시 삼촌이었던 혜안(慧安) 스님
을 만나 그 길로 출가를 한 고승이다.

당시 선학(禪學)과 경학(經學)에는 그다지 뛰어나지 않았지만 신
심이 매우 돈독하여 열여섯 살 때 사미계를 받는데 혜안 스님은

혜월 스님에게 항상 관세음보살을 염송하라고 일러 주어 그는 오직 일심으로 관음정진(觀音精進)에 혼신으로 몰두를 하였다. 그리고 열아홉 살 되던 해에 더 높은 공부를 위해 경허 스님을 찾아가 참선의 관문을 두드리기 시작하다가 스무두 살 때 경허 스님으로부터 인가를 받았다.

경허 스님이 혜월 스님에게 물었다.

"자네 참선은 무엇 하려 하는가?"

혜월 스님은 경허 스님의 말에 한 치의 머무름도 없이 대답했다.

"못에는 고기가 뛰고 있습니다."

경허 스님이 또 물었다,

"그래, 자네 지금 어디에 있는가?"

혜월 스님은 그 말이 떨어지기가 무섭게 이렇게 대답을 하였다.

"산꼭대기에 바람이 지나갑니다."

경허 스님은 그 순간 "옳다. 옳다"하고 박수를 치고 그 자리에서 인가를 하고 전법의 표시로 법호를 내리면서 이 길로 남쪽으로 가서 중생을 제도하라고 했다.

혜월 스님이 머문 곳은 양산 미타암(彌陀菴)이었는데 이곳에서 오십육 년을 보내고 다시 천성산 원효암(元曉菴)에 계시다가 그곳에서 초심법문(初心法問)의 대가인 해운(海雲) 스님을 만나게 된다. 혜월 스님은 법상 아래 꿇어앉아 공손히 절을 한 다음 이렇게 물었다.

"스님, 어떤 것이 초심학인(初心學人)입니까?"

그 순간 해운 스님은 그 대답을 격외적(格外的)으로 하지 못하고 구구한 이론과 설명으로 얼버무렸는데 그 순간 혜월 스님은 크게 실망을 하였다.

"나는 산 사람인 줄 알았더니 이제 보니 송장이구먼" 하고 돌아와 버렸다. 대단한 기지였던 것이다.

소석기록(素石記錄)에 따르면 당시 혜월 스님은 카랑카랑한 충청도 사투리를 쓰시면서 순박한 표정이 줄줄 흐르는데 잠시도 가만히 앉아 계시지 않고 절마당과 마루를 쓸고 닦아 마치 시자들이나 부목들로 오인받기 쉬웠다.

소지품이라고는 발우 한 벌과 이불 하나 삼베 무명옷 한 벌뿐이었으며 밤에는 결코 요를 깔지 않고 잠깐 눈을 부치는 것이 전부였다.

글은 잘 몰라 무식한 편이었지만 하루의 전부를 정진과 참선으로 일관하였다. 더욱이 아침 공양이 끝나면 대중을 끌어 모아 호미, 가래, 삽, 괭이 등 연장을 손에 쥐고 산을 개관하여 논과 밭을 만들었는데 그야말로 '일일부작(一日不作) 일일불식(一日不食)'의 엄한 규범을 따랐다. 이렇게 하여 선암사의 논과 밭이 무려 십여 두락(斗落)이나 되었다. 이후에도 혜월 스님은 노동과 참구(參究)를 멈추지 않았다.

혜월 스님의 행각은 여기에서 그치지 않고 공양때면 항상 몇 숟가락을 덜어 두었다가 공양이 끝난 다음 그것을 들고 산으로 올라가 배고픈 산짐승들에게 허기를 면하도록 하였는데 그 순간 울창한 수목 속에 있던 까마귀, 까치, 산새들이 떼를 지어 기다리고 있다가 스님의 어깨 팔 머리에 푸득 푸득 날아 붙어 걸음을 걷지 못 할 정도로 많이 모여들었다고 한다.

정말 놀라운 광경이었다. 어쩌면 짐승들은 스님의 안으로 충만된 대자대비를 느끼고 있었는지도 모른다. 조금이라도 인간의 악의와 살기가 남아 있거나 허위와 가면의 상이 남아 있었다면 도저히 저런 광경을 볼 수 없었을 것이다.

혜월 스님은 항상 금강경에 있는 '應無所住而生其心(응무소주이생기심)'을 외웠다.

'마땅히 머무는 바 없이 마음을 낼지어다'' 라는 뜻으로 집착이 없는 마음을 강조한 것이다. 혜월 스님은 신도들이 좋은 천으로 옷을 지어 오면 그것을 어김없이 대중에게 내놓았다. 그리고 하시는 말씀이 중이 사치하는 것은 복을 짓는 것이 아니라 도(道)에 지장을 주는 것이라고 꾸짖었다.

하루는 한 신도가 49제를 지내기 위해 돈을 혜월 스님에게 주었다. 혜월 스님은 이 돈을 가지고 있었는데 어느 날 길을 가다가 양쪽 다리가 몽땅 끊어진 걸인이 손을 내밀자 스님은 모조리 주어 버렸다. 그 돈이 얼마인지 헤아려 보지도 않고 이것은 스님이 항상 외우고 있었던 '응무소주이생기심'의 실천이었다. 그 후 이 사실을 안 신도는 오히려 더 많은 돈을 내놓고 제를 지내게 되었다.

혜월 스님은 선암사 아래 안양암에서 매일같이 솔방울을 따시며 정진하시다가 1936년 6월 법복을 입고 고요히 앉아서 열반에 들었다.

석가모니 부처님이 해탈을 위해 평생 고행의 길을 걸었듯이 혜월 스님도 마음의 해탈을 위해 평생동안 부처로 살았다. 혜월 스님이 평생 수행하였던 것은 '이것도 저것도 아닌 무(無)'였다. 그에게 있어서 최고의 수행은 오직 노동과 정진이라는 규범 속에서 자기 자신을 바르게 하는 것이었다.

사람이 세상을 살면서 가져야 할 것은 어떤 물질의 유혹을 견디며 항상 작은 것에 감사하며 자신의 삶에 만족하는 마음이다. 이러한 마음을 가지기 위해서는 우선 자신이 가야 할 길을 제대로 알고 가는 것이 매우 중요하다. 그래야만 어떤 일을 하면서도 거침없는 행동으로 실천할 수가 있기 때문이다. 이것이 바로 혜월 스님이 늘 가슴속에 담아 두었던 '應無所住而生其心(응무소주이생기심)'의 마음이다.

혜월 스님은 자신이 얻어도 결코 죄가 되지 않는 것을 얻고자 했으며 스스로 작은 것에 만족하며 평생을 수행으로 일관하며 살았다. 혜월 스님은 바로 부처였다.

이와 같이 성인이란 그 어떠한 것에도 심각한 고민을 하지 않고 오직 자신이 닦아야만 할 바른 것에 족함을 하는 사람이다.

한 알의 씨는 과거 무량백천만(無量百千萬)알의
결과라 할 수 있다. 동시에 미래 무량백천만 알의 원인이다

'이것이 있으므로 저것이 있다. 이것이 생겨날 때 저것이 생겨난다. 다시 말하면 무명(無明)이라는 어리석음 때문에 결합이 있으며 이것 때문에 식(識)이 있다. 식에 의해 이름(名)과 색(色)이 있고 이것에 의해 육처(六處)가 있으며 이것에 의해 촉(觸), 수(受), 애(愛), 취(取), 존재(有)가 있다. 존재에 의해 생(生)이 있으며 이것에 의해 인간의 늙음, 죽음, 근심, 괴로움, 어지러움과 번뇌가 생긴다. 그러므로 인간의 존재는 괴로움의 덩어리이다.'

불교에서 가장 중요한 사상은 연기법이다. 이것을 접어 두고 불교를 이야기한다는 것은 한갓 어불성설에 지나지 않는다. 연기(緣起)라는 말은 어떤 인연에 의해서 존재현상이 일어난다는 뜻이다. 이를 바꾸어 이야기하면 어떤 연에 의해서 어떤 현상이 일어난다는

것을 뜻한다.

불교에서 말하는 연기사상은 업감연기, 십이지연기, 아뢰야식연기, 진여연기, 법계연기 등이 있다. 이것은 모두 '이것이 있으므로 저것이 있다'라는 연기법에 의해 일어나는 현상으로 보면 된다.

이것을 보다 쉽게 이야기해 보겠다. 여기 '나'라는 존재가 있다. 그런데 '나'라는 존재는 어디에서 온 것일까? 이 존재의 비밀을 푸는 것이 바로 연기법인 것이다. '나'라는 존재는 부모가 없다면 '나'는 없으며 부모가 있기 때문에 '나'가 여기에 있다. 부모님이 존재하는 이유도 바로 이 같은 연유이다. 이것이 우리가 쉽게 풀이할 수 있는 연기법이다.

즉, 존재하는 A에 의해서 B가 일어난다고 할 때에, A와 B의 관계를 살펴보는 것이 연기론이라고 할 수 있다. 이것에 의해 분파된 것이 업감연기나 십이지연기, 아뢰야식연기이다.

불교에서는 이러한 사상을 근거로 해서 인간이 가진 모든 고통과 괴로움의 원인, 기쁨과 행복의 원인도 모두 연기에 의해 파생된다는 것을 설명하고 있다.

부처님이 말씀하시는 '이것이 있으므로 저것이 있다'라는 것은 어떤 존재의 일어남에 대한 시간과의 관계를 설명한 것으로서 이 세상의 모든 존재하는 것들은 어느 것 하나도 우연으로 만들어진 것이 아니며 홀로 독자적으로 만들어진 것이 하나도 없다는 뜻이다. 이것은 비단 존재에 대한 것만이 아니다.

인간이 고통과 번민, 어리석음에 빠지는 이유는 인간이 가진 눈, 귀, 코, 혀, 몸, 뜻의 육처(六處) 때문이다. 이것에 의해 인간은 부딪침[觸]이 생기고, 느낌[受]이 생기며, 정욕[愛]를 느끼게 되고 무엇인가에 대한 욕망[取]을 가지게 된다. 이것 또한 인간이 존재하는 이유가 되지만 이것 때문에 번뇌와 고통과 어지러움을 가지게 되고 마침내 인간의 가장 큰 고통의 원인인 생로병사(生老病死)를 경험하게 된다. 그러므로 인간의 존재는 괴로움의 덩어리라고 할 수가 있다.

이와 같이 불교에서 연기 사상만이라도 제대로 알고 있다면 번뇌와 고통에서 벗어나는 것은 그다지 어렵지 않을 것이다. '나쁜 짓을 하면 반드시 죄를 받는다' 라는 이 한 가지의 이치만을 깨닫고 있다고 해도 그러한 고통 속을 헤매지 않아도 되기 때문이다. 부처님이 말씀하신 연기법은 그래서 그 어떤 성인의 말씀보다도 위대하다.

지상에 떨어지는 단 한 알의 밀알도 그저 우연만으로 오는 것이 아니다. 이 한 알의 씨앗이 있기 위해서는 무량백천만의 알이 있었기 때문에 오늘 이 자리에 있다는 것을 알아야 한다. 또한 이 한 알의 씨앗은 미래의 무량백천만 알의 근원이 된다.

그러므로 여기에 있는 '나' 라는 존재는 한 알의 씨앗과도 같다. '나' 라는 존재는 그동안 나를 위해 스쳐간 무량백천만 명의 조상들이 있었기에 내가 이 자리에 있다는 사실을 간과해서는 안 된다. 또한 '나' 라는 존재는 미래의 수많은 사람들을 위해 있다는 것도 결코 잊어서도 안 된다.

이렇게 위대한 '나'를 한갓 어리석음과 번뇌로 인해 고통 속에 빠뜨린다는 것은 하나의 죄악이다. 우리들의 보리심(菩提心)도 과거 백천만불(百千萬佛)의 보리심의 결과가 되는 동시에 미래 무량백천 만불의 보리심의 원인이 된다는 것을 알아야 한다.

모든 것은 이대로가 결과이기도 하고 원인이라는 점을 불자들은 반드시 명심해야 한다.

불교란 자기를 배우는 것이며 자기를 잊는 것이며 또한 자기를 증득(證得)하는 것이다

'훌륭하고 똑똑한 사람은 거짓말을 자주하고 화를 잘 내고 비겁한 사람, 그리고 남에게 못된 짓을 하는 사람과는 결코 어울리지 않는 사람이다. 그러므로 악한 사람과 교제하는 것은 하나의 재앙이다.'

이 내용은 부처님의 십대 제자였던 아난다 비구의 '진리의 말씀'이다. 그는 '훌륭한 사람은 애초부터 모든 악의 근원을 곁에 두는 것조차 두려워하는 사람이다' 라고 말했다. 거짓말을 자주하고, 조그만 일에도 화를 잘 내며 비열한 생각을 하는 사람의 곁에 있으면 자신도 모르게 물들기 때문에 그들 곁에 가는 것조차 싫어하는 사람이 바로 '훌륭한 사람' 이라고 했다.

자신보다 지식이 뛰어나고 밝은 지혜를 가진 사람을 만나는 것도 하나의 행운이라고 할 수 있다. 그러기 위해서는 항상 바른 마음가

186

짐을 가지고 있어야 하며 항상 수행하는 자세로 살아야 한다. 이런 자기 자신을 만들지 않고서는 자신보다 더 나은 사람을 만날 수는 결코 없다.

이 사회는 악보다 강한 것이 선이다. 그러나 악은 약한 무리 속에서는 절대적으로 강하다. 이 사회는 가난하고 배움이 없는 사람을 두고 약자라고 한다. 사람이 힘이 없고 가난할수록 선과 악을 구별하는 힘이 현저히 떨어진다. 설령, 그 사람이 나쁜 사람이고 그 일이 나쁜 일이라 할지라도 유혹의 힘이 뻗치면 쉽게 허물어지는 사람이 약자이다. 이런 사람을 악의 무리는 교묘한 수단으로 이용한다.

우리는 이러한 악의 무리를 애초부터 만나지 말아야 한다. 또한 자신에게 주어진 일이 설령, 힘들고 고통스럽다고 하더라도 그것이 만일 나쁜 일이라면 능히 뿌리칠 수 있는 강한 신심을 가지고 있어야 하며 반대로 올바른 일이라면 그것을 능히 할 수 있는 의지와 지혜를 가지고 있어야 한다.

이러한 지혜를 가지게 해주는 종교가 불교이다. 불교는 남을 위해 믿는 것이 아니라 자기 자신의 마음을 닦기 위해 필요한 종교이다. 바른 마음을 닦아 남에게 그 가르침을 인도하는 것이 바로 불교인 것이다.

자기 자신을 똑바로 알고, 또한 자기 자신을 잊는 것이며 이를 통해 깨달음을 증득하는 힘을 기르는 것이 불교이다.

하나의 예를 들어 보겠다. 일찍이 성인이신 부처님에게는 십력(十力)이라는 것을 가지고 있었다. 그중의 하나가 이치에 맞는 것과 이치에 어긋나는 일을 판단하는 힘이다. 사람이 어떤 일을 함에 있어 '이치를 알고 도리를 안다' 면 이것은 부처님이 가지고 있는 십력 중의 하나를 똑같이 가지고 있다는 것을 입증하는 것이다. 사람은 그래서 누구나 다 부처가 될 수 있다.

일찍부터 아난다 비구는 이러한 이치를 부처님을 통해 알고 있었다. 물고기가 물속에서 살고, 새가 하늘을 날듯이 사람도 자신의 그릇에 맞는 사람을 찾아야 한다. 이를 위해서는 자신의 그릇을 더 키워야만 훌륭한 사람도 만날 수가 있으며 그러한 지혜와 인격을 가지기 위해서는 부처님의 가르침이 필요하다.

남을 시기하고 거짓말을 잘하고, 화를 잘 내는 사람은 결코 자신보다 더 나은 사람을 만날 수도 없으며 또한 훌륭한 사람이 될 자질도 애초부터 가지고 있지 않다. 그러므로 모든 문제는 저 광대한 우주 속에 있는 것이 아니라 내 자신이 가진 인간성의 내부 깊숙이 들어 있는 본질이다. 이 본질을 잘 다스리고 파악하는 것이 현명한 사람이다.

그러므로 부처의 깨달음이란 저 광대한 우주 속에 있는 것이 아니라 바로 자기와 세계가 일원화(一元化)가 되는 그 경지에 있음을 자각해야 한다. 이것이 부처님이 우리에게 던지고자 했던 깨달음의 목적이다.

부처님 말씀의 핵심은 이 이상도 이하도 아니다. 부처님이 6년 동안의 긴 세월 동안 생각한 것은 우주만상의 존재와 인생의 목적은 무엇인가에 대한 것. 즉 자기 존재에 대한 가치의 발견이었다.

그러므로 불교의 가장 궁극적인 목적은 자기를 배우고 자기를 잊는 것이며 자기를 깨닫는 것에 있음을 우리는 명심해야 한다.

육체가 있기 때문에 괴로움이 따른다
그러므로 육체에 대한 집착을 버려야만 한다

'사람은 아름다운 음성과 사랑스러운 모습에 마음이 이끌려 마음의 안정을 잃게 된다. 애욕에 물든 마음을 가지고 그것을 느끼며 그것에 집착하게 된다. 이것이 괴로운 삶의 원인이 되어 갖가지 오염이 생기게 된다.'

부처님이 코삼비의 코시타 동산에 계실 때 밧지국의 우데나왕이 핀돌라 존자를 찾아와 이렇게 물었다.

"젊은 사람은 이성에 대한 욕망을 억제하기가 힘든데 존자께서는 얼굴이 맑고 편안해 보입니다. 출가를 한지도 얼마 되지 않은 것 같은데 힘들지 않으십니까?"

이에 핀돌라 존자는 이렇게 말을 하였다.

"부처님은 우리에게 늙은 여인을 보거든 어머니라고 생각하고,

중년의 여인을 보면 누이나 동생으로 생각하고, 어린 처녀를 보거든 자신의 딸이라고 생각하십시오. 만약 이렇게 한다면 여인에 대한 모든 음욕이 사라질 것입니다."

이 이야기를 듣고 골똘하게 생각한 우데나 왕은 다시 존자에게 물었다.

"그 방법은 너무 힘듭니다. 다른 방법은 없습니까?"

존자가 다시 대답을 하였다.

"부처님이 다시 우리들에게 이렇게 가르쳤습니다. '이 몸이란 것은 머리끝에서 발끝까지 뼈를 줄기로 해서 살을 입히고 엷은 가죽에 덮인 것에 지나지 않는다. 그 속에는 똥과 가래, 고름, 오줌과 같이 갖가지 더러운 것으로 가득 차 있다고 생각하라. 만약 이 같은 생각을 하면 음욕이 사라지고 마음이 편안하게 될 것이다'고 말씀하셨습니다."

이 이야기를 들은 우데나왕은 다시 질문을 던졌다.

"존자님 아무리 그래도 사람의 마음은 간사하여 여자를 보면 아름답고 깨끗하다는 마음을 지울 수 없습니다. 그보다 더 좋은 방법은 없는지요?"

존자가 다시 말을 했다.

"부처님은 그래도 참을 수 없거든 몸을 에워싼 모든 감각기관의 몸을 굳게 지키고 그 마음을 잘 붙잡아 라고 하셨습니다."

그제야 우데나왕은 고개를 끄덕거리면서 자신의 왕국으로 돌아

갔다.

인간이 가진 욕구는 일반적으로 크게 '수면욕, 식욕, 성욕' 세 가지로 나누어진다. 이중에서 가장 참기 힘든 것은 일반사람들이나 수행자나 마찬가지로 '성욕'이다. '성욕'은 인간이 가진 기본적인 욕구이자 본능에 가깝다. 그렇기 때문에 무조건 참는 것만이 능사가 아니다.

우데나왕이 젊은 출가자인 핀돌라 존자에게 진지하게 성욕을 이기는 법을 물었던 것도 이와 같은 까닭이다. 우데나왕이 알고자 했던 것은 인간의 기본적인 욕구인 성욕을 무조건 이겨내는 방법을 찾았던 것이 아니라 현명하게 이겨내고자 했던 방법을 물었던 것이다.

이에 대해 부처님은 젊은 출가자에게 세 가지의 대책을 내놓았다. 하나는 여인들을 어머니와, 누이, 딸처럼 생각하라는 것이다. 이와 같은 관점은 바로 인간이 가진 도덕성에 의지한 것이라 볼 수 있다.

그러나 우데나왕은 근본적으로 도덕성이 약하고 사악한 존재이기 때문에 그런 것은 소용이 없다고 다시 물었던 것이다. 이에 대해 부처님은 존자에게 다시 가르침을 던져 주었다. 우리의 육신은 한갓 가죽과 살로 된 몸에 지나지 않으며 온몸은 갖가지 오염으로 뒤덮인 한갓 동물에 지나지 않는다고 말을 하였다. 결국 인간 육신의 허망함을 강조하여 욕정을 억제하게 했던 것이다. 그러나 우데나

왕은 또다시 인간의 사악한 마음을 탓하여 그것으로도 성욕을 이기지 못할 경우에는 어떻게 해야 하는가를 물었다.

부처님은 다시 말하였다. 인간이 가진 모든 감각기관 즉 육처(六處)인 눈, 코, 입, 귀, 몸, 의 등 모든 감각기관의 문을 닫으라고 했던 것이다. 물론 이것은 일반인들에게는 매우 어려운 가르침이다.

오래전의 일이다. 몇 년 전 돌아가신 미당 서정주 시인도 생전에 여인에 대한 음욕을 어떻게 다스리는가를 성철 스님에게 물었던 적이 있었다고 한다. 그때 성철 스님은 난데없는 노시인의 질문을 받고 꾸짖기는커녕 이렇게 답했다고 한다.

"모든 여인들을 어머니, 누이, 딸처럼 생각한다."

이 답은 부처님이 대답하신 것과 똑같다. 어쩌면 어머니, 누이, 딸 같이 생각하기 때문에 음욕을 품지 않는 것이 아니라 성철 스님은 애초부터 음욕이란 말 자체를 놓아 버린 것임이 틀림없다.

수행자에게 있어 '음욕을 품는 것'은 가져서는 안 될 강력한 계(戒) 중의 하나이다. 그러나 일반인들에게 이러한 금기를 마땅히 받아들여야 할 이유는 없다. 하지만 중요한 것은 품지 말아야 할 대상에게 음욕을 가지는 것이 문제이다.

아내가 있는 사람이 다른 여인에게 음욕을 품는다든지 남편이 있는 여인이 다른 남자와 관계를 갖는 것은 짐승보다 더 못한 일이다. 이러한 일은 괴로운 삶을 만드는 원인이 되어 큰 불행을 낳게 된다는 것을 부처님은 경고하고 있다.

요즘 시도때도없이 아동과 여성에 대한 폭력으로 온 나라가 시끄럽다. 인간의 탈을 쓰고 해서는 안 될 일을 저지르고 있는 것이다. 참으로 비감한 심정마저 든다.

3부 '대박 아인' 이름대로 '앵두'이 섰다

몸과 마음의 욕망이 모두 공한 것임을 비추어 보시고
온갖 괴로움과 재앙의 바다를 건넜다

'색(色)이 공한 까닭에 괴롭다거나 무너진다는 상이 없고, 수(受)가 공한 까닭에 느낀다는 상이 없으며 상(想)이 공한 까닭에 안다는 상이 없고, 행(行)이 공한 까닭에 짓는다는 상이 없으며 식(識)이 공한 까닭에 깨닫는다는 상이 없느니라.'

불교의 경전 중에서 가장 뛰어난 경전은 《금강경》과 《반야심경》으로 알려져 있다. 이 중에서 반야심경은 600권으로 전해지고 있다. 오늘날 많은 경전들이 학자나 문필가에 의해 그 뜻이 해석되고 있으나 불가의 경전은 은밀히 말하면 인간이 해석할 수도 없으며 해석하여서도 안 되는 것이다.

반야심경은 관자재보살이 반야행을 통해 나타나는 법의 모습을 단계적으로 서술하고 있는 것인데 불교의 기초적인 법문인 오온(五

蘊)·12처(十二處)·18계(十八界)가 모두 공(空)하며, 12연기 또한 공하며, 4가지 진리 또한 공하다고 하여 모든 법의 공한 이치를 나타낸 불교 경전이다.

특히 '색즉시공 공즉시색(色卽是空 空卽是色)'으로 대표되는 공의 이치는 어떤 대상이든 고정적인 성품이 없음을 나타내었으며, 오직 보살은 마음에 가림이 없는 반야바라밀의 수행으로 최상의 지혜를 얻을 수 있으며 그러한 이치는 신묘하여 진언으로서 끝내고 있다.

불교에서 일체의 존재는 다섯 가지의 것이 모여서 되었다고 해석하고 있다. 그 다섯 가지도 역시 다른 것이 각각 모여서 된 것이라고 한다. 이 다섯 가지란 대상을 구성하고 있는 감각적, 물질적인 것의 총칭인 색, 주체의 의식에 관계되는 인상을 받아들이는 수, 영상을 만드는 표상작용을 하는 상, 능동성을 말하며 잠재적으로 작용하는 행, 구체적으로 대상을 각각 구별하여 인식하는 작용인 식이다. 이 다섯 가지가 모여 '나'가 존재한다고 보고 있다. 그런데 반야심경에서는 이러한 모든 것도 공(空)하다고 설명하고 있다. 이것이 반야심경의 핵심인 공사상(空思想)이다.

수천 번을 읽어도 그 오묘한 뜻을 다 알 수가 없게 되어 있는 것이 불가의 경전이다. 그렇기 때문에 사람들은 그 실상을 깨달아 스스로 깨우쳐 알아야 한다.

이 중에서도 일반 불자들이 반드시 기본적으로 깨우쳐야 할 경전은 반야심경이다. 반야심경은 경전 그 자체에 깊은 의미와 뜻이 담

겨져 있기 때문에 그 어떤 심도의 연구로도 재해석할 수 없다는 점이 더욱 위대하다.

이것이 오늘날 눈부시게 발전하고 있는 과학의 가치와 불가의 경전이 지니는 가치의 차이점이다. 과학은 쉼 없는 연구에 의해 새로운 사실이 밝혀지지만 불가의 경전은 이미 법화(法話)되어진 것이기 때문에 세상의 변함없는 중심의 틀이다.

이런 관점에서 볼 때 불가의 경전들은 그 어떤 종교서(宗敎書)들과는 다르게 우주만물의 시작과 끝, 인간의 시작과 끝, 그 생성에 관해서 매우 구체적으로 적혀 있다는 점이 놀랍다.

이 중에서도 반야심경은 이러한 깊은 뜻을 알려 주는 가장 기초적인 책이며 또한 어리석은 인간을 깨우치게 하는 최상의 도(道)를 가르쳐 준다는 점에서 위대한 경전이다.

여기에서 반야심경을 이야기하는 것은 그에 대한 해석을 시도하려고 함이 절대 아니다. 다만 반야심경이 가진 위대한 공사상(空思想)을 이야기하기 위함이다. 사실 반야심경의 공이란 공 자체를 설명하는데 목적이 있는 것이 아니다. 반야심경의 공은 삼독오욕으로 더러워진 두뇌를 깨끗이 세척하는데 필요하다. 공은 없는 것이 아니라 비어 있다는 뜻이다.

반야심경이 이 세상에 존재하는 가장 근본적인 이유는 '마음을 다스려라' 이다. 이것을 이야기하면서 저것을 이야기하거나, 저것을 이야기하면서 이것을 이야기하는 것과 같은 수박 겉핥기식의 이론으로서는 도저히 따라잡을 수 없는 것이 바로 반야심경의 공사상이다.

반야에서 주체적으로 설명한 공이란 '마음처[心處]'를 직설한 것이다. 사실 우리 인간사의 일은 반야심경으로 해석하면 모든 일은 꿈속의 일에 지나지 않는다. 부처님이 위대하다는 것은 이를 두고 하는 말이다.

그러므로 불가의 경전은 인간이 세상을 살아가는 이치에 대한 방편을 설한 것으로 보면 틀림없다. 공을 이야기하면서도 인간이 가진 어리석음에 대한 과정을 탈피하기 위한 방법을 기술한 책이 바로 반야심경인 것이다. 이를 스스로 깨우쳐 반야에 이르는 길이 해탈이다.

반야심경을 이야기한 설주는 관세음보살인데 이것은 사리자에게 한 말로 현법계(現法界)를 벗어나는 과정에 대한 설명이다. 즉 지견 해탈의 경지를 설한 것으로 보면 된다. 불가의 경전 속에서는 이와 같이 인간이 걸어가는 모든 헛된 길을 뉘우치게 하는 오묘한 진리가 담겨져 있는 것이다.

반야심경은 관세음보살님이 반야바라밀다행을 하시면서 겪은 것을 예를 들어 설명한 것으로서 공으로서 인간의 허상을 통렬하게 꾸짖고 있다. 또한 밀다행은 해탈을 위해 수행하는 과정을 일컫는데 이를 통해 자기의 존재와 타인의 존재를 알아가는 것을 뜻한다.

불교의 힘은 타력 해탈이 아니라 자력 해탈이다

'비구들이여 열반의 경지에는 두 가지가 있다. 육체가 존재하면서 얻는 유여의열반(有餘依涅槃)과 육체까지도 멸한 무여의열반(無餘依涅槃)이다.'

불교가 가진 가장 궁극적인 수행의 목적은 해탈에 있다. 해탈이란 마음의 더러움을 모두 없애고 자신이 해야 할 일을 남김없이 하여 마음의 짐을 덜고 더 이상의 속박을 받지 않는 상태를 말한다.

부처님이 말씀하신 열반에는 두 가지의 경지가 있다. 현세에 존재하면서도 육신이 가진 다섯 가지의 감각기관인 눈, 귀, 코, 혀, 몸이 아직 계속 남아 있어 좋아하는 것과 좋아하지 않는 것을 느끼면서도 욕심을 멸하고 화냄도 멸하고 어리석음도 멸한 경지인 '유여의열반'이다. 이는 살아 있는 생불과 같은 경지를 말한다.

이와 달리 육신이 완전히 삼독을 멸하고 마음과 육신의 짐조차 사라진 경지인 '무여의열반이' 있다. 이 두 가지가 바로 부처님이 말씀하신 열반의 두 가지 경지이다.

부처님이 말씀하시기를 "유여의열반은 현세에서 미혹한 생존으로 이끄는 모든 집착을 끊어내고 육체만이 남아 있는 경지이며, 무여의열반은 내생에서의 생이 모두 그친 상태, 즉 남김 없는 경지이다. 그리하여 열반이란 생사를 뛰어넘어 절대 불변한 진리를 깨달아 미혹한 생을 만드는 집착을 없애 마음의 해방을 얻은 사람으로 진리의 정수에 도달하여 모든 존재를 떠나 버린 자이다." 라고 하셨다.

물론, 불자들에게 매우 어려운 말씀인 것만은 분명하다. 부처님 말씀의 요지는 인간을 미혹한 생에 머물게 하는 집착을 끊어 내고 욕심과, 성냄, 어리석음을 지우라는 것에 있다. 그렇게 한다면 진리의 정수를 얻어 마음의 행복을 구할 수 있기 때문이다.

우리가 여기에서 반드시 알아야 할 사실이 하나 있는데 부처님은 그 마음의 해탈을 얻는 것은 오직 자기 성찰에 의해서만이 이룰 수가 있으며 남이 대신해서 해탈을 얻어 줄 수 없다는 데에 있다.

이것은 불교가 가지는 큰 특징 중의 하나이기도 하다. 대개 다른 종교들은 타력에 의하여 구제를 빌고 재난과 영화를 구축하는 것으로 되어 있지만 불교는 오직 자력에 의하여 생사윤회의 고통을 벗고 해탈을 하게 된다는 점이 다른 종교와의 차이점이다.

타종교는 절대자와 같이 어떤 신이 있어 인간의 화복(禍福)을 좌우하기 때문에 신을 멀리하면 화를 받게 되고 신을 가까이 하면 복을 얻게 된다는 논리를 가지고 있다. 이는 순전히 자력에 의한 것이 아닌 타력에 의존하여 면화취복(免禍取福)하는 것으로서 그 극치를 삼지만 불교는 그런 것이 아니라는 점이 구별된다.

즉, 불교는 자기 자신이 지은 인과률(因果律)에 의하여 화도 면하게 되고 복도 받는다.

석가모니 부처님께서 이렇게 말씀하셨다.

"현재의 과(果)는 과거의 인(因)이며 현재의 인은 곧 미래의 과(果)이다."

부처님은 이렇게 의심과 막연함을 용납하지 않는 명명백백한 이론을 내세웠다. 열반은 제가 지은 업을 제 손으로 풀지 않고서는 절대로 이룰 수 없는 경지이다. 이와 같이 모든 업은 자업자득의 대원칙을 가지고 있기 때문에 오직 자신의 마음을 닦는 수행을 해야만이 해탈을 이룰 수가 있다.

해탈을 하여 부처가 되는데도 그 수행과 정진력에 따라 빠를 수도 있고 늦을 수도 있다. 또한 남의 힘이나 신의 힘에 의해서 성불을 이룰 수가 없다는 것을 명심해야 한다. 그러므로 오직 자신의 수행이 전제가 되지 않고서는 해탈을 이룰 수가 없다. 결국 불교는 신앙의 대상이 존재하지 않는 종교이며 자기 자신이 바로 종교의 대상인 것이다.

대개 다른 종교들은 '나는 무엇을 믿는다' 그리고 그 믿어야 할 대상은 바로 '누구이다'라는 명확한 전제가 따르지만 불교는 오직 나를 믿고 따르며 나를 위해 수행을 한다. 또한 믿어야 할 대상을 가설하지 않고 또한 가설할 수 없도록 되어 있는 것이 확연하게 다른 점이다.

불교의 참된 교리를 모르는 사람들은 이런 말을 가끔 한다.

"나는 부처를 믿는다."

이것은 말도 안 되는 소리일 뿐만 아니라 불교를 모르는 잠꼬대에 지나지 않는다. 만일 이렇게 생각한다면 내가 있고 부처가 있는 것이 되기 때문에 타종교에서 주장하는 이원론(二元論)적인 방법이 된다.

그러므로 부처라는 것은 절대 대상이 될 수가 없으며 대상이 되어서도 안 된다. 왜냐하면 나라는 것을 제외하고서는 부처라는 것이 객관적으로 존재하지 않기 때문이다. 이것이 부처님 말씀의 요지이다.

해탈이란 '자기' 자신이 수행을 통해 집착을 끊어내어 삼독을 멸한 상태를 말하는 것으로 이는 자신이 완전지(完全智)에 도달한 것과 같다. 이것이 부처님이 말씀하시는 열반이며 해탈인 것이다.

이 몸이 괴로움의 근본이다
나머지 괴로움은 지엽에 지나지 않는다

'눈과 귀, 코, 혀, 몸, 의지라는 이 육처를 제대로 보호하지 않는 사람은 먹을 때 적당한 양을 알지 못하며 또한 감각 기관을 제어하지도 못한다. 이런 사람은 몸과 마음이라는 두 가지의 고통을 받고 번뇌라는 것에 몸과 마음이 불타 끊임없이 괴로워 하며 지낸다.'

부처님이 사위국 기원정사에 계실 때다. 그때 부처님이 길을 걷고 있다가 우연히 네 사람의 제자들이 인간의 괴로움에 대해 서로 의견을 나누고 있는 것을 듣게 되었다.

그중의 한 제자가 이렇게 말을 하였다.

"세상에서 가장 괴로운 것은 참기 힘든 음욕(淫慾)일 것이다."

또 다른 한 제자가 말을 하였다.

"아니다. 그보다 더 큰 괴로움은 화를 참는 것이다."

두 사람의 이야기를 듣고 있던 다른 한 제자가 말을 하였다.

"천하에서 가장 큰 인간의 괴로움은 배고픔이다."

마지막으로 한 제자가 이렇게 말을 하였다.

"인간이 가진 무서움보다 더한 괴로움은 없다."

그때 부처님은 이 네 제자의 이야기를 듣고 빙그레 웃으시며 이렇게 말씀하셨다.

"너희들은 아직도 인간이 가진 괴로움의 근본을 모르고 있다. 우리가 가진 큰 괴로움은 우리의 몸 자체에 있다. 너희들이 말하는 음욕, 성냄, 식욕, 공포심도 이 몸이 있기 때문에 일어나는 고통이다. 그러므로 우리가 가진 몸은 곧 중생의 온갖 고통과 재앙의 근본이 되는 것이다. 너희들은 우리 몸이 가진 생로병사의 무상함을 깨달아 몸에 대한 집착을 버린다면 비로소 그러한 고통에서 벗어날 수 있다."

부처님의 설법을 듣고 그제야 네 명의 제자들은 크게 깨침을 얻었다.

인간이 이 현세에 살아 있는 그 자체가 바로 고통이라는 부처님 말씀이다. 태어나 늙고 병들어 죽는 것, 이 생로병사(生老病死)가 괴로움이며 고통이기 때문에 이를 잘 다스리지 못하면 윤회의 업을 견디지 못한다고 설한 것이다.

그렇기 때문에 우리는 우리에게 주어진 삶의 이치 즉, 배고프면

먹고, 똥 누고 싶으면 똥을 누고, 자고 싶으면 자는 것이 가장 행복한 삶이다. 만약, 이 세 가지 중에 한 가지라도 제대로 하지 못한다면 인간의 삶은 일찍 마감할 수밖에 없다.

법구경유경(法句經喻經)에 이런 말이 있다.

'若人壽百歲 邪僞無有智 不如生一日 一心學正智(약인수백세 사위무유지 불여생일일 일심학정지)'

'누가 백 살을 산다고 해도 사악하여 지혜가 없으면 차라리 하루를 살면서 바른 지혜를 아는 것만 못하다.'

이렇듯이 인간은 단 하루를 살더라도 지혜를 가져야 한다. 사람은 몸으로 사는 것이 아니라 마음과 지혜를 가지고 산다. 먹고 자고 똥 누면서 사는 것은 한갓 육신을 지탱하기 위한 수단이지 목적이 아니다. 인간이 몸을 지탱하는 것은 마음과 지혜이지 육신이 아니라는 말이다. 지혜를 잃고 백 살을 살아온들 무엇하겠는가. 단지 썩은 육신과 가죽만을 들고 몸을 지탱해온 것에 지나지 않는다.

옛날 공자가 하신 말씀에 이런 어구가 있다.

'朝聞道而夕死可矣(조문도이석사가의)'
'아침에 도를 들었으면 저녁에 죽어도 좋다.'

부처님도 이와 같이 강조하신 적이 있다. 사람이 오래 사는 것은 결코 자랑이 아니며 짧게 산다고 해도 슬기롭게 살아야 값진 인생인 것이다.

부처님이 네 제자가 나누는 대화를 듣고 하신 말씀의 핵심은 바로 여기에 있다.

'현세에 이 몸이 존재하는 것만도 괴로움인데 그대는 어찌하여 쓸데없는 것에 집착하는가'

이와 같이 무지한 육신을 정말 나라고 믿고 생각하면서 삼독과 오욕 속에 허덕이는 가없은 중생들을 꾸짖는 부처님의 높은 깨침이다. 그러므로 이제부터라도 생로병사의 고통 속에 든 이 몸을 벗어나 진정으로 지혜를 얻는 길을 우리 모두는 찾아야 한다.

무성한 나뭇가지에서 꽃이 피듯 부처님은 참으로
미묘한 가르침을 펴고 있다

　

　

'대개 어리석은 사람들은 대상에 허둥대며 휘말리기가 쉬워 그
본질에 이르지 못한다. 그러므로 차츰 새로운 속박에 갇혀 괴로움
을 만들 뿐, 등불에 떨어지는 나방처럼 자신을 미혹에 빠뜨리게 된
다.'

　부처님은 2,500여 년이 지난 지금에도 우리들에게 설법을 펼치고
있다. 하늘에 나는 새도 봄에 피는 꽃도 계곡에서 흐르는 물도 모두
부처 아닌 것이 없다. 즉 일체가 부처이며 일체행이 부처이다.
　금강경에 나온 이 구절이 부처님의 그 뜻을 명증하게 증명하고
있다.

　'莫謂慈容難得見 不離祇園大道場(막위자용난득견 불리지원대도량)'

210

'부처님의 거룩한 얼굴을 보기 어렵다 하지 말라. 부처님은 지원정사(祇園精舍) 대도량(大道場)에서 항상 떠나지 않았다.'

인간 석가모니는 사라쌍림(沙羅雙林)에서 팔십 세를 일기로 하여 입적을 하셨지만 부처인 석가모니는 영원무궁토록 이 우주에 충만해 있다는 말이다. 우리들은 육신적인 석가를 동경하고 추모하는 것이 아니라 부처를 동경하고 지금껏 추모하고 있다는 것을 알아야 한다. 그러므로 부처는 그야말로 불생불멸이며 불구부정(不垢不淨) 부증불감(不增不減)인 것이다. 억만무량아승지겁(億萬無量阿僧祇劫)이 지나간다고 해도 부처에게는 입적이 없으며 또한 출몰이 있을 수 없다는 것을 알아야 한다.

석가모니의 열반재일이 2월15일이니 분명이 돌아가신 것은 사실이다. 그러나 이것은 인간 부처를 얘기한 것이지 부처가 돌아가셨다는 것은 결코 아니다. 만약 이와 같이 생각을 한다면 그것은 부처라는 개념을 잘못 알고 있는 것이다.

다음과 같은 글이 있다.

'尋春莫須向東去 西園寒梅已破雪(심춘막수향동거 서원한매이파설)'
'봄을 찾아 동쪽으로 가지 말라. 성쪽 뒤원에는 매화송이 눈 속에 피어 있네.'

대개 봄은 따스한 동쪽에서 오는 것으로 생각하기 쉽다. 그것은 오행(五行)상으로 보아 동쪽은 청색이기 때문에 그렇게 보기도 하고 또는 동남쪽은 태양이 적도를 중심으로 하여 봄이 되면 차차 그 거리가 가까워지므로 따스한 기운이 동쪽으로부터 퍼져 나오기 때문에 일명 동군(東君)이라고 한다.

어리석은 사람들은 봄이 동쪽에 있는 줄을 알고 그쪽을 향해 찾아가지만 반대편 서쪽 동산 늙은 매화나무 가지에 이미 하얀 꽃봉오리가 덜 녹은 눈 속에 피어 있어 봄은 이미 대지에 뿌리를 내려 가득하다는 말이다.

이 경구는 부처를 찾아 서쪽 십만억국토(十萬億國土)를 공연히 헤매지 말라는 뜻이다. 부처는 석가 이전에도 없었으며 석가 이후에도 없는 줄로 착각하는 어리석은 무리들에게 내리는 강한 일침이다. 부처는 언제나 우리 곁에 있었다.

극락세계는 서쪽에 있다고 생각하는 사람들이나 부처는 인간석가인 줄로 착각하는 사람들은 불교를 잘못 이해하고 있는 것이다. 불교란 법신 하나를 이론상으로라도 완전하게 파악하지 못하면 진정한 불자가 될 수 없다.

이를 경계하는 글이 금강경에 이렇게 나와 있다.

'若以色見我 以音聲求我 是人行邪道 不能見如來(약이색견아 이음성구아 시인행사도 불능견여래)'

'육신을 가지고 부처로 본다든지 음성을 가지고 부처인줄 아는 사람은 사도(邪道)를 행하는 사람이라 참된 부처를 영원히 볼 수 없다.'

이러한 관점에서 이탈된다거나 그 기준의 초점이 틀어진다면 부처와는 도저히 인연이 없는 사람이다. 이와 같이 어리석은 사람은 항상 어떤 대상에 허둥대다가 끝내 휘말리기가 쉬워 그 본질에 이르지 못한다.

결국 이러한 사람은 자꾸 새로운 속박에 갇혀 마치 등불에 달려드는 나방처럼 자신을 미혹 속에 빠트리게 된다는 것을 명심해야 한다.

내 것이라는 소유의 생각을 지워 버려라
또한 생존에 대한 모든 애착을 털어 버려라

'세상 속에서 일어나는 어떤 위험을 보고 법을 스스로 깨쳐, 집착에서 벗어난 사람은 결코 악을 즐기지 않는다. 또한 마음이 더럽혀지지 않은 사람도 악을 즐기지 않는다.'

겨울인지 봄인지 모를 입춘(立春) 근처, 며칠 전 내린 폭설로 인해 눈이 채 녹지 않은 나뭇가지 사이에서 여린 꽃망울이 봄빛을 머금고 있다. 나뭇가지에 앉은 산새가 꽃의 망울을 터트리고 있다가 산승(山僧)의 문 여는 소리에 화들짝 놀라 깃을 펴고 산으로 날아간다. 어디선가 나뭇잎 하나가 지상으로 떨어진다.

봄이 벌써 기지개를 켜는 것 같다. 이런 날이면 내가 읽었던 옛글 하나가 기억 속에 스쳐 지나간다.

'吾功不是有爲功 返本如盲似啞聾 秋至任他黃落葉 春來誰管百花
紅(오공불시유위공 반본여맹사아농 추지임타황낙엽 춘래수관백화홍)'

'내가 하는 일 상(相)없는 일이로다. 돌이켜 바라보면 소경 같고 한갓 벙어
리 같구나. 가을 되면 낙엽지고 봄이면 꽃이 피는 그대로이로다.'

얼마나 멋있는 표현이며 물외도인(物外道人)의 경지일까? 이 속
에 들어 있는 말씀들은 평범한 것 같지만 하나 같이 높은 진리이다.
마치 산세 좋고 물 좋은 곳의 작은 초막(草幕)에 앉아 참선에 든 노
승(老僧)의 도(道)를 눈으로 보는 것만 같다.

이와 같은 생활은 상(相)과 명(名)이 끊어진 일상이며 무위의 정진
이라고 할 수 있다. 그야말로 '白衣觀音無說說 南巡童子不聞聞(백의
관음무설설 남순동자불문문)'의 경지이며 '應無所住而生其心(응무
소주이생기심)'의 작업이다.

불교에서는 집착이 없는 행위와 상에 사로잡히지 않은 이러한 모
습을 두고 도(道)라고 하며 무위의 공(功)이라 한다. 이와 반대가 되
는 것을 유위(有爲)의 공이라고 하는데 이것은 집착의 행(行)이다.
사람이 명과 상에 걸리고 그것에 집착하게 되면 유위라 볼 수 있는
데 이렇게 되면 아무리 신심이 굳고 정진을 잘하더라도 큰 공덕을
얻을 수 없다.

양무제(梁武帝)와 달마대사의 대화에서 양무제의 신심과 불사의
말을 듣고 달마대사는 서슴지 않고 '소무공덕(少無功德)'이라고 한

말의 뜻도 이 탓이다. 비록 양무제가 놀라운 신심을 가지고 있으나 그것은 한갓 상과 명에 집착하고 있으므로 그것은 유위의 공에 지나지 않으며 공덕은 있으나 매우 적다라는 뜻이다.

소경 같고 벙어리 같다는 말은 육근(六根)에 집착하지 않은 경지를 말한다. 그저 눈으로 사물을 보았을 뿐이지 눈에 보인 그 물체에 대해 아무런 집착의 잔재가 없는 것을 의미한다고 볼 수 있다.

이는 입, 귀, 혀, 몸, 코, 뜻 그 모든 것에 걸림이 없는 상태를 말한다. 잎이 지고 꽃이 피는 자연의 경관에 그저 육신을 맡겨 놓을 뿐이며 거기에 부질없는 시비와 집착, 망념(妄念)으로 인한 시달림을 받지 않겠다는 말이다. 다시 말해 물(物)과 정(情)에서 초탈하여 유유자적한 상태가 바로 무위의 경지인 것이다.

불교에서는 이 상태에 이르는 것을 두고 최고의 경지이며 인격의 완성된 형태라고 말한다.

금강경에도 이런 구절이 있다.

'一切有爲法 如夢幻泡影 如露亦如電 應作如是觀(일체유위법 여몽환포영 여로역여전 응작여시관)'

'함이 있는 법은 꿈과 같고 거품 같고 그림자 같고 이슬 같고 번개 같은 것인 줄 알아야 한다.'

모든 사물은 이렇게 허망한 것인데 어리석은 사람들은 이 이치를 제대로 깨치지 못하고 있다. 심각한 것은 허망한 이것을 실상(實相)으로 보는 착각을 하고 있다는 점이다. 사람이 마음속의 고통을 벗어나지 못하고 스스로 타락하는 것은 모두 이러한 이유 때문이다. 부처님이 금강경에서 지적한 것은 바로 유위에 집착하는 사람들의 어리석은 마음이다.

요즘 사람들은 눈에 보이는 재물과 명예에만 집착한다. 이것은 모두 거품과 그림자에 지나지 않으며 괴로움과 고통의 원천이 된다.

사람이 살아가는 궁극적인 이유는 행복한 삶을 영위하는데 있다. 그런데도 불구하고 사람들은 오직 명예를 얻거나 권력을 잡으려 하거나 재물을 모으는 데만 혈안이 되어 있지만 이것은 삶을 행복하게 만드는 수단도 목적도 아님을 알아야 한다.

행복은 마음을 평온하게 하는 데서 찾아온다. 재물이 많고 명예가 높으면 그만큼의 근심과 걱정 또한 많아지기 마련이다.

이러한 상과 명이 없는 무위의 삶을 실천한다면 분명 마음의 행복은 자연스럽게 온다는 것을 알아야 한다.

사람은 항상 깨어 있어야 하고 사려 깊은 생각을 가져야 하며 청정하게 살아야 한다

'눈 뜨고 있는 자는 이것을 듣고 있어야 하고 잠들어 있는 자는 잠 속에서 깨어나라. 깨어 있는 자는 잠든 이보다 훌륭하고 어떤 일을 해도 두려움이 없다. 깨어 있는 사람, 사려 깊은 사람, 마음이 고요하고 청정한 사람은 모든 사물을 올바르게 파악한다.'

부처님이 제자들에게 설한 내용으로 생명이 있는 것은 두 가지의 과보가 있다고 하셨다. 하나는 현세에서 깨달음에 이른 아라한과가 되는 것이며 그렇지 않으면 번뇌가 남아 있어 이 미혹한 세계로 돌아오지 않는 불환과이다.

물론 현세에서 깨달음을 얻어 아라한과에 이른다는 것은 매우 좋은 일이지만 이 물질 사회에서 아라한과에 든다는 것은 가히 불가능에 가깝다. 끊임없는 물질에 대한 유혹과 명예에 대한 집착이 들끓는 이 세상에서 온전하게 깨달아 부처가 된다는 것은 지극히 힘들기 때문이다.

우리가 불교를 믿는 것은 이러한 성자가 되기 위함은 아닐 것이다. 부처님의 말씀을 통해 마음의 평정을 얻어 행복한 가정을 꾸미기 위함이며, 이는 불자들이 갈구하는 소망이기도 하다. 그러기 위해서는 부처님이 말씀하신대로 항상 깨어 있어야 한다.

'깨어 있다는 것'은 바로 탐욕, 성냄, 어리석음의 집착으로부터 벗어나 마음의 깨침을 얻는 것을 말하는데 일상적으로 행하는 수면에서 깨어나라는 것을 두고 말하는 것이 아님은 삼척동자도 다 알 것이다.

사람이 눈을 뜨고 숨을 쉬고 있다고 해서 살아 있는 것이 아니다. 산다는 것은 '마음작용'을 통해 올바르게 자신이 가진 육처(六處)를 바르게 행함을 이른다. 이런 어리석음에서 벗어나는 일이 바로 '깨어 있다'이다.

옛날 당나라 때 《선종영가집(禪宗永嘉集)》을 쓴 영가대사(永嘉大師)라는 스님이 있었다. 그 책 속에 있는 '증도가(證道歌)' 중의 한 구절을 소개하겠다.

'絕學無爲閑道人 不除妄想不求眞 無明實性卽佛性 幻化空身卽法身
法身覺了無一物 本源自性天眞佛(절학무위한도인 불제망상불구진 무명실성즉
불성 환화공신즉법신 법신각료무일물 본원자성천진불)'

'배움이 끊어지고 함이 없는 도인인데 망상이라 덜 것 없고 진(眞)도 또한 쓸데없다. 무명(無明) 그대로가 곧 부처이며 이 몸 이대로가 바로 그냥 법신인 것을, 법신이라 깨고 보니 아무 것도 따로 없고 내 자성(自性) 이것이 오직 부처일세.'

영가대사의 격 높은 설법이며 그야말로 깨달음의 깊은 경지를 보여 주는 증도가이다. 사람이 배우고 공부한다는 것도 진실한 뜻에서 보면 모두가 하나의 망상이다. 배워도 배움의 자취가 없고 정진을 해도 정진의 상(相)이 없는 그것이 바로 부처님이 말씀하신 무위의 상태라는 말이다. 그렇게 되면 자연히 사람은 함이 없는 한도인(閑道人)이 될 수밖에 없다. 한도인이란 일이 없어 한가하게 놀고 있는 사람이 아니라 남보다 많은 일을 하면서도 번뇌가 없고 망념이 끊어진 사람을 말한다.

사심을 끊고 오직 자신에게 주어진 일을 성실하게 하면서 가족과 더불어 행복하게 사는 사람이 한도인인 것이다. 이런 사람은 명예와 재물에 관심을 두지 않고 삶에 대한 진실한 행복을 추구하는 사람이다. 이런 사람에게는 망상과 번뇌와 악이 있을 수 없다. 바로 이런 사람이 부처님이 말씀하시는 '깨어 있는 사람'이다. 한도인에게는 구태여 망상을 제거시킬 필요도 없으며 참된 진리를 애써 가르칠 필요도 없다. 주어진 자신의 직책에 충실하고 항상 마음을 따뜻하게 가진 사람에게 굳이 깨달음을 던져 줄 이유가 없다는 말씀이다.

어쩌면 선과 악이라는 것 자체는 인간의 마음이 만든 부유물(浮游物)에 지나지 않는다. 남을 해(害)하지 않고 오직 성실하게 사는 사람에게는 악이 올 수도 없다. 또한 이런 사람은 악에 대한 생각을 그냥 놓아 버린 사람이며 악이 무엇인지도 모르는 사람이다. 이런 사람이 바로 선(善)한 사람이며 이런 사람이 청정법신(淸淨法身)이며 그대로가 부처인 것이다. 어찌 이런 사람에게 진망(眞妄)이 있을 수 있으며 선악시비(善惡是非)가 있을 수 있겠는가?

세상을 살아가면서 일이 잘못되면 우리는 남의 탓으로 돌린다. 그러나 한도인 즉, 깨어 있는 사람이 되면 애초부터 이런 마음이 끼어들 틈새가 생기지 않는다. 아니 그냥 놓아버리기 때문에 의심과 집착이 생길 틈도 없다.

마음 그것이 그대로 부처인 것을 확실히 믿는 신심이 중요하다

'마음이 고요하고 깊이 생각하는 사람은 느낌과 느낌의 사이를 안다. 또한 마음이 멸하는 것과 멸함에 이르는 길을 안다. 그러한 느낌조차 멸한 사람이 바로 부처이다.'

부처님의 법문 속에는 도저히 상상할 수 없는 밝은 지혜가 가득하게 들어 있다. 그 지혜를 의심하지 않은 사람은 깨달음을 얻을 수 있을 것이다. 이는 '위없는 깨침'을 얻어 모두가 평등하게 부처님의 가르침을 얻을 수 있다는 말이다.

그러나 우리는 이러한 말씀들을 제대로 마음속에 각인(刻印)하지 않고 그냥 헛되이 흘려 보내는 일이 비일비재하다. 듣기 좋은 말도 믿지 않으면 아무런 소용이 없다. 자신에게 천금의 귀한 말이라고 할지라도 이를 믿고 받아 들이는 마음이 진실로 없다면 그것 또한 한갓 휴지에 불과하다.

만약, 부처님을 믿는 진심(眞心)과 신심(信心)이 있다면 자신의 마음도 무상도(無上道)를 이루게 되어 부처님과 같이 평등한 위치에서 있을 수 있으며 나중엔 자기 자신도 부처가 된다. 즉 모두가 부처가 될 수 있다는 말이기도 하다.

'如何是佛 卽心是佛(여하시불 즉심시불)'
'어떤 것이 부처냐? 이 마음이 곧 부처이다.'

석가모니 부처님이 왕위와 조국, 심지어 자식조차 버리고 6년 동안 고행을 떠난 것은 자신의 안락을 얻기 위해서가 아니라 인간이 태어나 늙고, 병들고, 죽는 생로병사의 늪이 생긴 그 연유를 깨닫기 위해서이다.

그러던 어느 날 부처님은 새벽별을 보고 마침내 깨달음을 얻었는데 그가 본 것은 하늘의 별이 아니라 그 별을 보고 있는 '마음'이란 놈이었다. 진리란 억만 겁의 세월 속에 잠든 것이 아니며 또한 억만 국토 어디에 있는 것이 아니라 자기가 가진 마음속에 들어 있었던 것이다.

그 긴 세월동안 터득한 것은 인연법과 중도(中道)의 삶이었다. 즉. 석가모니 부처님은 자기 안에 든 마음이란 부처를 깨달았다.

사람은 '이 마음'을 어떻게 하느냐에 따라 '부처'가 될 수 있으며 '악마'가 될 수 있다. 진정으로 이 마음을 잘 다스리는 사람은 언제나 고요하여 사람과 사람 사이에서 생기는 미세한 마음의 파동을 느낌으로 안다. 또한 이러한 사람은 무엇이 참된 것인가를 알고 있다. 그러나 석가모니 부처님은 그러한 느낌조차 멸한 사람이 바로 부처가 될 수 있다고 하셨다.

석가모니부처님이 말씀하신 말씀의 요지는 바로 중도(中道)의 삶이다. 그렇다고 악을 보고도 그냥 모른 체 하라는 말이 아니다. '옳고 그름'을 분별하지 말고 또한 '이것이다·저것이다'라고 분별하지 말라는 뜻이다. 사람이 모든 선악에 집착하는 것은 그러한 분별을 하기 때문이다.

선악의 시비, 옳고 그름의 시비를 따지는 것조차 잘못된 것이라는 말이다. 제가 가진 마음이 선하면 하는 일마다 모든 것이 자연스럽게 착한 것이 된다. 결국 부처님이 강조하신 것은 모든 이념과 생각조차 '놓아라'이다. 이를 두고 불교에서는 '방하착(放下着)'이라고 한다. 불교는 이와 같이 유와 무를 초월하여 걸리지 않는 중도를 취한다.

석가모니 부처님 당시 흑지범지(黑氏梵志)라는 외도선인(外道仙人)이 있었다. 그는 뛰어난 업력(業力)을 가지고 있어 법을 설하기만 하면 많은 사람들이 모여들었다. 그러던 어느 날 한 노인이 흑지범지의 설법을 듣기 위해 갔다. 그리고 흑지범지가 설법을 마치자 그 노인은 갑자기 흐느껴 울기 시작했다.

흑지범지는 이상하게 여겨 그 노인에게 물었다.

"그대는 도대체 누구이며 왜 울고 있는가?"

노인이 말을 하였다.

"나는 사람이 아니라, 명부세계에 살고 있는 염라대왕이다. 당신이 하도 설법을 잘 한다기에 여기에 왔는데 설교는 잘 하나 명이 짧아 칠일만 지나면 생사를 면하지 못한다. 그리고 나에게 잡혀 와서 문초를 받고 너의 업보에 따라 지옥으로 가게 되는데 그것을 생각하니 당신이 불쌍하여 울고 있다."

흑지범지는 깜짝 놀라 무릎을 꿇으며 염라대왕에게 물었다.

"염라대왕님 어찌하면 생사를 면할 수 있습니까?"

"그것은 나도 어찌할 수가 없는 명부의 일이니 부처님에게 가서 물어 보시오."

이 이야기를 들은 흑지범지는 부처님께 오동나무 꽃 두 송이를 공양하기 위해 양손에 들고 부처님을 찾아가 염라대왕에게 들은 자신의 죽음에 대해 이야기했다.

이 이야기를 들은 부처님은 꽃을 든 흑지범지를 보고 이렇게 말씀하셨다.

"그대는 지금부터 놓아 버려라."

이 이야기를 들은 흑지범지는 왼손에 들고 있던 꽃을 놓았다.

이것을 본 부처님이 다시 말씀하셨다.

"놓아 버려라."

흑지범지는 다시 오른손에 들고 있는 꽃마저 놓아 버렸다.

이를 본 부처님이 다시 말씀하셨다.

"놓아버려라."

두 손에 든 꽃을 모두 놓아 버린 흑지범지는 이렇게 말을 하였다.

"세존이시여, 제가 들었던 꽃을 다 놓아 버리고 빈 몸으로 서 있는데 또 무엇을 놓아 버리라고 하십니까?"

부처님께서 다시 말씀하셨다.

"내가 너에게 놓아 버리라고 한 것은 그 꽃송이가 아니라 육진(六塵)인 색(色), 성(聲), 향(香), 미(味), 촉(觸)과 육근(六根)인 안(眼), 이(耳), 비(鼻), 설(舌), 신(身), 의(意)와 육식(六識)인 안식, 이식, 비식, 설식, 신식, 의식 등 십팔계를 일시에 놓아 버리라는 뜻이다. 이것이 너의 생사를 멸하는 것이니라."

흑지범지가 부처님의 말씀을 듣고 크게 느끼고 돌아갔다.

이것이 바로 부처님이 말씀하신 '방하착'이다.

사람은 '방하착'을 하면 죽음의 순간에도 마음이 편안해진다. 그리고 그 마음속에 든 자신의 본모습을 찾게 되는 것이다. 이 순간이 어쩌면 부처가 되는 것인지도 모른다. 지금부터라도 마음속에 든 욕심과 화냄, 어리석음과 집착을 놓아 버리고 부처를 만나기를 바란다.

우리에겐 한 생만 가는 길이 있고
영겁(永劫)으로 가는 길도 있다

'많은 공덕을 지은 어진 사람은 몸이 무너진 뒤에도 하늘에서 다시 태어나고 그릇된 마음과 그릇된 말을 쓰며 그릇된 몸을 쓰는 사람은 몸이 무너진 뒤에도 억겁의 세월을 윤회하거나 지옥으로 간다.'

우리 범부(凡夫)들이 사는 이 세상은 욕계(欲界), 색계(色界), 무색계(無色界) 등 삼등분으로 나눌 수 있는데 이것을 두고 불교에서는 삼계(三界)라고 한다.

우리 중생들은 이 삼계의 테두리를 벗어나지 못하고 마치 두레박처럼 올라갔다 내려갔다 하는데 이런 현상을 두고 불가(佛家)에서는 생사윤회의 사슬을 벗어나지 못했다고 한다.

다행히 우리는 금생에 사람의 몸을 받고 태어났으며 또한 불법까지 만났다. 이 좋은 때에 열심히 공부하고 수행하여 생사윤회의 바퀴를 면해야만 한다. 지금 벗어나지 못하면 또 다시 어느 생을 기다려 이 몸을 제도하겠는가?

경전에 이런 무서운 말이 있다.

'三界猶如汲井輪 百千萬劫歷微塵 此身不向今生度 便待何生度此身
(삼계유여급정륜 백천만겁역미진 차신불향금생도 갱대하생도차신)'

'삼계가 물 푸는 두레박 같아 백천만겁 미진처럼 지나갔네. 이 몸을 금생에 제도하지 못하면 또 다시 어느 생을 기다릴 것인가.'

우리는 이토록 가여운 중생에 지나지 않는다. 생과 사의 순환 속을 뛰어넘어 불생불멸의 영생을 얻는 길은 오직 살을 깎는 수행만이 가능하다. 왜냐하면 우리가 사는 삼계는 이실(理實)의 세계가 아니라 번뇌와 탐욕, 어리석음, 화냄이 존재하는 삼독오욕의 세계이기 때문이다. 이런 세상을 살아가는 것은 하나의 고통이다.

괴로움을 벗어나기 위해서는 현재 내가 살고 있는 이 세상에서 나 자신을 제도하지 않으면 안 된다. 그래서 부처님은 우리의 생은 한 생만 가는 길이 있으며 영겁으로 가는 생이 있다고 하셨던 것이다.

또 《화엄경》에는 이런 내용이 있다.

'信爲道源功德母 長養一切諸善法 遠離妄想及諸趣 令心所向皆無碍

(신위도원공덕모 장양일체제선법 원리망사급제취 녕심소향개무애)'

'굳게 믿는 한마음이 도의 근본이며 공덕의 어머니이다. 모든 착한 법이 여기서 길러지며 망상과 잡된 생각, 이것을 벗어나면 그 마음 가는 곳에 걸림이 없다.'

우리에게 무엇보다 중요한 것은 신심이다. '마음' 그것이 그대로 부처인 것을 확실히 믿는 그 마음이 바로 서야만 열심히 정진도 할 수 있다. 이 정진이 곧 육도(六度)와 직결됨으로써 보살선행(菩薩善行)이 자연스럽게 성취가 된다.

이와 같이 마음이 부처인줄 알고 오욕탐진(五慾貪塵)을 제거하여 해탈성불의 고지로 향하는 사람에게 어찌 악이 있을 수 있으며 번뇌 망상이 있을 수 있겠는가?

만약 사람이 이와 같은 경지에 이르게 되면 진누(塵累)의 속박을 벗어난 것이며 이 속박에서 해방되었기 때문에 그 다음에 오는 것은 무애자재(無碍自在)할 수밖에 없다.

그러므로 자신이 부처가 되기 위해서는 확실히 부처를 믿고자 하는 굳은 신심이 있어야만 한다. 내 마음이 부처라는 이 신념이 견고하지 못한 사람은 수행을 열심히 해도 성취하기란 극히 힘들다. 또한 어떠한 선행과 공덕을 많이 쌓아 올린다고 하더라도 한갓 미신일 수밖에 없으며 헛된 수행에 지나지 않는다.

마치 집을 지을 때 기초가 바로 서지 못하면 제대로 집을 지을 수 없는 것과 같은 이치이다. 설령, 집을 지었다고 하더라도 거센 비바람에 오래 견디지 못할 것이기 때문이다.

보조국사(普照國師)의 '정혜결사문(定慧結社文)'에도 이런 말이 있다.

'마음 밖에 부처가 따로 있고 마음 밖에 따로 법이 있다고 생각한다면 이는 방목(方木)을 가지고 원공(圓孔)을 막는 것과 같다. 또한 땅에 자빠진 사람이 땅을 떠나 일어나려 하는 것과 다를 바가 없다.'

모든 것은 '마음' 안에 있으며 이 마음이 부처를 만들고 법을 만든다. 특히 요즈음에 '심즉불(心即佛)'의 바른 이치를 깨닫지 못하고 오히려 부처를 별도(別途)로 생각하는 사람이 많은 것 같다.

이것은 하나의 큰 착각이다. 부처는 별도로 있는 것이 아니라 여기에도 있고 저기에도 있으며 내 마음속에도 있다. 왜냐하면 부처란 일체의 대상이 없기 때문이다. 이것이 불교의 특색이며 강점이기도 하다.

마음을 부처라 하였기 때문에 대상이 있을 수 없으며 또한 어디까지나 인간을 중심으로 하여 구성된 최고의 인격완성을 위한 종교가 바로 불교인 것이다.

이 땅에 사는 우리의 생은 한 생에 지나지 않는다. 그러므로 자신의 마음속에 든 부처를 찾아 영겁으로 가는 생을 만나야 한다. 이를 찾기 위해서는 오직 자신의 마음을 닦아야만 한다.

부처는 결코 먼 데 있는 것이 아니다

'선한 이에게 선은 행하기 쉬우나 악한 이가 선을 행하기는 어렵다. 또한 악한 이가 악한 일을 하기 쉬우나 선한 이가 악한 일을 하기는 어렵다.'

사람은 본디 선한 존재이다. 그러나 삼독오욕으로 찌든 세상을 살아가면서 본래 성품인 착함이 변하게 된다. 성품이란 행동과 말을 결정하고 움직이게 하는 본디의 '마음'을 뜻하는데 이 마음이 선악을 결정한다.

사람이 한번 선을 행하게 되면, 선을 행하기가 쉽다. 이와 달리 한번 나쁜 짓을 하게 되면 또 다른 나쁜 짓을 저지르기가 쉬워진다. 우리는 이러한 경우를 주위에서 많이 보고 있다.

사람이란 자신이 행한 일에 대해서는 무의식적으로 반복하는 습관들을 지니고 있기 때문이다. 선한 사람은 항상 선한 행동을 하게 되고 악한 사람은 반복적으로 악한 일을 저지르게 되는 것이 사람이 지닌 업보(業報)이다.

그렇다고 해서 악한 사람이 마냥 악한 일만을 저지르게 되는 것은 아니다. 마음을 제도하고 닦으면 얼마든지 악한 사람도 선한 사람이 될 수가 있다. 이것은 전적으로 자신의 마음의 의지에 달려 있다.

마음이 선한 사람은 악한 사람을 제도하기 위한 노력을 해야만 한다. 만약, 이를 게을리한다면 이 세상은 악의 덩어리만이 존재 할 것이다. 사람은 악의 무리 속에 쉽게 빠질 수 있는 연약한 마음을 본래부터 지니고 있다.

부처님이 사람을 아흔아홉 명이나 살해한 알굴리마를 출가시킨 것도 그를 바르게 인도할 수 있다는 신념이 있었기 때문에 가능했다. 비록, 살인마일지라도 스스로 마음을 닦고 제도를 하면 부처가 될 수 있다는 것을 부처님이 증명한 것이다.

옛글에 이런 말이 있다.

'夜夜抱佛眠 朝朝還共起(야야포불면 조조환공기)'
'밤마다 부처를 안고 자고 아침마다 부처를 안고 일어난다.'

이 말은 우리의 마음이 곧 부처임을 나타낸다. 내 안에 부처가 있기 때문에 내가 자면 함께 자고 내가 일어나면 함께 일어나는 것이

아니겠는가? 우리들이 손을 한 번 들거나 발 한 번 움직이는 것도 모두 부처의 방광(放光) 때문이다. 이런 위대한 부처가 내 마음속에 있는데 어찌 자신의 몸을 함부로 할 수 있겠는가? 중생이 어리석은 까닭은 자기 안에 든 부처를 바로 보지 못하기 때문이다.

이에 대해 황벽선사는 완릉록(宛陵錄)에서 "즉심시불이라 우리의 마음이 곧 부처이다"라고 했으며 대혜 스님은 "마음이 본디 성불해 있다는 것을 홀연히 깨달으면 본질적으로 한없이 자유로워 여실히 안락할 것이며 또한 묘한 작용이 외부로부터 오지 않은 것이니 이는 본래부터 스스로 갖추고 있기 때문이다."라고 했다.

사람은 본래부터 부처이기 때문에 이를 깨닫게 되면 참다운 행복을 얻을 수 있다는 말이기도 하다. 본래 부처자리에는 실로 그 어떤 모자람도 없다. 중생들은 이를 믿고 깨닫고자 하는 신심을 가지는 것이 절대 중요하다. 부처는 결코 악한 일을 저지르지 않는다. 이와 같이 우리의 마음은 진실로 오묘하고 깊다.

우리의 마음에 대해 금강경에 있는 부처님의 말씀을 하나 더 이야기하겠다.

'只把一枝無孔笛 爲君吹起太平歌(지파일지무공적 위군취기태평가)'

선가(禪家)에서는 무공적이니 목마(木馬), 석인(石人)이니 겁외춘(劫外春)이니 하는 말들을 많이 쓰고 있다. 세속적으로 볼 때는 말도 되지 않은 미친 잠꼬대로 들릴 수도 있다. 왜냐하면 구멍 없는 통소, 나무말, 돌사람, 세월 밖의 봄은 도저히 존재할 수 없는 것들이며 겁외의 명사들이기 때문이다. 그러나 이 명사들이 자주 나오는 것은 불교만의 특색이며 과장과 거짓이 없는 진여세계(眞如世界)를 가리키는 것이다.

'한 가닥 구멍 없는 통소를 가지고 그대를 위해 태평가를 부르리라' 이 고고한 구절의 뜻은 마음을 가리키며 또한 청정본연한 법신진체(法身眞體)를 이르는 말이다. 구멍 없는 통소는 별별 묘미를 다낼 수 있다.

이것이 바로 사람의 마음이 아니고 그 무엇이겠는가? 사람의 마음은 이 세상을 울리고도 남음이 있는 부처 그 자체이다. 이런 마음을 두고 우리 중생들은 제대로 사용하지도 못하고 어리석은 범죄를 저지르고 있다. 가히 안타까움이 앞을 가린다.

부처는 본디부터 먼 데 있는 것이 아니다. 바로 내 마음이 부처이고 이 마음이 부처이다. 그러므로 부처를 바로 보는 것이 바로 공덕을 얻는 지름길임을 명심해야 한다.

삼독 번뇌가 끊어진 자리 여기가 영원한 열반이다

'애욕의 번뇌와 어리석음을 떠났으며 화냄으로부터 벗어나 존재의 번뇌를 소멸하여 집착의 근본이 되는 이 몸과 마음없이 해탈을 얻은 사람은 더 이상 미혹한 생을 되풀이하지 않는다.'

달빛이 호수의 수면 위에 가라앉아 있다. 바람에 호수가 흔들리면 그 속에 비친 달빛 또한 흔들린다. 반대로 호수가 고요하면 달의 형상 또한 곱다.

우리의 마음도 호수와 같다. 자신의 마음이 혼란스럽지 않고 편안해야 모든 일이 잘 되는 것과 같은 이치이다. 강물이 거친 바람에 흔들리면 천 조각, 만 조각이 나듯 우리의 마음도 이렇게 흔들리게 되면 걷잡을 수 없는 혼란 속에 빠져 든다. 그러므로 자신의 마음을 제대로 잡아야 강한 사람이 될 수 있다.

'한 방울의 물도 놓기가 어렵다'는 말이 있다. 이것은 범부가 가진 마음이다. 사람이 깨달음을 얻어 견성(見性)을 하게 되면 물질도 놓아 버리고 형상도 놓아 버리고 심지어 생사도 놓아 버리게 된다.

　여기에서 놓아 버린다는 것은 불교에서 말하는 '방하착'이다. 즉, 인간사에서 일어나는 모든 집착과 애욕을 '놓아 버려라'는 뜻이다.

　모든 것을 놓아 버린 사람에게는 결코 탐욕과 화냄과 어리석음이 없다. 그러나 중생이 무엇인가를 놓아 버린다는 것은 결코 쉽지가 않다. 그럼, 어떻게 해야만 삼독번뇌를 놓아 버릴 수 있을까?

　유교경(遺敎經)에 보면 '심지무비 자성계(心地無非 自性戒)'라는 말이 있다. 이는 계, 정, 혜를 말하는 것인데 심지무비 자성계요, 심지무치 자성혜(心地無痴 自性慧)요, 심지무난 자성정(心地無亂 自性正)이라는 말이다. 자신의 마음에 하나도 그릇된 것이 없는 마음이 자성계이다.

　그러므로 마음바탕에 허물이 없는 것이 자성계요. 마음바탕에 어리석음이 없는 것이 자성정이요, 마음바탕에 어지러움이 없는 것이 자성혜이다. 이를 한 가지로 모으면 하늘을 우러러 한 점 부끄럼이 없는 마음바탕이다.

　사람은 남을 다 속여도 자신의 양심만은 속일 수가 없다. 그런데도 불구하고 자신을 속이는 일을 시도때도없이 하고 있다. 이렇게 하여서는 성불을 이루기는커녕 고통 속으로 빠지는 원인이 될 수밖에 없다.

오직 자기 자신에게 부끄럽지 않는 마음을 가져야만 삼독오욕에서 벗어날 수가 있다. 자기 자신에게 부끄럽지 않은 마음이란 바로 내 마음속에 조금의 어지러움도 없는 것을 말한다. 마음이 어지럽고 음란한 생각을 하고 탐진치를 버리지 못하면 결코 성성적적(惺惺寂寂)할 수가 없는 것이다.

사실, 행복과 불행의 과정은 손바닥과 손등 사이에 불과하다. 이렇듯이 모든 것은 자신의 마음먹기에 달려 있다. 그런데도 불구하고 사람들은 이러한 탐진치의 유혹을 견디지 못하고 끝없는 지옥 속으로 빠져 든다.

요즘은 TV의 뉴스를 보거나 신문을 읽는 것조차 두렵다. 온통 강간, 살인, 납치가 일상사되어 버린 지 오래이다. 이것은 모든 인간이 가진 삼독오욕을 버리지 못해 생기는 결과이다.

우리가 사는 세상에는 각자가 지켜야 할 무언의 계(戒)가 있다. 가족에게는 부모가 지켜야 할 계가 있고 남편과 아내, 자식이 지켜야 할 계가 있는 것이다. 이것은 계라기보다 하나의 도리이다. 이러한 도리를 지키지 못하면 가정을 지키지 못할 뿐더러 이 국가가 망하게 되는 것은 불을 보듯 뻔하다.

부처님은 이러한 것을 이천오백 년 전부터 예견한 성인이다. 부처님이 마음을 음란 속에 가두게 되면 인간의 삶은 본질을 잃어버리고 큰 불행에 빠지게 된다고 했던 것도 바로 이런 까닭이다.

이와 같이 우리들의 마음속은 씻어도 다 씻을 수 없는 검은 때로 가득하다. 누가 과연 이 마음의 때를 씻어 주겠는가? 그 때를 씻어야 할 사람은 부처님도 아니요 관세음보살님도 아니며 바로 자기 자신뿐이다.

서산대사가 지으신 선가귀감에는 다음과 같은 구절이 있다.

'帶淫修禪 如蒸沙作飯(대음수선 여증사작반)'

'안으로는 음란한 생각과 음란한 행동을 하면서 겉으로는 도를 깨달았다는 것은 마치 모래를 쪄서 밥을 짓는 것과 같으며 살생을 일삼으면서도 겉으로는 견성을 위해 수양을 하고 참선하는 것은 마치 귀를 막고 소리를 지르는 것과 같다.'

우리의 마음이 만약 이렇다면 어떻게 되겠는가. 그야말로 이 사회는 걷잡을 수 없는 깊은 혼란 속에 빠질 것이다.

행복이란 멀리 있는 것이 아니다. 자신의 마음을 깨끗하게 하여 모든 사심으로부터 집착을 끊어 내는데 있다. 이것이 우리가 이루고자 하는 깨달음이며 성불이다.

4부

항상 중도(中道)의 마음을 가져라

"

'옳고 그름'을 분별하지 말고
또한 '이것이다 저것이다'라고 분별하지 말라.
제가 가진 마음이 선하면 하는 일마다 모든 것이 자연스럽게 착한 것이 된다.
부처님이 강조하신 것은 모든 이념과 생각조차 '놓아라'이다.
이를 두고 불교에서는 '방하착(放下着)'이라고 한다.
불교는 이와 같이 유와 무를 초월하여
어느 것에도 걸리지 않는 중도(中道)를 취한다.

"

사람은 자기 자신을 찾아야 하며
자신의 본래면목(本來面目)을 찾아야 한다

사람에게 세심한 사색보다 더 유익한 것은 없다. 이것은 괴로움을 이기고 으뜸가는 이익을 찾기 위함이며 위없는 마음의 평안을 얻기 위함이다.

아라한 세존께서 말씀하셨다.

"아직 배워야 할 것이 남아 있는 사람은 세심한 사색을 해야 한다. 또한 마음이 아직 깨달음에 이르지 못한 사람은 마음의 평안을 구하기 위해서라도 사색을 해야 한다. 깨달음에 이르기 위한 내적인 요인으로 사색보다 더한 수행은 없다. 사색은 착하지 않음을 끊어 버리고 착함을 닦게 하기 때문이다."

사람이 짐승과 다른 것은 생각하는 마음이 있기 때문인데 사람에게 이 마음이라는 것이 없다면 한갓 미물에 지나지 않을 것이다. 생각한다는 것은 사람만이 가지고 있는 특징이며 사색을 한다는 것은 곧 깊은 생각에 젖어든다는 것이다. 어떤 일을 아무런 생각도 없이 하다보면 반드시 실수가 생기고 문제가 발생하기 쉽다. 수행도 마찬가지이다.

부처님이 제자들에게 세심한 사색을 하라는 이유도 여기에 있다. 아무런 생각없이 하는 수행은 그냥 시간 낭비일 뿐만 아니라 깊은 깨달음에 이르지 못한다. 수행을 하면서도 쓸데없는 잡념이나 망상에 젖어들게 되면 집중력을 잃어 버리는 결과를 낳기 쉽다.

그런데 이 마음이라는 놈은 수행을 하지 않으면 올바른 것을 구할 수 없다는 사실이다. 부처님께서 6년 간의 고행을 떠나 하늘의 별을 보고 찾은 것이나 달마대사가 9년 동안 면벽(面壁)수행을 한 것도 모두 이 마음을 찾기 위함이다. 이렇듯이 온전한 자신의 마음을 되찾는 일은 너무도 힘든 과정이다. 만약, 사람이 온전히 나의 주인공인 이 마음을 찾는다면 고통과 괴로움은 사라질 것이다.

이것에 대해 명확하게 지적한 경구가 있다.

'愚心不學增驕慢 痴意無修長我人 空腹高心如餓虎 無知放逸似顚猿
(우심불학증교만 치의무수장아인 공복고심여아호 무지방일사전원)'
'어리석은 마음으로 배우지 않아 교만만 더하고 어두운 생각으로 닦지를 않아 아상(我相), 인상(人相)이 길어지네. 빈 가슴 높은 콧대 굶은 호랑이 같고 아는 것 없이 빈둥빈둥 자빠진 원숭이 꼴이네.'

이것은 야운(野雲) 스님이 지은 자경문(自警文)에 나오는 글이다. 무서운 경침(警針)이요, 깊이 깨달아야 할 법문이다. 더구나 요즈음 세대의 우리들은 이 글을 반드시 읽고서 '진실로 자기 자신은 여기에 해당되지 않는가' 하고 반성해야 한다.

글을 읽는다는 것은 그 글의 뜻대로 실천하고 체득하기 위함이다. 글은 글대로 읽고 행동은 마음대로 한다면 글의 귀중한 가치가 발견될 수 없으며 또한 옛 선사들이 남겨준 유덕(遺德)과 유훈(遺訓)들 또한 아무런 소용이 없게 된다. 또한 출가자에게는 수도 수행의 참뜻을 체득할 수 없으며 불자들 또한 수행의 의미가 없게 된다.

마치 입으로는 부처님을 닮아가면서 행동으로는 부처님과 점점 멀어지고 말로는 상(相)이 없어져야 한다면서도 속으로는 무서운 아상(我想)에 사로잡혀 있다면 수행의 의미는 하나도 없다.

그러므로 우리는 수행을 하면서도 세심한 생각을 가지고 마음을 닦아야 한다.

금강경에 다음과 같은 말이 있다.

'若以色見我 以音聲求我 是人行邪道 不能見如來(약이색견아 이음성구아 시인행사도 불능견여래)'

'세존께서 수보리에게 이르시기를 만일 나의 육신을 가지고 참다운 세존으로 안다던지 나의 음성을 가지고 진실한 세존으로 본다면 이 사람은 사도를 행하는 자라 영원히 세존을 볼 수 없다.'

이 말씀은 영겁이 다하도록 항상 부처님을 따르더라도 진실한 자신의 실상(實相)을 깨닫지 못한다면 소경이 부처를 보지 못하는 것과 다르지 않다는 것이다. 바꾸어 말하면 겉으로 보이는 외상(外相)을 부처로 안다던지 주관과 객관에 집착하여 시간과 공간에 구애가 되었다면 백천만겁이 다하도록 법공양을 하더라도 이는 헛된 수행에 불과하다는 말이다.

그러므로 수행을 하더라도 정확한 실상을 깨닫고 세심한 생각을 거쳐 인상과 아상을 버리라는 부처님의 말씀인 것이다. 우리가 부처를 만나는 일은 부처의 외상을 만나는 일이 아니다. 자기 안에 든 자신의 마음을 밝히기 위함이다. 항상 자신의 마음을 고요한 사색에 젖게 하여 자신의 본래면목을 찾는 것이 올바른 수행이다.

계율을 파괴하고 산란한 마음으로는 아무리 정진을 해도 깨달음을 이룰 수가 없다

'산만한 잡념은 하찮고 가치가 없다. 또한 마음을 교만하게 만들어 내 몸은 이것에 이끌려 다닌다. 어리석은 사람은 항상 잡념에 쌓여 들뜬 마음으로 이 세상 저 세상을 헤매고 다닌다. 그러나 이러한 산만한 잡념을 끊은 사람은 자기 자신의 마음을 다스려 교만하지 않다.'

우리가 일상적으로 쓰는 어휘 중에 '착심(着心)'이라는 것이 있다. 이 말의 뜻은 '머무르는 마음'이다. 사람의 마음속에 괴로움의 원인이 생기는 이유는 이러한 착심 때문인데 사람에게 이와 같은 착심이 생기면 잡념이 생기고, 산란한 마음이 생겨 한곳에 집중할 수가 없게 된다.

착심이 생기는 원인은 사람이 무엇인가에 집착하기 때문인데 집착이 강하면 강할수록 무언가를 손에 넣어야 되고 그 집착을 이루기 위해서 탐욕이 생기게 된다. 마침내 이것이 원인이 되어 헤어날 수 없는 어리석음으로 빠지게 된다.

그에 대한 이야기를 하나 하겠다.

세존 시절, 시자였던 메기야는 탁발을 하러 가다가 아름다운 망고 숲을 발견하게 되었다. 그는 이곳이 선남자가 수행에 전력할 수 있는 최상의 곳이라고 생각하여 세존에게 허락을 구했다.

세존은 메기야의 이야기를 듣고 이렇게 말을 하였다.

"메기야여, 나는 지금 혼자이니 누군가 다른 비구가 올 때까지 기다려 주지 않겠는가?"

하지만 메기야는 세존의 말씀을 듣고도 그곳으로 가서 수행을 하고 싶다고 간곡하게 말했다.

세존은 다시 한 번 메기야에게 말을 하였다.

"나는 지금 혼자이니 다른 비구가 올 때까지 당분간 기다려 주지 않겠는가."

그러나 메기야는 도무지 자신의 뜻을 굽히지 않았다.

두 번씩이나 자신의 뜻을 굽히지 않는 메기야를 보면서 세존은 이렇게 말을 하였다.

"정진 수행을 하고 싶다는 그대에게 무슨 말을 하겠는가, 그대가 지금 수행하기 적절한 때라고 생각을 한다면 떠나라."

메기야는 마침내 세존의 허락을 얻어 기쁜 마음으로 망고 숲으로 가서 수행에 들어갔다. 그런데 메기야는 수행은커녕 계속적으로 일어나는 욕정과 화냄, 남을 해치려는 생각에서 벗어날 수가 없었다. 그리하여 메기야는 번뇌를 견디지 못하고 다시 세존에게 돌아왔다.

"세존이시여, 저 망고 숲에 있는 동안 단 한 시도 욕정과 화냄, 남을 해치려는 생각이 끊이지를 않았습니다. 참으로 이상한 생각이 들어 되돌아왔습니다."

세존은 그 이유에 대해 자세하게 설명을 하였다.

"마음의 해탈이 성숙하지 못했을 때 성숙하게 하는 다섯 가지의 법이 있다. 하나는 좋은 도반이며, 둘째는 계율을 잊지 않고 수행하는 것이며 셋째는 자신에게 만족할 줄 하는 지혜이며 네번째는 바르지 못한 법을 버리고 바른 법에 의해 스스로 책임을 지는 것이며 다섯번째는 지혜를 가지고 성스러운 통찰력을 가지고 있는 것이다"

그제야 메기야는 망고 숲에서 수행에 전념하지 못한 이유를 알게 되어 다시 세존의 곁으로 되돌아오고 말았다. 메기야가 홀로 수행을 하지 못했던 이유는 수행을 핑계 삼아 아름다운 망고 숲에서 지내고 싶다는 욕망이 먼저 앞섰기 때문이다. 그 욕망이 착심을 일으켜 잡념의 원인이 되었던 것이다.

장소나 시간에 어떠한 구애를 받지 않아야만 진정한 수행자라 할 수 있다. 중요한 것은 수행을 하고자 하는 굳은 신념이라는 말이다. 마음의 해탈이 성숙하지 못한 사람이 혼자서 수행을 하는 것은 매우 힘들다는 것을 부처님은 이미 알고 있었던 것이다.

곁에 좋은 도반이 있다면 수행에 많은 도움을 얻을 수가 있기 때문인데 그의 곁에는 위대한 세존이 있었음에도 불구하고 오히려 메기야는 이를 깨닫지 못하고 망고 숲이 더 좋다는 어리석은 마음을 일으켰던 것이다.

수행자는 수행을 함에 있어 계율을 잊지 않고 자신에게 만족할 줄 하는 지혜와 항상 바른 법에 의해 자신을 다스려 스스로 책임을 질 줄 알아야 하며 또한 모든 사물을 꿰뚫어 볼 수 있는 통찰력을 지녀야만 비로소 성숙한 마음의 해탈을 이룰 수 있음을 세존은 지적을 하였던 것이다.

메기야가 부처님 곁을 떠나 망고 숲에 홀로 가서 수행을 하려고 하였지만 오히려 잡념이 생기고 탐욕과 욕정이 끊임없이 일어난 이유는 마음이 성숙하지 못했기 때문이다.

이렇듯이 수행이란 생각만으로 되는 것이 결코 아니다. 아무리 자신이 수행을 잘하고 있고 수행에 자신이 있다고 하더라도 잡념이나 망념 때문에 일순간 무너질 수가 있듯이 불자들이 부처님께 많은 공양을 올리고 참선을 한다고 해도 성불을 이루지 못하는 것도 바른 수행 방법을 행하지 않았기 때문이다.

이에 대해 세존은 메기야에게 그 유명한 법문을 하게 된다.

"탐욕을 떠나기 위해 부정관(不淨觀)을 닦아야 하며, 증오를 버리기 위해서는 자비관(慈悲觀)을 닦아야 하며 잡념을 떨치기 위해 수식관(數息觀)을 닦아야 하며 '나'라는 자만심을 끊기 위해 무상관(無

常觀)을 닦아야 하며 이 네 가지의 법을 완전히 깨친 사람만이 마침내 열반에 도달할 수 있다."

　사람이 무조건 수행만을 한다고 해서 성불을 이룰 수는 결코 없다. 온전히 '나'를 버리고 '나'라는 아상을 버리고 모든 착심을 버려야만 비로소 깨달음을 얻을 수가 있다.

4부　양심 없는 중도(中道)의 마음을 가져라

계율은 지키려고 노력하는 것이 아니라 놓아버려야 지켜진다

'바른 길을 걸어 수행에 전념하는 사람은 번뇌의 소멸에 대한 최초의 지혜가 생긴다. 그로 인해 위없는 지혜가 생기게 되어 모든 번뇌를 놓아 버리게 되어 열반에 도달할 수가 있다.'

계율은 하나의 질서이다. 그 질서를 지키면 마음이 편안해지지만 이를 어기게 되면 마음이 괴로워진다. 왜냐하면 계율이란 남과의 약속이 아니라 나와의 약속이기 때문이다. 더구나 수행자가 한 번 그 계율을 어기게 되면 평생 씻지 못할 과오와 죄업에 시달리게 된다. 또한 한순간 잘못 생각하여 스스로 계율을 파괴해 버리게 되면 평생 마음의 감옥에 갇혀 지옥 같은 나날을 보내게 된다. 나에게도 그런 어려운 때가 있었다.
내가 매우 좋아 하는 게송 하나가 있다.

十年不下祝融峰(십년불하축융봉)
觀色觀空卽色空(관색관공즉색공)
如何一適曹溪水(여하일적조계수)
肯墮紅蓮一葉中(긍수홍련일엽중)

십년 동안 축융산 아래 내려간 일 없어
색을 공으로 관해서 색이 아주 공해졌네.
어찌 조계의 한 방울 물로
홍련 한 잎을 적실 것인가.

중국 당나라 때의 태전 선사가 말씀하신 게송이다. 그 당시 중국
에는 대단한 문장가이며 매우 유식했던 한퇴지(韓退支)라는 사람이
있었다. 그런데 그는 불교를 매우 싫어했는데 더구나 '불골표(佛骨
表)'라는 글까지 써서 아예 불교를 없애버리려고 했다.

그는 당시 태전 선사가 수행정진을 하고 있는 고을의 사자로 임
명되어 왔다. 그가 불교를 싫어 했던 근본 이유는 그 고을에 태전
선사라는 덕 높은 큰스님이 그 고을 사람들로부터 추앙을 받고 있
었기 때문에 시기를 한 까닭이었다.

마침내 그는 불교를 없애기 위한 흉책(凶策)을 썼다. 그가 쓴 융
책은 바로 일종의 간계였는데 말하자면 태전 선사가 기거하는 수행
처에 관기(官妓) 여자를 삼 개월동안 시중을 위해 보낸 것이다. 어떻

게 해서든지 그 여자를 통해 유혹을 하여 파계를 시킬 작정이었다. 그것을 구실 삼아 불교를 없애려는 술책이었던 것이다.

그 여자의 이름은 홍련이었다. 그녀는 미모의 소유자였는데 갖은 몸짓으로 태전 선사를 유혹하였지만 아랑곳하지 않고 태전 선사는 오직 수행으로만 일관을 하였다. 즉 완여반석(完如盤石)이고 여여부동(如如不動)이었다.

완벽하게 마음이 돌과 같고 반석이어서 조금도 움직임이 없었다. 그러다가 삼 개월이 흘러갔다. 그녀는 삼 개월 안에 태전 선사를 유혹하지 못하면 그 고을의 군수인 한퇴지에게 처형을 당해야 했다. 그녀는 하산이 다가오자 죽음이 두려운 나머지 목을 놓아 울었다.

한밤중 기이한 여인의 울음소리를 들은 태전 선사는 홍련에게 다가와 그 연유를 물었다.

"그대가 울고 있는 연유는 무엇인고?"

홍련은 그동안 한퇴지와의 있었던 일을 소상에게 태전 선사에게 밝혔다. 이에 태전 선사는 홍련의 치미 폭에 먹을 갈아서 한퇴지에게 편지를 썼다. 그 편지가 바로 앞에서 말한 글귀이다.

십 년 동안 축융봉에서 내려가지 않고 수행을 했는데 색(色)을 관(觀)하고 공(空)을 관하는데 관한 공까지 다 공했더라. 색이 다 공이더라. 그런데 하물며 내 이 조계(曹溪)의 깨끗한 법수(法水) 한 방울을 홍련의 치맛자락에다, 잎사귀에다가 어찌 떨어뜨릴 수 있으랴.

조계란 달마 조사부터 육조혜능 조사까지 내려오는 불교의 법맥을 말한다. 이것은 태전 선사의 완전한 계행을 보여주는 것이었다.

그 후 홍련은 산을 내려와 한퇴지에게 자신의 치맛자락을 보여주었다.

한퇴지는 그 편지를 읽고 스스로 뉘우쳐 감탄하여 과연 태전 선사가 훌륭한 고승이라는 것을 마침내 깨달았다. 이후 태전 선사에게 가르침을 받고 불교에 귀의하게 되었다.

태전 선사의 이야기를 하는 것은 불교란 사람을 최고의 인격체로 만들어 주는 종교이며 하나의 위대한 법이란 것을 들려주기 위함이다.

사실 계율이란 것은 지키기도 어렵지만 한순간 놓아버리게 되면 아무것도 아니다. 계율이란 지키기 너무나 어렵기 때문에 자연스럽게 그 계율이 몸에 배이도록 수행하라는 말이다. 집착과 번뇌에 얽매이게 되면 십중팔구 견디지 못하고 파계하기 쉽다.

이 때문에 부처님은 "놓아 버려라"했던 것이다.

여래에게는 위대한 신통력이 있다
이 얼마나 불가사의하고 희유(稀有)한 일인가

'항상 물이 흐르고 있다면 우물은 필요가 없다. 이와 같이 갈애를 모두 뿌리째 끊은 사람은 더 이상 목마르지 않다.'

어느 날 세존은 사문들을 데리고 투나라는 외도들이 사는 바라문 마을에 들렀다. 그 마을 사람들은 머리를 빡빡 깎은 고타마 세존과 그 승단에게 물을 주지 않기 위해 우물에 풀과 쓰레기를 버려 매장시켜 버렸다.

세존은 길을 가다가 어느 나무 아래에 앉아 갈증을 느껴 장로 아난다에게 말씀하셨다.

"아난다야, 저 우물에 가서 물을 길어 가져오너라."

"스승이시여, 이 마을에 바라문들이 머리를 깎은 사문들에게 물을 줄 수 없다며 우물을 모두 매립하였습니다."

세존은 아난다의 말을 귀담아 듣지 않고 다시 한 번 아난다에게 물을 가져오라고 말했다. 그러나 아난다는 똑같은 대답을 하였다. 이에 세존은 다시 한 번 더 아난다에게 물을 가져오라고 일렀다.

세존의 말씀을 들은 아난다는 우물 가까이 다가갔다. 그런데 불가사의한 일이 일어났다. 우물 속에 매립되어 있었던 풀과 쓰레기들이 모두 우물 밖으로 쏟아져 나왔던 것이다. 풀과 쓰레기를 스스로 뱉어낸 우물가에는 티끌하나 없는 맑은 물이 샘솟고 있었다.

아난다는 발우에 물을 가득 떠서 세존에게 공양을 올리면서 이렇게 말을 하였다.

"스승이시여, 여래께서는 위대한 신통력이 있으니 참으로 불가사의하고 희유합니다. 어서 이 물을 마시소서."

이때 부처님께서 이렇게 말씀하셨다.

"아난다여, 만약 물이 항상 있다면 물은 소용이 없다. 비록 물이 없다고 하더라도 갈애를 끊은 사람에게는 그 물은 저절로 샘솟는다."

세존의 신통력을 보여 주는 초기경전의 석가모니 부처님 이야기이다. 우리는 세존과 아난다가 나눈 '우물'에 대한 이야기를 읽으면서 주의해야 할 몇 가지의 사실을 발견할 수 있다. 석가모니 부처님이 초인적인 힘으로 사물을 움직이게 했다는 것을 액면 그대로 받아들여서는 안 된다는 것이다.

만약, 이를 그대로 받아들이게 되면 석가모니 부처님이 고대의 제사장 같은 이미지를 떠올리게 될지도 모르며 고대의 마술사 같은 느낌을 받을 수도 있기 때문이다. 만약, 이렇게 생각한다면 그것은 실로 부처를 모르는 사람이며 어리석은 사람이다.

여기에서 이야기하고자 하는 것은 석가모니 부처님의 그런 위대한 신통력을 들려주기 위함이 아니라 무엇인가를 믿고 그 믿음에 따라 움직이는 석가모니 부처님의 마음을 통해 인간이 왜 욕망을 끊어야 하는가이다.

항상 욕망의 갈증에 목이 타는 사람은 정작 자신의 마음을 시원하게 적셔 줄 한 방울의 물을 아무리 구한다고 해도 구할 수 없지만 이런 갈애의 마음조차 끊은 사람은 저절로 물이 흘러 나온다는 사실을 전해주기 위함이다. 바꾸어 말하면 '마음을 비우면 저절로 즐거움이 찾아온다는 이치'와도 같다.

요즘 부처님이 무슨 대단한 신통력을 가지고 있어 부처님을 믿으면 명예와 재물을 얻을 수 있다고 생각하는 불자들이 많은 것 같다. 이것은 참으로 잘못된 생각이다. 부처님은 그 길을 알려주고 가르쳐 줄 뿐 그것을 그대로 가져다주지는 않는다. 전적으로 행복과 명예, 재물은 구하고자 하는 사람의 노력과 그에 대한 마음에 달려 있다. 그런데도 불구하고 부처님을 신격화하는 것은 정말 위험천만한 일이다.

부처님이 경전을 통해 들려주고자 하는 가르침은 바로 '마음 깨침'에 있다. 우리가 찾고 있는 행복이라는 것도, 우리가 앓고 있는 고통이라는 것도 마음작용이 만들어낸 허상에 불과하다. 이 경전의 이야기가 정작 우리들에게 들려주는 것은 석가모니 부처님의 신통력이 아니라 갈애의 허상을 통한 '마음 깨침'에 있다는 것을 명심해야 한다.

화엄경에 이러한 부처님 예찬이 나와 있다.

'天上天下無如佛 十方世界亦無比 世間所有我盡見 一切無有如佛子
(천상천하무여불 시방세계역무비 세간소유아진견 일체무유여불자)'

'하늘 위 아래 부처 같은 분 없고 시방세계에 견줄 분 없어라. 이 세상 모든 것을 다 보았지만 부처님 같은 분 다시 보지 못하였네.'

여기에서 부처라 하는 것은 인간 석가모니 부처를 의미하는 것이 아니라 우주의 실상이며 영원한 대생명이며 청정법신이며 비로자나를 가리킨 것임을 알아야 한다. 이것을 발견하는 것이 성불이며 해탈이며 열반이다.

여기에 불교의 궁극적인 목적이 있다.

영원의 생명을 얻지 않고서 무상(無常)의
수레바퀴를 면할 길이 없다

'이 우주에는 헤아릴 수 있는 생(生)이 있으며 헤아릴 수 없는 생이 있다. 여래는 수명(壽命)을 버렸다. 항상 여래는 안으로 기뻐하며 고요한 마음을 가졌으며 스스로 갑옷을 찢듯이 스스로의 생도 찢어 버렸다.'

사람의 수명은 유한(有限)하다. 겨우 백 년도 되지 않는 삶이다. 수행을 하고 자기 자신을 바르게 인도하는데도 모자라는 짧은 시간이다. 우리는 우리에게 주어진 시간이 많다고 느끼지만 실로 이것은 찰나(刹那)에 불과하다.

어찌보면 인간만큼 고통스러운 존재도 없으며 인간만큼 괴로운 존재도 없다. 왜냐하면 평생 생로병사(生老病死)의 고통 속을 걸어야 하기 때문이다. 이런 짧고 고통스러운 생을 살면서도 인간의 마음속에는 항시 무한대의 탐욕이 덩굴째로 자라고 있다.

기쁨이 크면 고통 또한 크다. 괴로움이 크면 기쁨도 크다. 이것은 변할 수 없는 세상의 진리이다. 진정으로 행복한 사람은 고통도 기쁨도 멸(滅)한 '있는 그대로'의 고요함을 지닌 사람이다. 부처님은 이러한 사람을 두고 진실로 깨어 있는 사람이라고 하였다.

이 세상은 덧없는 무상(無常)의 세계이다. 육신이 사라지면 아무 것도 남지 않는 무의 세계로 되돌아가야 한다. 이 세상에는 어느 것 하나 제 것은 하나도 없다. 그런데도 불구하고 사람들은 이 세상을 살면서 탐욕의 마음을 버리지 못하고 있는 것이다.

《부모은중경》에는 이런 말이 있다.

'父母恩重終有別 妻子義深也分離 人情似鳥同林宿 大限來時各自飛 (부모은중종유별 처자의심야분리 인정사조동림숙 대한래시각자비)'

'부모의 은혜가 크다고 하지만 필경은 이별할 날이 있고 처자의 정(情)이 아무리 깊다고 하여도 결국은 헤어지네. 인정이란 마치 새떼가 숲속에 모여 자는 것 같아 날이 새면 각자가 제 갈 길로 날아가네.'

그렇다. 부모니 처자니 하는 것이 결코 영원히 부모처자가 될 수 없다. 아무리 정이 깊고 사랑이 두텁다고 해도 각자가 제 지은 업(業)에 따라 육도(六度)로 흩어진다는 말이다. 그러므로 영원의 생명을 얻지 않고서는 이 무상의 수레바퀴를 면할 길이 없다. 마치 새가 숲속에 같이 모여 있다가 날이 밝으면 제 갈 길로 모두 흩어지는 것과 다르지 않다는 말이다.

이렇듯이 우리는 이 세상 속에서 결코 무상을 절감하지 않을 수 없다. 그렇기 때문에 발심을 서두르지 않으면 안 된다.

옛 조사의 말씀에 '如救頭燃(여구두련)'이란 말이 있다.

'머리에 마치 불이 붙은 것 같이 급한 마음으로 공부를 해야 한다'는 뜻이다.

우리의 삶은 이토록 짧기 때문에 육도를 윤회하지 않기 위해 서둘러 수행을 하고 마음을 닦아야 한다.

또 백구경에 '假使百千劫 所作業不亡 因緣會遇時 果報還自受(가사백천겁 소작업불망 인연회우시 과보환자수)'라는 말이 있다. '가사 백겁을 지낸다 해도 지어 놓은 업은 사라지지 않는다'라는 말이다. 참으로 무서운 경구가 아닐 수 없다.

선업(善業)이던지 악업(惡業)이던지 한 번 지어 놓은 것은 영원히 없어지지 않고 어느 순간 그 업의 싹이 틀 수 있는 인연을 만나기만 하면 거기에 따른 과보가 나타난다는 것을 경고하고 있는 말이다. 자신이 만들어 놓은 업의 씨앗은 결코 남에게 전가시킬 수도 없다.

왜냐하면 업이란 아무리 오랜 세월이 흘러간다고 하더라도 사라지지 않는다. 이 업이 싹이 틀 수 있는 조건만 만나게 되면 업복(業復)을 받을 수 있다는 말이다. 가히 몸서리가 칠 정도로 무서운 경구(警句)이다.

이렇게 절실한 불조(佛祖)의 유훈(遺訓)을 읽으면서도 피부를 찌르는 것 같은 아픔을 느끼지 못한다면 진실로 제도하기 어려운 사람이다. 우리는 이 같은 것을 깨달아 항상 자신의 마음을 닦는 수행을 서둘러 하지 않으면 안 된다.

백 살을 살아도 지혜가 없으면 차라리 하루를 살면서 바른 지혜를 아는 것만 못하다

'지혜로운 이는 욕망에 관한 모든 것과 인간의 모든 욕구를 끊은 사람이다. 또한 성스러운 깨달음을 가진 뛰어난 사람은 항상 올바른 지혜로서 생은 반드시 멸함을 알고 미혹한 생으로 나아가지 않는다.'

이 땅에서 생명보다 더 귀중한 것은 없다. 비록, 미물이라 할지라도 생명이 있는 것은 행복을 누려야 할 존재가치가 있다. 사람 또한 이 세상에 태어난 이상 제각각 행복을 누릴 자신만의 권리가 있다. 그러한 권리를 찾아 주는 것은 남이 아니라 오직 제 자신뿐이다. 남이 내 인생을 대신해 줄 수가 없기 때문이다. 그러므로 중요한 것은 산다는 것에 있는 것이 아니라 하루를 살아도 어떻게 사느냐가 더욱 중요하다.

공자도 '아침에 도(道)을 들었으면 저녁에 죽어도 좋다'는 말을 하였듯이 대개 이 땅의 성인들은 오래 사는 것보다 하루를 살더라도 진실하고 지혜롭게 사는 것을 더 원하였다. 사람이 오래 산다는 것은 결코 자랑이 아니며 짧게 살더라도 지혜롭게 산다면 그것이 더 값진 인생이라 하겠다.

옛날 중국에 도신(道信) 스님이란 분이 계셨다. 도신 스님은 원래 재송도인(裁松道人)이라는 선술자(仙術者)로서 자신의 생사를 자유자재할 수 있었다. 그런 그가 나이 팔십 세에 이르러 삼조 승찬(三朝僧燦) 스님을 찾아가 중이 되기를 간곡히 원하였다.

"그대의 나이가 팔십이 넘어 법(法)을 감당하기가 어렵기 때문에 먼저 몸을 바꾸어 오는 것이 좋겠다."

이 말을 들은 도신 스님은 우선 몸을 바꾸기로 결심을 하고 산을 내려오다가 동구(洞口)의 앞 냇가에서 한 처녀가 빨래를 하고 있는 것을 보았다. 스님은 그 처녀의 태(胎) 속으로 들어가기를 결심하고 그 자리에서 육신을 버리고 탁신(托身)을 하였다.

그 후 그 처녀는 자신의 배 속에서 한 아이가 자라고 있는 것을 알게 되었다. 도신 스님이 몸을 바꾸어 그 처녀의 몸 속으로 들어갔던 것이다.

처녀는 십 개월이 지난 뒤 아들을 낳았다. 그런데 그 아이는 일곱 살이 되자마자 어머니의 반대를 무릅쓰고 기어이 중이 되기를 원했다. 그 아이가 찾아간 곳은 삼조 승찬 스님이 계신 곳이었는데 삼조 승찬 스님은 한 눈에 그 아이가 도신 스님임을 알았다.

그 후 도신 스님은 삼조 승찬 스님에게 이런 글을 올렸다.

'參參白髮下靑山 八十年來還舊面 人却少年松自老 始知從此還人間
(삼삼백발하청산 팔십년래환구면 인각소년송자로 시지종차환인간)'

'날리는 흰머리로 청산을 내려 팔십 년 살아오던 옛 얼굴을 바꾸었네.
사람은 문득 소년인데 솔은 이제 늙었으니 인간으로 다시 태어남을 이것
으로 알겠구나.'

진실로 신비하기 그지없으며 기이하다고 밖에 말할 수 없는 대목
이다. 불교에서는 환생설(還生說)이 매우 중요한데 이는 원을 세워
간곡하게 기도를 올리면 나중에 죽어서 환생한다는 논리이다.

재송도인이 선술이 뛰어나서 생사를 마음대로 했다기보다 벌써
입지발원(立志發願)의 굳은 신념이 이러한 부사의(不思議)의 경지를
이루었다고 보는 것이 옳다.

우리들은 신념이 박약하고 입지가 튼튼하지 못하기 때문에 이것
을 신비하게 생각할지 모르지만 굳은 정성으로 기도를 하여 얻은
'순일(純一)한 일념의 결정체(結晶體)'라고 한다면 이 정도의 생사자
재(生死自在)나 환생왕복(還生往復)은 그다지 크게 어려운 일이 아님
을 알아야 한다.

십년왕생원(十年往生願)이란 말이 있다. 단 열 번의 염불로 정토

에 왕생하는 것은 결코 허언이 아니라는 말이다. 지극한 원력으로 신심있게 정진을 한다면 육도가 앞을 가로막을 수 없으며 생사가 장애가 될 수 없다. 이것을 초월한 경지가 바로 해탈이요 성불이며 정토이다.

이와 같이 백 살을 살아도 지혜가 없으면 헛된 삶이요, 단 하루를 살아도 지혜롭게 산다면 그 삶이 더욱 값짐을 알아야 한다. 또한 염불을 오래 많이 한다고 해서 원이 반드시 이루어지는 것이 아니며 단 열 번을 하더라도 마음속에 지극한 정성이 있다면 그 원은 반드시 이루어진다.

때때로 홀로 앉아 명상을 하고 모든 것을 마음의 이치에 맞게 행하라

'외부의 작용에 의해 쉬이 마음이 흔들리지 말라. 집착을 뛰어넘고 마음의 내적인 움직임도 잘 정돈하라. 만약 그렇게 한다면 모든 구속을 뛰어넘어 다시 미혹한 삶을 살지 않으리라.'

부처님의 가르침을 받고 실천을 할 때는 우선 올바른 마음의 자세와 태도를 가지는 것이 매우 중요하다. 어떤 물질적인 이익이나 명성을 얻기 위해 불법을 닦는 것은 더더욱 안 된다. 오늘날 우리불자들이나 승단에서는 이러한 마음자세를 가지기커녕 오히려 개인적인 사심에 의해 불법을 핑계삼아 삿된 일을 저지르는 일이 많이 있다.

이 같은 일이 발생하는 것은 바른 불법의 자세를 가지기보다 오히려 외부의 일에 더 관심이 많아 눈이 멀게 되고 이에 따라 쉬이 마음이 흔들려 '제를 지내는 것보다 젯밥에 관심이 더 많기 때문이다. 불자나 출가한 수행인이 공부는 제쳐두고 이런 마음이 자꾸 생기는 것은 자기 자신을 다스리는 참선 수행이 부족하기 때문이다. 원효 스님이 이러한 불법의 오도(誤導)를 보고 법문을 한 내용이 있다.

'唯心生故 種種法生 唯心滅故 種種法滅(유심생고 종종법생 유심멸고 종종법멸)'

'마음을 일으키면 여러 가지 법이 일어나고 마음이 없어지면 여러 가지 법도 없어진다.'

당나라 때 원효 스님은 의상(義湘) 스님과 함께 구법(求法)여행 길에 요동에서 하룻밤을 노숙하다가 한밤중에 갈증이 일어나 우연히 바가지에 고인 물을 달게 마시고 잠이 들었다. 그런데 아침에 일어나 그 바가지를 보니 사람의 해골이었다. 그것을 보자 자신도 모르게 구토가 일어났는데 원효 스님은 그 순간 큰 법을 깨닫게 되었다.

그 바가지의 물에 정(淨)과 예(穢)가 들어 있는 것이 아니라 모든 것은 '오직 마음에서 깨끗함과 더러움이 일어나는 것'이라는 것을 알게 되었던 것이다.

즉, 바가지를 해골로 본 내 마음이 더러움을 느낀 것이다. 만일 원효 스님이 그 물을 달게 마시고 해골에 담긴 물임을 모르고 길을 떠났다면 그 물은 달디단 감로수로 영원히 생각했을 것이다. 그런

데 그것을 본 내 마음이 더러움을 만들어 내었다는 뜻이다.

이와 같이 우리 마음은 본디 선하지만 환경에 따라 사악하게 변하기 때문에 홀로 참선을 통해 마음을 닦아야만 한다.

즉, 마음의 소작(所作)인 것이다. 희로애락(喜怒哀樂)과 행왕동정(行往動靜)이 오직 마음에서 일어나는 물결이며 영향(影響)이라는 말이다. 이와 같이 성불도 찰나의 마음가짐에서 이루어지는 것이며 지옥도 찰나의 마음가짐에서 만들어지는 것임을 명심해야 한다.

선문촬요(禪門撮要)에서 마음을 두고 말하기를 '마음에서 한없는 묘한 작용을 일으키는 자(者)를 두고 부처라 하고 마음에서 한없는 번뇌를 일으키는 자(者)를 중생이다'라고 했다. 또한 화엄경에서는 '일체유심조(一切唯心造)'라 하였다. 이는 '마음 한 번 잘 가지면 부처일 것이요 마음 한 번 잘못 가지면 중생이다'라는 말이다. 그러므로 모든 것은 '이 마음'에 달려 있다.

불교의 궁극적인 목적은 마음을 아름답고 밝게, 또한 바르게 가지는 데에 있다. 이런 마음을 잘 다스리는 방법에는 참선이 매우 좋다. 때때로 참선을 하여 '이 마음'의 이치를 깨달아 이에 맞게 행하는 것이 수행의 한 방법이다.

만약, 이를 실천한다면 부처님이 말씀하신 대로 마음을 괴롭히는 모든 속박을 뛰어넘어 진정 행복의 기쁨을 느낄 것이다.

내 마음을 스승으로 알고 남을 스승으로 삼지 말라

'자신의 마음을 다스리지 못하고 자제심이 없는 사람은 마치 전쟁터에서 만난 코끼리에게 화살을 쏘듯이 말로써 다른 사람에게 상처를 입힌다. 이런 사람은 결코 자신에게서 행복을 구할 수 없다.'

불교의 진리는 나를 구제하는 것이 아닌 남을 구제하는 데에 있다. 내가 내 마음을 다스리고 수련하여 법을 깨달아 남에게 전파하면 그것이 곧 부처가 되는 길이요 남이 깨달음을 얻는 길이다. 그러므로 자기 자신을 닦는 것이 불법(佛法) 공부의 최우선 순위이다. 자기 자신의 마음과 몸을 올바르게 닦지도 않고 남을 구제한다는 것은 있을 수도 없으며 또한 행복을 구할 수도 없다.

아함경에 보면 이런 말이 있다.

'自己心爲師 不隋他爲師 自己爲師者 獲眞智人法(자기심위사 불수타위
사 자기위사자 획진지인법)'

'내 마음을 스승으로 삼고 부디 남을 스승으로 삼지 말라. 내 마음이 스
승인 줄 아는 사람은 참으로 슬기로운 자이다.'

여기에서 스승이란 객관적 대상을 두고 말하는 것이 아니다. 자기
자신을 잘못된 길로 들어서지 않게 하고 항상 바른 길로 인도하는
것을 말한다. 바로 자기 자신이 '마음먹기'에 달려 있다는 뜻이다.

훌륭한 스승이 곁에 있다고 하더라도 배우려고 하는 자신의 마음
이 움직이지 않으면 아무런 소용도 없다. 또한 아무리 훌륭한 법문
을 듣는다고 하더라도 이러한 것을 받아들이고자 하는 '마음가짐'
이 없다면 그것은 마치 '소 귀에 경을 읽는 것'과 다름이 없기 때문
이다.

세상에는 우연이란 것이 하나도 없다. 세상 모든 일이 필연이다.
열심히 닦으면 마음의 행복을 얻고 그렇지 않으면 얻을 수 없는 것
이 세상의 이치라는 말이다. 이와 같이 자기의 마음이 깨달음을 위
한 공부를 하지 않는데 어떻게 일상의 행복을 얻을 수 있겠는가?

경전에 이런 말이 있다.

4부 한 송이 중도(中道)의 마음을 가져라

'阿彌陀佛在何方 着得心頭切莫忘 念到念窮無念處 六門常放紫金剛
(아미타불재하방 착득심두절막망 염도염궁무념처 육문상방자금강)'

279

'아미타불이 어디에 계신가. 마음찾기를 간절히 잊지 마소서. 찾고, 찾고 또 찾아 더 찾을 수 없는 날에 육근(六根)에서는 항상 광명을 수놓을 것이다.'

우리들은 서쪽 십만억국토(十萬億國土)를 지나면 극락세계라는 곳이 있는 줄로 알고 있지만 사실 어리석은 중생의 생각에 지나지 않는다. 극락세계란 그곳에 있는 것이 아니라 바로 내 마음을 찾는 그 날이 바로 아미타불을 친견하는 날이며 정토극락에서 왕생하는 날이다.

이와 같이 극락이란 따로 있는 것이 아니다. 또한 아미타불이 자심이외(自心以外)에 있는 것이 아니다. 바로 내 마음속에 극락이 있으며 아미타불이 있다. 그러므로 불교를 바로 알고, 바로 보고, 바로 믿어야만 수행도 바르게 되는 것이며 정진의 큰 의미도 나중에 결실을 맺을 수 있게 된다.

부처를 아직도 대상이 있는 객관적 존재로 생각하는 불자들이 많이 있다. 또한 '생사고해(生死苦海)'를 벗어나면 '열반낙토(涅槃樂土)'가 있는 줄로 알지만 사실은 이 세상 어디에도 존재하지 않는다. 다시 말해 건너갈 것도 건너야 할 곳도 없다는 말이다.

생사 그 자리가 그대로 찰나에 정토가 되는 것이며 순간에 회향(回向)할 수도 있다는 말이다. 그렇기 때문에 '衆生成佛刹那中(중생성불찰나중)'과 '一超直入如來地(일초직입여래지)'란 말도 있는 것

280

이다. 즉, 미혹의 껍질이 벗겨지고 나면 곧 그 자리가 부처라는 말이다.

이것이 불교의 최상승(最上乘)의 진리이며 궁극의 이치이기 때문에 마음을 진리에 두고 찰나로 이끄는 것이 매우 중요하다.

이와 같이 깨달음이란 가고 오는 것이 없으며 시간적인 거리도 있을 수 없다. 모든 것은 한순간의 '마음 깨침'에 있기 때문에 항상 자기 자신을 잘 다스리는 것이 훌륭한 스승을 두는 것보다 더 소중하다.

왜냐하면 성불이란 자기계발과 자기완성이 이루어져 우주의 진리에 귀의부합(歸依附合)되는 순간을 말하는 것이기 때문이다. 실상(實相)에 합일(合一)되는 순간을 통해 최고의 인격완성을 이루는 것이 불교의 목적이다.

부처 또한 색즉시공 공즉시색이다

'괴로움의 원인을 모르고 또한 괴로움의 소멸에 이르는 길을 모르는 사람은 그 괴로움을 뿌리 뽑을 수 없어 나고 늙는 괴로움에 이르게 된다.'

경전에 보면 모든 일을 '자신의 일이 아닌 부처님의 일로 돌려 놓으라'는 말이 있다. 이 말을 제대로 해석을 하면 자기라는 아상(我相)을 지우라는 말이다. 아상이 굳어지게 되면 물질에 대한 집착이 생기게 되고 나아가 탐욕이 발원(發源)하기 때문이다.

사람이 무서운 것은 어떤 원인에 대한 씨앗을 가지고 있다는 데에 있다. 사람은 악의 씨앗, 거짓의 씨앗, 욕망의 씨앗, 욕정의 씨앗 등을 몸 속에 지니고 있다. 이러한 씨앗은 애초부터 없애는 것이 중요하다. 그 씨앗이 큰 악의 구렁텅이로 빠지는 원인이 되기 때문이다.

이러한 것들이 마음속에 존재하는 이유는 바로 자기라는 아상을 버리지 못하기 때문인데 만약 모든 일을 나 아닌 부처님의 일로 돌리게 되면 자기라는 아상이 지워지고 어떤 경계에도 휘둘리지 않으며 본래의 나를 되찾기 쉬운 까닭이다.

　이와 같이 모든 일을 나 아닌 '부처님의 일로 돌려라'는 말은 나를 괴롭히고 있는 모든 것, 즉 물질, 일, 사랑, 명예 이러한 것들을 '방하착'하라는 말과 동일하다.

　그런데 모든 과오와 모든 공덕을 부처님의 일로 '돌려 놓아라'고 말하였는데 과연 그 부처님은 어디에 있을까? 바로 그 부처님은 자기의 마음속에 있다. 결국 부처님의 일로 '돌려 버려라'는 뜻은 바른 마음을 가진 나를 찾으라는 소리이다.

　내가 중심이 되어 나를 믿고 나를 의지하라는 말이다. 어찌 보면 미묘(微妙)한 말이라고 할지 모르나 이것이 바로 부처님이 우리에게 전하는 위대한 법문임을 깨달아야 한다.

　지금 여기 '나'라는 존재가 없다면 '고통'과 '기쁨'이라는 것도 존재하지 않는다. 우리가 이러한 감정을 느끼는 것도 바로 '나'라는 존재가 여기에 머물고 있기 때문이다. 여기에서 착심(着心)이 생긴다. 우리가 부처를 찾고 바로 알고자 하는 것은 내 마음속에 든 부처를 찾아 그러한 고통과 번뇌 속에서 벗어나기 위함이다.

　그런데도 불구하고 사람들은 부처를 제대로 찾지 못해 엉뚱한 곳에서 부처를 찾아나서는 과오를 종종 범하고 있다. 부처는 대상이 아닌데도 말이다.

서산대사가 말씀하신 유명한 글귀가 있다.

'主人夢說客 客夢說主人 今說二夢客 亦是夢中人(주인몽설객 객몽설주인 금설이몽객 역시몽중인)'

'주인은 손님에게 꿈 이야기를 하고 손님은 주인에게 꿈 이야기를 하네. 꿈 말하는 두 사람이 모두 꿈이네.'

우리가 자신의 마음속에 든 부처를 찾지 못하는 것은 서산대사의 글귀와 다르지 않을 것이다. 꿈속에 살면서도 꿈인 줄도 모르고 꿈을 가지고 참이라 생각하는 어리석음이다. 여기에 부처님의 안타까움이 있으며 보살의 눈물이 있다.

보살의 눈물은 이 꿈을 깨치도록 하는데 있는데 이러한 꿈을 깨치는 것을 두고 '정각(正覺)'이라 하고, 확실히 꿈인 줄 아는 시간을 두고 발심(發心)이라고 한다. 그러므로 여기 우리는 꿈속에 있음을 발심하여 정각을 이루어야 한다.

반야심경에 '색즉시공(色卽是空) 공즉시색(空卽是色)'이란 말이 있다. 이와 같이 우리는 마치 꿈속에서 살면서도 꿈 아닌 양 매일 살고 있는 줄도 모른다. 우리는 이 모든 것들이 세상에 존재하고 있다고 생각하며 살고 있다.

또한 우주 삼라만상과 갖가지의 관념과 역사 이 모든 것들이 눈

앞에 보이고, 만져지고, 느껴지고, 알고 있는 대로 존재한다고 믿고 있다. 그러나 이러한 것을 두고 선대의 많은 선각자(先覺者)들은 이 모든 것 또한 허망한 것이라고 했다.

요즘 과학에서도 모든 물질은 파동과 입자에 지나지 않으며 눈앞에 펼쳐진 모든 것들은 색도 없고, 냄새도 없고, 소리도 없고, 맛도 없고, 촉감도 느낄 수 없는 완벽한 무(無) 상태라는 것을 증명한 바 있다.

색(色)이란 모든 질량을 가지고 있는 물질을 포괄적으로 말한다. 즉 나무, 돌, 쇠, 지구, 달 등 우주 안의 모든 물질이 색이다. 이것은 인간이 지각할 수 있는 물질을 말하는데 결국 이것들은 '나'라는 것이 사라지면 그 또한 비어 있는 공으로 되돌아간다. 그러므로 공(空)이란 일체 물질이 없는 비어 있는 상태를 말한다. 그런데 그러한 물질이 알고 보면 공이며, 비어 있는 공이 곧 물질이다.

이는 바로 우리 눈에 보이는 물질과 비어 있는 공의 세계가 둘이 아니고 하나라는 뜻이 된다. 그러므로 부처 또한 '색즉시공 공즉시색'이라고 할 수 있다. 왜냐하면 부처 또한 눈에 보이지 않는 공(空)이기 때문이다.

나를 죽이는 것이 바로 불교이다

'무상(無常)의 상(想)을 닦고 마음속에 가득한 오만을 버려라 그리하면 그대는 모든 세상으로부터 승리자가 될 것이다.'

어느 날 부루나 존자가 민심이 흉흉하고 성격이 나쁜 사람들이 많이 사는 수나파란타카국에 불법을 전하러 가겠다고 하였다. 이에 부처님이 부루나 존자에게 물었다.

"그 나라 사람들은 성미가 급하고 사납다고 하는데 만약 너에게 욕을 하면 어떻게 하겠느냐?"

"나에게 폭력을 쓰지 않는 것만으로도 감사하게 여기겠습니다."

"만약 그들이 너에게 폭력을 휘두른다면 어떻게 하겠느냐?"

"몽둥이나 돌로 내 몸을 치지 않는 것을 다행으로 여기겠습니다."

"그럼, 몽둥이나 돌로 너를 친다면 어떻게 하겠느냐?"

"나를 죽이지 않는 것을 다행으로 여기겠습니다."

"만일 너를 죽인다면 어찌 하겠느냐?"

"열반에 들게 해주는 것으로서 생각하겠습니다."

부루나 존자의 신념을 보고 부처님은 그에게 포교의 길을 떠나는 것을 마침내 허락하였다.

이 이야기는 《잡아함경》에 나온 부처님의 십대제자이며 설법제일인 부루나 존재에 관한 이야기이다. 여기에서 우리가 읽고 뼈 저리게 느껴야 할 것은 바로 부루나 존자가 가진 수행자로서의 마음가짐이다. 그에게는 인과를 믿는 지극한 신심이 그의 마음 바탕에 깔려 있다.

욕을 먹으면 그 보다 더 한 폭행을 당하지 않은 것을 다행으로 여기고, 폭행을 당하면 죽임을 당하지 않은 것을 다행으로 여기며, 만약 죽임을 당한다면 열반에 들게 된 것을 감사하게 여기겠다는 그 마음은 지극한 자비심(慈悲心)의 발로이다. 부루나 존자가 그와 같은 자비심을 지니게 된 것은 인과업보를 믿는 신심 탓이다.

자신에게 언짢은 작은 말 한마디만 들어도 발칵 화를 잘 내는 오늘날 우리들에게 부루나 존자가 가진 그 마음이 시사하는 바는 매우 크다. 화를 잘 내면 자기 자신의 건강에도 매우 좋지 않으며 타인에게도 좋지 않은 인상을 남기게 된다.

사람이 자주 화를 내는 까닭은 부정적 어두운 마음이 많은 까닭이다. 매사에 남이 하는 일은 모두 언짢게 보이고 자신이 하는 일은 모두 정당하다고 생각하는 그 마음이 화를 불러일으킨다. 이것은 '공관행(空觀行)'이 없기 때문이다.

공관행이란 '마음' 속에 들어 있는 일체의 잘못된 생각이나 어두운 생각들이 텅 비어 있는 것을 관하는 것을 말하는데 내가 가진 일체의 잘못된 생각을 놓아 버리는 것을 말한다. 부루나 존자가 지극한 자비심을 가지게 된 것은 이러한 '공관행'을 실천하고 있었기에 가능했다.

우리들의 마음은 날마다 사념의 덩어리 속에서 헤매고 있다. 이것이 화를 만들고 급기야 남에게 폭력을 행사하게 만들고 심지어 남을 해치게 되는 원인이 된다. 사념이 바로 우리 몸의 화 덩어리를 만드는 것이다. 즉, 고집, 아집, 집착, 불신, 아만심 등이 마음을 움직여 그것이 바로 망상으로 이끈다.

부처님은 이러한 마음을 버리기 위해서는 무상의 상을 닦아야 한다고 말씀하셨다. 부루나 존자가 깨달은 것은 '무상의 상'이다. '있는 것도 없는 것이며 없는 것도 있는 것이다' 라는 말이다. 욕, 폭력, 죽음라는 것도 분명히 존재하는 상이지만 부루나 존자에게는 애초부터 존재하지 않았다.

부루나 존자가 이러한 마음을 가질 수 있었던 것은 즉 오온(五蘊)인 '나'라는 '아상(我相)'을 버렸기 때문이다. '나'라는 존재가 없기 때문에 남으로부터 그 어떠한 욕과 매질과 죽임을 당하더라도 참을 수 있었다고 보면 옳다.

일반 불자들이 부루나 존자가 행한 '공관행'을 실천하기란 매우 힘들다. 그러나 우리들의 마음속에 일시적으로 자리잡고 있는 온갖 생각들, 즉 미움, 질투심, 욕망, 원망 이러한 것들을 지울 수는 있다. 올바른 '공관행'을 실천하는 방법은 바로 그러한 것조차 그대로 생각 속에서 놓아 버리는 것이다.

우리의 마음은 천 갈래, 만 갈래이지만 실재로 우리의 본심은 하나이기 때문에 그 마음조차 놓아 버리게 되면 우리는 항상 남을 사랑하는 마음을 가질 수가 있게 된다.

'一月普現一切水 一切水月一月攝(일월보현일체수 일체수월일월섭)'
'하나의 달이 여러 물에 나타나지만 여러 물의 달이 곧 하나의 달이다.'

종경(宗境) 스님이 하신 게송이다. 천 갈래, 만 갈래로 흩어지는 것이 사람의 마음이지만 본래 우리 마음은 하나이다. 깨달은 눈으로 볼 때는 하나뿐이지만 미혹한 눈으로 보면 그야말로 천태만상인 것이 우리가 사는 세상이다.

이런 세상에서 오직 찾아야 할 것은 우리가 가진 본심이다. 그러므로 삿된 내 마음을 죽이고 나를 죽여야만 내 마음속에 든 본심을 찾을 수가 있다.

그러므로 곧 나를 죽이고 나의 아상을 죽이는 것이 불교이다.

어리석음에 붙잡혀 자기 자신을 해치지 마라

'비가 새는 것은 지붕이 있기 때문이다. 지붕이 없다면 비가 새지 않는다. 그러므로 덮개를 걷어라. 그러면 비가 새지 않을 것이다.'

부처님이 비구승단의 포살(布薩)때 하신 법문이다. 포살은 비구들이 보름마다 모여 자신들의 행동을 반성하고 만약 죄를 지었다면 그것을 고백하고 참회하는 행사를 말한다. 부처님이 이날 이곳에서 포살을 하는 중에 자신이 저지른 잘못에 대해 참회를 하지 않는 비구가 있자 이를 꾸짖으며 하신 말씀이다.

우리는 이 법문을 듣고 부처님이 왜 위대한가를 깨우쳐야 한다. 부처님이 "비가 새는 것은 지붕이 있기 때문이다"는 '이것이 있으므로 저것이 있다'는 인과법(因果法)에 대한 말씀인데 이것을 '지붕과 비'에 비유한 것이다.

사람이 고통과 괴로움을 겪지 않으려면 인간이 가진 오욕(五慾)을 버리고 어리석음에서 벗어나면 된다. 이것을 쉽게 버리지 못한 탓으로 인간이 육도(六度)윤회를 거듭한다.

이 세상에 진리로 통하는 어떤 고정된 문이나 사상은 없다. 하지만 그 문은 언제나 열려 있어 사방으로 통하고 있다. 이를 간파하는 것이 바로 깨달음이다. '있고 없음'의 분별은 사실 중요한 것이 아니다. 진리는 여기에 있으나 저기에 있으나 변하지 않고 매 한 가지이다.

부처님의 설법을 듣는다고 깨침을 얻을 수는 없다. 중요한 것은 그 설법 속에 든 진리를 찾는 것이 중요하다. 하나의 예를 들어 보겠다.

어떤 사람이 한 여인을 매우 사랑하였다. 그런데 그 여인을 만나지 못해 시름시름 앓다가 결국 상사병으로 죽고 말았다. 그가 죽은 이유는 무엇일까? 그 여자를 사랑했던 까닭이다. 만일 그가 그 여인을 사랑하지 않았다면 그리움의 병을 앓지 않아도 될 것이고 또한 그것으로 인해 자신이 고통을 당하지 않아도 되었을 것이다.

결국 '사랑'은 부처님이 말씀하신 '지붕'이고 그가 '고통'을 당하게 되는 것은 '비'탓인 것이다. 사람은 항상 무엇인가를 필요로 하고 그에 대한 욕심 때문에 늘 스스로 고통을 만드는 존재이다. 고통의 원인을 만들지 않으면 당연히 괴로움이 생기지 않는데도 불구하고 말이다.

그런데도 자신의 뜻대로 되지 않는다고 해서 남을 괴롭히고 심지어 살인을 저질러 평생 짓지 못할 업장을 만든다. 이것이 부처님이 말씀하신 법문의 요지이다. 어찌 보면 너무도 당연한 이야기인지도 모른다. 우리는 이렇게 당연한 이치를 알면서도 이를 행하지 못하는 어리석음을 날마다 범하고 있다.

이렇듯이 이 세상에는 원인 없는 결과는 없다. 사람은 한평생을 살면서 자꾸만 좋지 않은 원인을 만들어 스스로 업장을 짓는다. 자기 자신이 짓는 업장과 타고난 업장을 지우기 위해서는 마음속에 든 모든 의혹을 티끌도 남김없이 지워야만 한다. 즉, 바보가 되어야만 한다. 서(書)와 시(詩)에 뛰어났던 경봉 스님은 사람이 스스로 만든 업장이나 타고난 업장을 지우기 위해서는 바보가 되어야만 한다고 했다.

"바보가 되어라. 사람 노릇을 하자면 일이 많다. 바보가 되는데서 참사람이 나온다."

여기에서 바보가 되라는 말은 천치(天痴)가 되라는 말이 아니다. 스스로 자기의 잘못을 뉘우쳐 진실로 깨달음에 이르라는 말씀이다. 사람이 깨달음에 이르러 모든 공(公)과 사(私)의 이치를 깨닫게 되면 사리사욕이 사라져 명예와 재물에 대한 욕심이 사라지고 동시에 괴로움과 고통이 없어진다는 말씀이다.

이것을 두고 경봉 스님은 하심(下心)이라고 했다.

"업장을 녹이는 방법에는 한 가지가 있다. 누가 자기를 보고 잘못했다고 말하면 설사 자기가 그렇지 않다고 하더라도 잘못을 인정하는 것이 좋다. 바로 그때가 자신의 업장을 녹일 때이다."

우리는 세상을 살면서 지나치게 자기 자신에게 관대한 것은 아닌지 혹은 자기 자신에게 너무 많은 집착을 한 나머지 남에게 해를 입히는 일이 없는지 반성을 해야 한다.

이것이 바로 경봉 스님이 이야기하신 하심이며 부처님이 말씀하신 '비가 새는 지붕을 없애는 길'일 것이다.

옛 시(詩) 속에 불심(佛心)이 가득 들어 있다

'경전 속에는 시와 같은 깨달음이 가득 들어 있다. 날마다 부처님의 말씀을 음미하면 더 없는 복이 생긴다.'

불교의 힘은 경전에서 나온다는 말이 있다. 부처님의 말씀들이 청명한 가을 하늘처럼 맑고 호수처럼 푸르듯이 옛 조사들이 남기신 시들은 저마다 가슴을 울리는 명문장(名文章)들이다.

새와 꽃이 있는 산수를 평생 수행의 당처(當處)로 삼고 살아온 까닭 때문일 것이다. 그래서 그 속에는 고담준령 같은 법언(法言)들이 구절구절마다 녹아 있다.

불심이 가득한 시구(詩句) 속에는 사념(思念)과 방편과 분별 따위가 없고 오직 물 흐르고 꽃이 피듯 유연한 자태만이 살아 숨쉬고 있으며 부처님의 오묘한 진리가 짧은 문장 속에 다 들어 있는 것 같다. 이 속에는 유(有)와 무(無)가 초월되어 있으며 선악(善惡)이 초월되어 있으며 오직 있는 그대로의 말씀이 녹아 있어 그 어떤 언어로도 대신할 수 없다. 이것이 바로 조사들이 남긴 불심시심(佛心詩心)이다.

운봉(雲峰) 스님은 석심(石心) 스님에게 이런 글을 남겼다.

'釋迦失足墮深坑　直至如今無消息(석가실족타심갱 직지여금무소식)'
'석가가 실족하여 깊은 구렁에 떨어진 다음 아직까지 소식이 없네.'

'조달(調達)이 큰 죄를 짓고 생물지옥으로 갔을 때 석가모니가 문안을 갔다가 그에게 어느 때 쯤이나 이 지옥의 고통을 면하겠느냐고 물었더니 조달의 대답이 석가가 이곳에 들어와야 내가 나가게 될 것이다'라는 뜻이 남겨져 있다.

석가는 위대하고 조달은 극악무도한 줄로만 아는 견해로서 감히 접근할 수 없다. 참으로 범견(凡見)으로써는 감히 상상조차 할 수도 없는 운봉 스님의 경지이다.

다음은 운대(雲垈) 스님이 남기신 글이다.

'慾識古人瑞的旨　山前麥熟十分秋(욕식고인서적지 산전맥숙십분추)'
'고인의 바른 법을 알고 싶다면 산 앞의 보리 가을 한창이로세.'

참으로 멋있는 법문이 아닐 수 없다. 옛사람의 바른 법은 특별히 따로 있는 것이 아니라 보리가 누렇게 물드는 것과 같다는 말이다. 여기에는 어떠한 말의 기교와 재주가 없으며 있는 그대로의 진실이 여실히 담겨져 있다.

장영(長靈) 스님은 또 이렇게 시심을 드러내었다.

'風勁葉頻落 山高日易沈 坐中不見 窓外白雲深(풍경엽빈락 산고일역침 좌중불견 창외백운심)'

'바람이 부니 잎 떨어지고 산이 높으니 해 빨리 진다. 빈 방 아무도 없는데 창밖에는 구름만 깊어라.'

시로써도 이만하면 거의 신운(神韻)에 가까운 경지이다. 마치 산사의 가을 풍경을 보는 것 같다. 이처럼 불법의 깊은 이치가 별세계에 있는 것이 아니라 잎 지고, 고요하고, 해 지고, 구름 날고, 아무라도 볼 수 있고, 누구라도 느낄 수 있는 일상의 생활 속에나 풍경 속에 들어 있다.

이것은 그 유명한 진묵(震默)스님이 남겨진 글이다.

'天衾地席山爲沈 月燭雲屛海作樽 大醉據然仍起舞 却嫌長袖掛崑崙

(천금지석산위침 월촉운병해작준 대취거연잉기무 각혐장유괘곤륜)'

　'하늘을 이불삼고 땅으로 자리하고 산을 베개 삼고 구름으로 병풍치고 달빛으로 촛불삼고 바다를 술통삼아 거연히 크게 취해 일어나 춤을 추니 긴 장삼소매자락이 곤륜산에 걸릴까 걱정일세.'

　많은 시인이 있었고 많은 조사들의 청안(靑眼)의 법구(法句)가 있었지만 이렇게 웅대한 포부와 격이 높은 법문은 없다. 참으로 스님들의 빛나는 눈앞에는 십방(十方)도 끊어졌고 삼세도 멸했음이 틀림없다.

　시들만 몰래 훔쳐보아도 능히 한국고승의 면모를 다 볼 수 있는 것 같다. 참으로 광대무변한 진실이 이 시구들 속에서 살아 숨쉬고 있다. 구절구절마다 다 부처님의 법문이며 조사들이 다 부처이다.

4부 앙산혜적(仰山慧寂)의 마음을 가져라

299

사찰은 부처를 찾는 곳이 아니라 자아를 발견하는 곳이다

'부처는 어디에도 없고 어디에도 있다. 그것은 오직 부처를 찾는 방법에 대한 문제에 달려 있다. 왜냐하면 부처란 객관적 대상이 아니기 때문이다.'

사찰이란 자신의 심성(心性)을 닦아 자아를 발견토록 하는 곳이며 삼학(三學)을 제수(齊修)하여 법신에 귀일(歸一)하는 절대 신성하고 지엄한 도량이다.

여기에서 삼학이란 불도(佛道)를 수행하는 자(者)가 반드시 닦아야 할 세 가지 근본 수행인 계학(戒學)·정학(定學)·혜학(慧學)을 이르는 말로 이것을 줄여서 계·정·혜라고도 한다.

계는 악을 저지르지 않고 선을 닦는 계율(戒律), 정은 심신을 고요히 하고 정신통일을 하여 마음이 산란하지 않게 하는 선정(禪定),

301

혜는 번뇌를 파하고 진리를 증득(證得)하는 지혜를 가리킨다. 이 세 가지를 정히 수행하여야만 마음작용이 이루어져 완전한 인격체가 이루어지게 된다.

사찰에서는 아침, 저녁으로 부처님께 예경(禮敬)하고 분향 발원을 한다. 그런데 대개 일반신도들은 예경을 할 때 부처가 따로 있고 나라는 존재가 따로 있는 것으로 생각하기 쉽다. 이 같은 생각은 잘못된 것이다. 만일, 이렇게 이원적으로 피(彼)와 차(此)로 가설하고 주(主)와 객(客)을 갈라 사고를 하는 사람이 있다면 진정 불교와 거리가 먼 사람이다.

왜냐하면 부처란 결코 객관적 대상이 아니기 때문에 상대적으로 생각해서는 안 되기 때문이다. 흔히 예배를 하는 것을 잘못 이해하게 되면 우리가 예배를 드리는 것이 부처님에게 올리는 것이라고 착각하기 쉽다. 물론 이러한 생각을 두고 크게 잘못된 것이라고는 할 수 없다.

그러나 은밀히 말하면 부처님께 정성껏 기도를 올리는 것은 내가 자신의 심성에 경건히 귀의하기 위함이며 내 안의 부처를 발견하기 위한 정진(精進)이라고 할 수 있다. 즉, 부처님은 예배를 받는 대상이고 나는 부처님께 예배를 드리는 존재로 착각하여서는 안 된다는 것이다. 불교는 이러한 기초 위에서 보아야 하며 또한 여기에서 벗어나지 않도록 해야 한다. 만약, 이러한 관점에서 벗어나게 되면 미신으로 흘러가기 쉽다.

우리가 가지고 있는 신심은 부처님이라는 객관적 대상에 대한 믿음이 아니라 곧 자기완성과 자기발견을 통해 자성을 깨달아 이것이 부처라는 확신을 가진다는 의미이다. 이러한 확신을 가진다는 것은 지극히 힘들기 때문에 오랜 수행을 거쳐야만 한다.

진차 다과(珍差 茶果), 향등 촉공(香燈 燭供), 염송 예배, 기도 공양 등 이 모든 의전절차(儀典節次)가 전부 자기도치(自己陶治)와 자성발견(自性發見)이다. 나아가 최고의 인격을 완성시키는 수단과 방법이며 정진(精進) 귀일(歸一)의 길이라는 것을 명심해야 한다. 결코 남의 힘을 빌어서도 안 되며 또한 의존해서도 안 된다. 오직 자기 자신이 노력하여 스스로 자성을 획득해야만 한다. 이것이 불교가 가진 위대한 힘이다.

아미타불을 지극히 염송하여 극락에 왕생하는 것과 관음기도를 일심으로 하여 소원을 성취한 것을 두고 타력(他力)으로 생각하는 사람들이 많으나 이는 잘못된 생각이다. 이것 또한 지극한 일념의 경지에 들어가야만 이룰 수 있는 것으로 온전히 자력(自力)인 것이다.

그러므로 열심히 수행하지 않고 서는 절대로 성취할 수 없는 것이 바로 성불의 길임을 알아야 한다. 이와 같이 아미타불이나 관음보살을 둘로 보면 안 된다. 이것은 둘이 아니라 오직 하나이다.

왜냐하면 우리 중생들의 근기(根機)는 각자가 다 다르며 생각의 차이가 있기 때문에 방편상(方便上) 여러 가지 문(門)을 세워 도의 길을 가지만 종국에서는 오직 성불이라는 대원리로 모아지기 때문이다.

이렇게 얼핏 보면 불교는 매우 복잡한 다변성을 가진 것처럼 느끼기 쉽지만 사실 간편한 일원성(一元性)이며 귀납적(歸納的) 사고를 지닌 종교이다. 즉 '마음이 곧 부처'라는 자성미타(自性彌陀)인 것이다.

천만 가지의 방법과 설명이 모두 자성계발이라는 오직 한 가지에 귀착된다는 사실이다. 이러한 각도에서 불교라는 큰 덩어리를 본다면 너무나 쉬운 종교가 바로 불교라고 할 수 있다.

이 문(門)을 통하는 사람은 알음알이를 버려라

일자(一字)로 그은 선(線)이 일법계(一法界)를 표한 것인가
일심의 깊은 뜻을 원(圓)으로 보인 법이
이 문을 들어서면서 바로 깨쳐라 한 것인가.

일주문을 보고 지은 필자의 〈일주문〉이라는 시조이다.

우리나라 사원의 건물형태는 대개 동일하다고 볼 수 있다. 원래
는 불당이 있고 법당이 따로 있었던 것인데 중간에 내려오면서 불
당이 없어지고 법당으로 통일되어 지금은 어느 절에 가던지 법당이
곧 불당으로 되어 있다. 심지어 요즈음에 와서는 법당인 대웅전 안
에 영혼들의 위패까지 안치되어 차츰 변질이 되어가고 있다. 앞으
로 또 어떻게 그 형태가 변하게 될지 아무도 모른다.

사찰에 들어서면 항상 일주문(一住門)을 만난다. 그리고 그 다음

에 천왕문이나 해탈문 혹은 불이문을 지나 만세루가 있고 정면에 대웅전이 있으며 마당에는 석탑, 석등들이 있고 대웅전을 중심으로 하여 좌체우용의 표현으로 왼쪽에는 비로전, 용화전 등이 있으며 오른쪽에는 관음전, 명부전, 나한전, 팔상전 등이 있다.

이것이 한국사찰이 가진 대표적인 건축규격이다. 다만 사찰의 건축규격이 어느 때부터 이렇게 되었는지는 상세하게 기록되어 있는 것은 없다. 사찰의 건물도 아무렇게나 세워서는 절대로 안 된다. 반드시 좌체(左體) 우용(右用)이라는 대원칙에 의하여 배열되어야만 한다. 체와 용이란 경전에 자주 나오는 말인데 체는 본체란 뜻이며 용이란 화용(化用) 곧 변화의 작용이며 그 용도란 뜻이다. 어떤 물체라도 체와 용이 있고 우리의 심성에도 이것이 들어 있으며 부처에게도 이것이 있다.

기신론(起信論)에서는 체(體), 상(相), 용(用), 삼대(三大)라 하여 구체적으로 설명이 되어 있다. 주불(主佛)을 모셔 놓은 대웅전을 중심으로 하여 좌측으로는 비로전(毘盧殿), 용화전등(龍華殿等)의 화용(化用)이 없는 본체에 전각을 세우고 오른쪽으로는 관음전, 팔상전, 나한전 등의 응화작용(應化作用)이 있는 전각을 세우는 것이 통례로 되어 있다. 그러므로 건물 하나의 위치라든지 법기(法器) 하나라도 제대로 놓아야 한다.

어느 사찰에 가던지 들어가는 입구에 일자로 버티고 섰는 문이 있는데 이를 두고 일주문이라 한다. 이 문은 그 사찰의 면목이라 할 수 있으며 관문(關門)이라 할 수 있다. 더구나 사찰의 첫인상을 풍겨주는 얼굴이기 때문에 비록 작은 규모이기는 하나 매우 중요한 건축물이다.

그래서 일주문은 그 사찰의 전체를 한눈에 볼 수 있는 위용을 갖추고 있어야 하기 때문에 다른 건축물보다 매우 정교하고 장엄하다. 또한 일주문에는 산사와 사찰의 이름이 현액(懸額)으로 걸려 있어 그 사찰의 간판이라고 할 수 있다.

일주문은 건축양식에 있어 오랜 세월이 지나도 결코 무너질 위험성이 없고 안정감을 줄 뿐만 아니라 역학적으로도 매우 특수하게 설계되어 있다. 더구나 기둥이 횡으로 세워져 있어도 비바람 속에서도 오랜 세월을 넉넉히 이겨낸다. 그렇기 때문에 사찰에서도 매우 귀중하게 다루는 건축물이다.

일주문의 특색은 바로 일(一)이라는 형태에 그 비밀이 있다. 이문을 경계로 하여 속계(俗界)와 진계(眞界)가 갈라진다고 해도 결코 틀린 말이 아니다. 문밖까지는 번뇌가 끓고 망상에 허덕이고 생사의 파랑(波浪)에서 갈피를 잡을 수 없도록 표침하다가도 이 문턱을 밟고 들어서는 순간 모든 번뇌와 망상이 가라앉고 청정무구한 본래면목으로 돌아가 자신을 반조(返照)하고 불세계(佛世界)인 상적광사(常寂光土)에 들게 되는 것을 일(一)로 표현한 것이라 볼 수 있다.

일(一)이란 일심(一心)혹은 일원상(一圓相), 일진여(一眞如), 일법계(一法界), 일물(一物) 등의 뜻으로 해석된다. 다시 말해 문밖에서

까지 분주하고 시끄럽게 일어나고 있던 모든 망식작용(妄識作用)이 일주문을 들어서는 그 순간부터 일심으로 돌아가 일법계 일원상 일진여로 귀합 통일되는 것을 의미한다. 아울러 청정한 일심이 되어 정진과 수행의 길로 들어서게 되는 것을 의미한다.

여기에서 일심이란 한마음의 뜻으로서 산란(散亂)과 소요가 사라지고 마음이 청정한 상태가 되는 것을 말하며 일법계란 법계를 강조한 것으로써 하나의 진리 세계가 몸체 전부를 들어내어 참 진리의 문을 짓는 것을 상징한다.

일원상이란 마음을 표시한 대명사이다. 마음이란 장단(長短)도 없으며 고금(古今)도 없으며 대소광협(大小廣狹)을 초월하였으며 십방(十方)과 삼세에 구애되지 않는다. 이것은 작고 크기도 하며 밝고 어두우며, 오고 가기도 하는 자재무애(自在無碍)하고 생사무관한 것이다. 따라서 이것을 부득이 무엇이라고 표현할 수가 없다. 이것을 두고 일원상이라고 하는 것이다. 그러나 엄밀하게 말하면 일원상이란 이 말까지도 합당하다고 할 수 없다. 이것이 일주문이 가지고 있는 중요한 내용이다.

이렇듯이 일주문은 사찰에서 매우 심오하고 미묘한 뜻을 가지고 있다. 그러므로 수행자와 불자들이 이 일주문을 들어서거나 나갈 때는 자신의 마음을 괴롭히는 번뇌와 망식을 모조리 멸해야 한다.

탐욕은 고통으로 가득 차 있어 무서운 재앙을 불러일으킨다

'탐욕이란 만족을 모른다. 비록 그것이 그릇된 것임을 알더라도 마음이 고요하지 못하면 결코 탐욕의 속박에서 벗어날 수 없다.'

부처님이 말씀하시기를 탐욕에는 반드시 쾌락과 재앙이 따른다고 한다. 탐욕이란 어떤 것을 얻는다고 하더라도 만족할 줄 모르는 인간의 마음을 말한다.

탐욕의 대상은 다섯 가지가 있는데 사람이 가진 눈(眼), 귀(耳), 코(鼻), 혀(舌), 촉(觸)이다. 눈은 좋은 물건만을 보려고 하고, 귀는 좋은 소리, 코는 좋은 냄새, 혀는 맛있는 것, 촉은 좋은 감촉만을 느끼려고 한다. 이것들은 거의 본능적이다.

재미있는 것은 우리의 몸에 달린 이 다섯 가지가 우리의 의지와는 상관없이 보다 즐거운 것을 향하고 쾌락만을 쫓아간다는 것이다. 이와 같이 사람이 쾌락과 만족을 추구하는 근본적인 이유는 사람의 마음이 이 다섯 가지의 본능에 의해 이끌리기 때문인데 이것을 제대로 다스리지 못하게 되면 평생 탐욕의 노예가 되기 쉽다.

원래부터 인간의 마음은 옳고 그릇된 것을 판단하는 기준이 서 있다. 그러나 좋은 것을 보게 되면 저절로 탐심(貪心)이 생겨 자신의 마음으로 제어할 수 없어 큰 잘못을 저지르게 되고 그것으로 인해 심각한 고통에 빠지게 된다.

부처님이 말씀하신 "비록 그릇된 것임을 알더라도 마음이 고요하지 못하면 결코 탐욕으로부터 벗어날 수 없다"고 하신 것도 그 탓이다. 여기에서 마음이 고요하지 못한 사람이란 스스로 어떤 탐욕의 생각으로부터 자신의 마음을 제어하지 못하거나 항상 생각이 산만한 사람이다.

사람이 자신의 마음을 다스리는 일이 굉장히 쉬울 것 같지만 이것보다 더 어려운 일은 이 세상에 없다. 자신의 마음을 다스리는 사람은 이미 훌륭한 사람이라고 할 수 있다.

그런데도 불구하고 우리는 탐욕을 버리지 못해 고통 속으로 빠지게 되는 것을 많이 보게 된다.

내가 알고 있는 한 불자가 있었다. 그는 젊어서부터 참으로 열심히 일을 하여 큰 부자가 되었다. 그런데 그는 얼마 전부터 고민이 하나 생겼는데 바로 서른 살이 넘은 자신의 아들 때문이었다. 그의 아들은 그 아버지의 재산만을 믿고 일은 하지 않고 거의 매일 빈둥

빈둥 놀기만 했다.

그는 이를 보고 참다 참다 견디지 못하고 자신의 전 재산을 사회 단체에 기부를 하겠다고 아들에게 알렸다. 아들은 그 순간 거의 미쳐 날뛰다가 자해(自害)를 하기까지 이르렀다. 끝내 아들의 이런 모습을 보고 기부를 포기해야 했다. 그 후 부처님을 만나 귀의하면서 마음의 평안을 얻었다.

사람은 부자가 되었다고 해서 모두 만족한 삶을 사는 것은 결코 아니다. 우리나라의 제일 큰 기업의 모 회장의 막내딸도 자살한 사건이 있다. 이것은 비단 겉으로만 드러난 일일 뿐이다. 중요한 것은 모두 자신의 마음을 다스리지 못해 생기는 일들이라는 점이다.

우리가 지금 겪고 있는 모든 괴로움은 탐욕으로 인해 생기는 갈등이다. 이 탐욕 때문에 정치인들이 서로 싸우고, 부모 자식 간에 다툼이 일어나고, 형제끼리 싸우고, 때론 친구끼리 다투게 된다. 나중에는 돌이킬 수 없는 악의 구렁텅이로 빠지게 되는 원인이 된다.

어느 날 샤카족의 왕인 마하나마가 부처님에게 이렇게 여쭈었다.

"부처님 저는 오랫동안 탐욕과 성냄과 어리석음이 마음의 더러움이라고 가르쳐 주신 부처님의 말씀을 감사히 받들어 왔습니다. 그러나 아직도 그와 같은 번뇌가 제 마음을 사로잡고 있습니다. 그래서 저는 무엇인가 제 마음에서 버려야 할 것이 있다고 생각되는데 그것이 무엇이옵니까?"

부처님이 말씀하셨다.

"그렇다. 마하나마여, 탐욕과 성냄, 어리석음이 아직 그대의 마음 속에서 사라지지 않았기 때문이다. 사람들은 탐욕으로 인해 몸과 말, 생각으로 온갖 악업을 짓고 죽은 후에는 지옥에 떨어져 온갖 고통을 만든다. 이것이 탐욕의 원인이다."

부처님은 중생의 마음을 깨끗하게 하고 걱정과 두려움에서 건지며 고뇌와 슬픔을 없애고 바른 법을 얻게 하는 가르침을 두고 사념처(思念處)라고 말씀하셨다. 사념처란 몸(身), 수(受), 심(心), 법(法)을 말하는데 여기에서 몸은 자신의 신체를 바르게 하는 것, 수는 몸과 마음이 때와 장소에 따라 느끼는 작용, 심은 자신의 마음을 관찰하는 법, 법은 어떤 것이 올바른 것인가를 관찰하는 것. 이 네 가지가 바로 인간의 탐욕을 지우는 방법이다.

인간의 탐욕은 한마디로 끊기가 매우 어렵다. 이러한 탐욕의 어리석음 속에서 벗어날 수 있는 방법은 오직 마음을 고요히 하여 항상 자신의 사념처를 다스리는 일밖에 없다. 그래야만 고통 속에 더 이상 빠지지 않게 된다.

깨끗한 손을 가진 이는 더 이상 미혹한 생을 살지 않는다

'세존이 제자들에게 이렇게 말했다. 그대들은 나의 아이들이다. 나의 입에서 태어났고 진리에서 태어났다. 또한 진리에 의해 만들어진 아이들이다. 그러므로 그대들은 재산의 후계자가 아니라 진리의 후손들이다.'

석가모니 세존이 제자들에게 설한 법문들은 모두 가슴을 울리는 것들이다. 그중에서도 보시(布施)에 대해 이야기하겠다. 보시란 보살의 실천덕목인 육바라밀(六波羅蜜) 가운데 하나인데 단나(檀那)로 음역한다.

대개 보시란 자비의 마음으로 다른 사람에게 아무런 조건도 없이 널리 베푼다는 뜻을 가지고 있다. 일반적으로 베푸는 것에는 재물로 베푸는 재시(財施)와 진리를 가르쳐 주는 법시(法施), 어떤 두려움과 고통으로부터 구제해 주는 무외시(無畏施) 등으로 나누어진다.

그러나 요즘에는 일반적으로 불공이나 불사(佛事)를 할 때에 신도들이 일정한 금전이나 물품을 내놓는 일을 말하는데 이러한 보시를 하면서 그에 대한 어떤 도움을 받으려고 하는 마음을 조금이라도 가지고 있으면 그것은 보시라고 할 수 없다.

만공 스님과 경허 스님의 보시에 대한 재미있는 일화가 있다.

어느 날 경허 스님과 만공 스님이 길을 가다가 아이들이 개구리를 잡아서 팔고 있는 것을 보았다. 이것을 본 만공 스님이 개구리를 가엾게 여겨 그날 시주 받은 돈을 가지고 개구리를 모두 사서 냇가로 다시 돌려보내었다. 그야말로 만공 스님은 훌륭한 일을 했던 것이다. 그런데 문제는 그것이 아니었다.

길을 가다가 만공 스님이 경허 스님에게 개구리를 방생한 이야기를 하였다.

"스님, 제가 오늘 아이들이 팔고 있는 개구리를 사서 방생을 하였습니다. 좋은 일을 했지요."

그런데 경허 스님은 오히려 칭찬을 하기는커녕 핀잔을 주었다.

"녀석아. 너는 좋은 일을 하였지만 내게 말을 한 순간 그것은 훌륭한 보시가 아니다."

만공 스님은 경허 스님의 말씀을 듣고 그 순간 보시에 대한 중요한 것을 또다시 깨달았던 것이다.

금강경에 보면 이런 말이 있다. '산더미 같은 칠보로 보시를 하더

라도 이는 사구 게의 경 하나를 전하는 것만 못하다' 또한 대승기신
론에는 '칠보보시보다 대승기신론을 하루 베고 자는 것이 낫다'는
이야기도 있다.

이것도 보시에 대한 바른 견해를 피력한 것이다. 보시를 함에 있
어 많고 적음이 중요한 것이 아니라 보시를 하는 마음이 더 중요하
다는 것을 피력하고 있는 것이다.

왜냐하면 보시라는 말은 공덕의 개념일 뿐, 분별과는 동떨어진
개념이다. 그러므로 불교에서는 보시를 하여 공덕을 얻겠다는 이러
한 생각을 가지는 것조차 옳지 않다고 보기 때문이다.

부처님이 제자들에게 이런 말을 하였다.

"제자들아, 이 세상에는 두 가지의 보시가 있다. 하나는 재물의
보시와 진리의 보시가 있다. 이 중에서 훌륭한 보시는 진리의 보시
이며 또한 이 세상에는 두 가지의 분배가 있다. 하나는 재물의 분배
와 진리의 분배인데 그중에서 진리의 분배가 훌륭하다.

이밖에 두 가지의 공양이 더 있다. 재물의 공양과 진리의 공양이
그것인데 이 중에서 진리의 공양이 더 훌륭하며 재물의 은혜와 진
리의 은혜 중에 진리의 은혜가 더 훌륭하고 값지다."

우리는 세상을 살면서 재물에 너무 집착을 하는 경향이 많다. 사
실, 이보다 더 중요한 것은 재물이 아니라 마음으로 전하는 진리이
다. 절에 가서 보시를 하거나 부처님에게 올리는 공양들은 재물보
다 진실한 마음으로 공양을 해야 한다는 뜻이다.

불법(佛法)의 이치를 깨달아라

“ 남을 돕고 사랑하는 것도 불법(佛法)이요, 부모를 위하는 마음도 불법이요,
길에서 휴지를 줍는 것도 불법이며, 남을 용서하는 것도 불법이다.
또한 봄이면 꽃이 피고 가을이면 꽃이 지는 것, 이 사계(四季)가 모두 불법이며
이 세상 불법 아닌 것은 하나도 없다.
그러므로 불법이란 전적으로 사람의 마음에 달려 있다. ”

진실로 너희들의 소유가 아닌 것은 다 버려야 한다

'죽은 뒤에 사람이 가지는 것은 몸을 덮을 삼베옷과 자신의 육체를 덮는 관뿐이다. 이마저 세월이 흐르면 삭아 없어진다.'

욕심의 주범은 애초에 자기 것도 아닌데 그것을 마치 자기 것으로 착각하는 데에 있다. 세상에서 공짜라는 것은 없다. 자신에게 돌아오는 재물과 명예는 모두 자기 노력의 결과이다. 그러므로 일을 하지 않고 무엇인가를 얻으려고 하는 것은 잘못된 생각이다. 만약, 열심히 노력하지 않고 얻어지는 것이 있다면 그것은 범죄에 지나지 않는다.

불교경전에는 이러한 인간의 어리석음을 꾸짖는 내용들이 많다. 《백유경》은 그중에서도 우화적으로 인간의 어리석음을 꾸짖는 경전이다. 인도의 상가세나 스님이 쓴 경전으로 98개의 이야기가 담겨져 있는데 그중에서 인간의 탐욕에 관한 내용을 소개하겠다.

'옛날에 어떤 가난한 선비가 길을 가다가 우연히 돈뭉치를 주웠다. 그는 매우 기뻐하며 돈을 그 자리에 서서 세고 있었다.

그런데 미처 다 세어 보기도 전에 돈 뭉치를 잃어버린 주인이 갑자기 나타나서 빼앗기고 말았다.

그는 돈 뭉치를 가지고 빨리 그 자리를 떠나지 못한 것을 후회하다가 결국 마음의 병을 얻고 말았다.'

참으로 재미있는 우화이다. 이 짧은 글 속에서 상가세나 스님이 전하고자 하는 것은 욕심 많은 인간의 심리이다. 처음부터 그 돈 뭉치는 자기 것이 아닌데도 마치 자기 것을 잃어버린 것처럼 후회를 하다가 마침내 병을 얻고마는 한 어리석은 선비야말로 우리시대의 자화상이라고 할 수 있다.

이 글 속에 나타난 선비는 불교에서 말하는 삼독 중 탐욕과 어리석음을 동시에 가진 사람이다. 자기 것이 아닌데도 불구하고 쓸데없는 탐욕을 가지는 것과 그 돈을 빼앗기고 말았다는 어리석은 생각이 바로 그것이다.

만약 이 선비가 애초부터 이 돈을 잃어 버린 사람에게 되돌려야 주어야겠다는 바른 생각을 가졌다면 오히려 마음의 행복을 얻었을 것이다. 이렇듯이 사람은 생각하기에 따라서 행복과 불행을 얻을 수 있다.

상가세나 스님이 《백유경》에서 말하고자 하는 것은 사실, 삼독(三

毒)이 아니라 불법에 있어서의 삼보(三寶)이다. 사람이 불법승(佛法僧) 삼보의 불법을 만났더라도 자신이 부지런히 수행을 하지 않는다면 그것은 남의 것과 같다는 말이다.

'오늘은 이 일을 하면서도 내일은 저 일을 하면서도 그것에 즐겨 집착한 탓에 괴로움을 못 보다가 죽음과 도적이 다가오는 것을 깨닫지 못한다. 총총히 갖가지 일하는 것. 범부로서 누구나 그러하거나 마치 돈을 세는 사람처럼 범부의 하는 일도 그러하다'는 상가세나 스님이 우리들에게 던져 주는 교훈은 매우 크다.

우리는 세상을 살면서 제가 가진 것이 부족하다고 한탄을 하는 경우가 많다. 그런데 의외로 자신이 가진 것이 남보다 더 귀중하고 소중하다는 것을 종종 발견한다. 그런데도 불구하고 남의 것을 지나치게 탐하거나 빼앗기를 밥 먹듯이 하는 세상에 우리는 살고 있다.

지금 우리는 참으로 부처님의 불법이 그리운 시대에 살고 있다.

이 세상에 자기 것은 하나도 없다. 다만 지금 자기가 가지고 있는 것은 잠시 누군가로부터 빌린 것에 지나지 않는다. 내가 가진 재물, 내가 가진 명예, 나의 가족, 심지어 자신의 목숨까지도 잠시 빌린 것에 지나지 않는다는 말이다.

우리가 백년도 되지 않는 이 세상을 살면서 욕심의 끈을 놓지 못하고 끝까지 탐하게 되면 지옥으로 떨어지는 원인이 될 수 있다.

죽은 뒤에 사람이 가지는 것은 몸을 덮을 삼베옷과 자신의 육체를 덮는 관뿐이다. 이마저도 세월이 흐르면 다 삭아 없어지는 것이 우리의 육신이다. 이 얼마나 부질없는 삶인가? 그런데도 불구하고 손에 쥔 것을 끝까지 놓지 못하는 마음을 보면 그저 안타까울 따름이다.

애초에 우리는 어머니의 뱃속에서 깨끗한 빈손으로 태어났다. 다만 죽음이란 것도 그 깨끗한 빈손으로 다시 되돌아가는 것에 지나지 않는다. 이것을 알게 되면 이 세상에서 버려도 아까울 것이 하나도 없다.

계(戒)는 열반으로 들어가는 문이며
즐거움을 누릴 수 있는 씨앗이다

'계와 선정을 몸에 지니고 해탈을 얻었음을 깨닫는 지혜를 가지는 것은 가르침을 잘 깨우친 사람이며 또한 가르침을 전해 주는 사람이며 가르침을 잘 설해 주는 사람이다. 그가 바로 비구이다.'

부처님이 제자들에게 한 설법이다. 우리는 가끔 길을 걷다가 혹은 절에서 스님들을 만날 때가 있다. 여기에서 스님이란 일반인들과 다른 수행자를 뜻하며 부처님의 제자들이다.

때문에 계를 지키고 열반을 위해 수행하는 스님들은 일반불자들이 경건하게 대해야 할 분들이다. 그런데도 불구하고 불자들은 스님 앞을 지날 때 가벼운 목례조차 하지 않는 모습을 종종 본다.

부처님은 "비구들을 섬기고 봉사하고 존경하는 사람은 계의 덩어리(戒蘊)를 완전하게 수행하지 않았어도 그것을 완전하게 수행하게 되며 이런 사람은 선정의 덩어리(定蘊), 지혜의 덩어리(慧蘊), 해탈의 덩어리(解脫蘊), 또한 해탈을 깨닫는 지혜의 덩어리(解脫知見蘊)을 완전하게 수행하지 않았더라도 그것을 완전하게 수행하게 된다."라고 말씀하셨다.

이는 일반 불자들이 스님들을 존경해야 할 궁극적인 이유이다. 부처님의 제자를 섬기는 것만으로도 절대적인 공덕을 얻는다는 것을 부처님이 강조한 것이다. 그런데도 불구하고 스님들을 그저 수행의 한 사람 정도로만 여기는 것은 큰 잘못임을 불자들은 알아야 한다.

스님들은 깨달음의 교사이며 탐욕을 버린 사람이며, 어둠을 깬 사람, 빛을 내는 사람이다. 왜냐하면 스님들은 철저한 계를 통해 해탈의 문으로 가고 있는 수행자이기 때문이다. 물론, 스님들도 불자들에게 존경받는 수행자로 인식되기 위해서는 철저한 계를 지켜야만 한다.

계를 잘 지키면 그 공덕이 쌓이고 쌓여 향기처럼 사방에 널리 퍼진다고 해서 계향(戒香)이라고 한다. 계에는 오계, 십계, 보살 사십계, 비구 이백오십계, 비구니 삼백사십팔계 등이 있는데 계는 단적으로 나를 지키는 하나의 방편(方便)이라고 할 수 있다.

그래서 부처님은 보름에 한번씩 하는 포살(捕殺)을 행하였던 것이다. 이와 같이 계를 지키는데 있어 가장 중요한 것은 무비무악(無非無惡), 무질투, 무탐진이다. 남을 시비하지 않아야 하고 남의 허물을 보지 말아야 하며 남의 것을 탐하지 않아야 한다. 이것이 수많은 계 중에서도 가장 근본적인 것이라 할 수 있다.

이런 마음을 가지고 있지 않은 상태에서 아무리 계를 실천한다고 해도 그것은 모래로 지은 탑에 불과하여 일순간 작은 바람에도 허물어지기 쉽다.

다행히 조계종에서 스님들이 스스로 잘못을 깨닫고 뉘우치는 포살결계법을 얼마 전부터 통과시켰다고 하니 무척 반가운 일이 아닐 수 없다.

《열반경》에 보면 '만약 죄를 지었으면 감추지 말아야 한다. 감추지 않으면 죄가 가벼워지고 부끄러움을 느끼면 그 죄악 자체가 소멸 된다'라고 적혀 있다. 석가모니 부처님이 포살을 행한 것도 바로 이러한 뜻이 숨겨져 있었던 것이다.

오늘 날 사람들은 자신의 잘못을 스스로 인정하지 않으려는 경향이 많다. 심지어 잘못을 하고도 뉘우치기는커녕 자신의 잘못을 지적해준 사람에게 오히려 화를 입히는 일이 비일비재하다.

어느 날 부처님께서 대중들과 함께 법당에 앉아 포살을 하고 있었다. 그런데 한참이 지나도록 부처님은 말씀은커녕 미동도 하지 않고 있었는데 이것을 본 목련존자가 부처님의 마음을 읽고 둘러보다가 계율을 범한 자를 발견하여 이렇게 소리쳤다.

"여보시오. 어서 이 자리에서 일어나 떠나시오. 부처님께서는 당신이 계율을 범했음을 알고 있소. 어서 이 자리에서 일어나 나가시

오."

목련은 그의 팔을 끌어 밖으로 내쫓았다.

이를 본 부처님이 목련존자에게 이렇게 말씀하셨다.

"목련아, 너의 행동도 잘못 되었다. 다음에도 그래서는 안 된다. 어찌하여 너는 그에게 자신의 잘못을 고백할 시간을 주지 않았느냐. 나는 그 시간을 기다렸던 것이다."

부처님은 모든 현상을 앞에다 두고 너무 길게 현실의 선을 긋거나 짧게 긋는 것은 잘못임을 목련존자에게 깨치게 했다.

우리는 세상을 살아가면서 자의든 타의든 수많은 계를 어기게 된다. 그러나 그러한 계를 어기는 것보다 그에 대한 잘못을 인정하고 스스로 뉘우치는 것이 더욱 중요하다, 그래야만 또 다시 계를 범하는 우(愚)를 범하지 않기 때문이다.

사람이 계를 지키는 것은 남과의 약속이 아니라 자기와의 약속이다. 지키지 못할 약속을 하는 것보다 더 어리석은 사람은 없다. 왜냐하면 '스스로 부끄러움을 느껴 아는 것' 보다 더 지혜로운 것은 없기 때문이다.

열심히 공부를 하고 수행을 하라

'수레는 깨지면 갈 수 없고 사람이 늙으면 수행할 수 없는 것처럼 공부를 하지 않는 사람은 바퀴가 깨친 수레처럼 아무런 쓸모가 없다.'

원효는 한국불교사상에 가장 위대한 족적을 남긴 스님이다. 윗글은 그가 《발심수행장》에 남긴 마지막 글이다. 원효가 한국불교의 태동인 신라불교에 끼친 업적이 없었더라면 오늘날 한국의 대중 불교 사상 또한 존재하지 않았을 수도 있었다.

수레가 깨진다는 것은 쓸모가 없다는 말이다. 이와 같이 사람이 젊어서 공부를 하지 않으면 늙어서는 수레처럼 몸뚱이가 깨지기 때문에 수행을 할 수 없다는 뜻이 된다. 사람에게 공부와 수행을 하는 것도 다 때가 있다는 말이다.

그럼 원효 스님이 말하는 수행이란 무엇을 말하는 것일까?

원효가 잠을 자다가 잠결에 목이 말라 해골 속에 담긴 물을 먹고 대오(大悟)를 한 것이나 거리에 나가 "누가 내게 자루 없는 도끼를 주겠는가? 내 하늘을 받칠 기둥을 깎으리라(誰許沒柯斧 我斫支天柱)"라고 노래한 것이나 모두 정견(正見)에 따른 것이다. 여기에서 정견이란 팔정도의 하나로써 사제(四諦)의 이치를 알고, 제법(諸法)의 참된 모습을 바르게 판단하는 지혜를 말한다.

여기에서 '자루 없는 도끼'란 큰 이상을 가지고 있으나 기회가 없다는 뜻이다. 만약 그런 기회를 준다면 큰일을 할 수 있다는 원효 스님의 꿈이다. 이 이야기를 들은 태종무열왕은 자신의 딸인 요석공주(瑤石公主)와 연을 맺어 주어 그녀와의 사이에서 설총이 태어났으나 이 사실을 스스로 파계(破戒)로 단정하였다. 그는 마침내 승복을 벗고 소성거사(小性居士), 복성거사(卜性居士)라 이름하고, '무애가(無碍歌)'를 지어 부르며 불교를 민중 속에 전했다.

원효 스님의 행동을 불교적 관점에서 해석을 하면 대단히 파격적인 것이다. 이처럼 당시의 시대적 상황으로 볼 때 원효 스님이 신라불교에 끼친 영향은 실로 엄청나다고 할 수 있다.

그가 남긴 저서《금강삼매경론(金剛三昧經論)》,《대승기신론소(大乘起信論疏)》,《법화경종요(法華經宗要)》,《발심수행장(發心修行章)》등은 오늘날 한국불교를 이해하는데 훌륭한 자료가 되고 있다. 이러한 관점에서 볼 때 원효 스님은 비록 파계를 하였지만 공부와 수행을 게을리하지 않았던 대선각(大先覺)자였다.

원효 스님의 공부는 모두 '정견'에 그 바탕을 둔 것에 다름 없다. 한국불교사의 발심수행과 출가수행의 방법을 기술한 《발심수행장》은 현존하는 최고의 문헌으로 평가받고 있는데 문장이 매우 평이해 오늘날까지도 불교 초심자나 사미승(沙彌僧)이 제일 먼저 읽는 책으로 알려져 있다.

그럼 원효 스님이 말하는 '정견'을 얻는 자세란 어떤 것을 말할까?

첫째로 '탐욕을 끊고 수행하라'. 모든 부처님이 적멸궁을 아름답게 꾸민 것은 욕심을 끊고 수행에 정진을 한 까닭이요. 중생들이 불타는 집에서 고통을 받는 것은 끝없는 탐욕 때문이다.

둘째 '출가하여 용맹정진하라'. 추운 법당에서 절을 할 때 무릎이 얼음장같이 차가워도 불을 생각하는 마음을 없애고 굶주린 창자가 끊어지는 듯 하여도 먹을 것을 찾지 말라. 잠깐이면 백년이 지나는데 수행하지 않고 게으르며 졸기만 할 것인가.

셋째 '참된 수행자가 되라'. 계와 지혜를 갖추는 것은 굴러가는 수레의 두 바퀴와 같고 자기도 이롭게 하고 남도 이롭게 하는 것은 날아가는 새의 두 날개와 같다.

넷째 '부끄러움이 없는 삶을 살라'. 세상의 즐거움 뒤에는 반드시 고통이 따른다. 한 번 참으면 오랜 즐거움이 되는데 어찌하여 참된 도를 닦지 않는가.

다섯째 "늙으면 수행하기 어렵다'. 망가진 수레는 굴러갈 수 없듯이 인생 또한 늙으면 수행할 수 없다. 누우면 게으름만 생기고 앉아 있어도 어지러운 생각만 일어난다.

　　참으로 읽으면 읽을수록 골수(骨髓)에 사무치게 하는 내용들이다. 이것이 원효가 얻어내고자 하는 정견이었다.

　　석가모니 부처님이 느꼈던 인간의 생로병사의 고통이나 원효가 느낀 정견이나 다 한 가지이다. 이것은 다름 아닌 계와 지혜를 갖추는 것과 같다.

불교란 마음의 때를 벗기는 종교

'마음에 허물이 없고 어리석음이 없으며 어지러움이 없어야만 강한 사람이 될 수가 있다.'

우리가 절에 와서 부처님께 기도를 하고 스님의 법문을 듣는 것은 마음의 때를 벗겨 청정법신이 되기 위함이다. 그저 절에 와서 가정이 화목하고 건강하게 해달라고 비는 것은 한갓 기복 신앙에 지나지 않는다. 불교의 근본 사상은 그런 기복신앙에 있는 것이 아니라 자기 자신의 마음속에 든 삼독을 지워 스스로 부처가 되기 위함이다.

그럼 그 마음의 때를 벗겨주는 분은 누구일까? 그 분은 바로 부처님이요 관세음보살님이다. 마음의 때를 벗기는 일은 단순히 절에 와서 기도를 한다고 해서 저절로 되는 것이 아니다. 공안을 세우고

그것을 타파하기 위한 각고한 수행정진을 하고자 하는 '마음다짐' 이 있어야만 한다.

선종(禪宗)에서 불가의 수행자가 깨달음을 얻기 위해 참구(參究) 하는 문제를 공안이라 하는데 이는 원래 공부안독(公府案牘)의 약칭 이며 선(禪)의 과제로 삼아 인연화두(因緣話頭)라고도 한다.

수행정진 방법에는 돈오돈수, 돈오점수, 점오점수 또는 점오돈수 라는 것이 있다. 현재 불교에서는 이러한 수행방법을 두고 많은 이 견(異見)이 있다. 돈오란 어느 순간 갑자기 깨닫는 것을 말하는 것이 고 점수란 열심히 수련하여 조금씩 깨닫는 것을 말한다.

그러므로 수행을 하여 차츰 닦지 않고 단방에 깨치느냐 아니면 수행을 통해 천천히 올라가서 깨치느냐의 차이를 두고 지금도 많은 논란이 있다. 예를 들면, 얼음은 본래 물로 되어 있지만 그렇다고 얼음을 물로 부를 수는 없다. 얼음을 녹이면 물이 되지만 녹이기 전 에는 물이 아니라는 말이다. 공안타파도 이와 같다.

이밖에 '해오(解悟)'라고도 하고 '알음알이'라고도 하는 것이 있 는데 이것은 책을 읽거나 이야기를 듣고 그런가보다 느끼는 것을 말한다. 이렇게 되면 순식간에 의심이 사라지게 되는데 정확하게 말하면 이것은 올바른 수행 방법이 아니다.

현재 우리 불교에서는 이러한 수행방법 중에서도 간화선을 정립 하고 있는 단계에 있다. 간화선(看話禪)이란 화두를 참구하여 깨달 음에 이르는 참선법이다. 선에도 외도선, 범부선, 소승선, 최상승선 등이 있는데 이는 규봉 종밀 스님이 주창한 것이다. 또 선의 종류에는 여래선, 조사선, 현재 조계종에서 주창하는 간화선과 묵조선이 있다.

외도선은 천상에만 올라가기 위해 하는 선을 말하는 것이고, 범부선은 운동하는 사람이 먼저 삼십 분 정도 자리에 앉아서 좌선하는 것을 말하는데 이것은 그냥 머리를 맑게 하기 위해서 하는 선이다. 은밀히 말하면 이것은 선이 아니다. 의리선(義理禪)은 책이나 이야기를 듣고 실재로 가보지 않고 그것이 모든 것인 양 거기에서 끝내버리는 것을 말한다. 여래선은 한 단계 더 올려서 물에다 도장을 찍는 것과 같다.

조사선은 달마 스님이 주창한 선인데 이것은 여래의 청정선이다. 허공에다가 바로 도장을 찍은 것과 같다. 진흙에다 도장을 찍으면 표가 나고 금방 굳어지지만 물에다가 도장을 찍으면 흔적은 남으나 곧 사라진다. 그러나 허공에다가 찍으면 아무런 흔적도 남지 않는다.

옛날 남종선, 북종선은 육조 스님이나 신수 스님을 통해 나오는데 우리가 많이 공부하는 것은 육조 스님이다. 사실 그 때는 돈오점수니 점오돈수니 이런 말이 없을 때다.

이 중에서 신수 스님이 주창한 것은 형태가 있는 것을 말한 것이다. 그는 신시보리수(身是菩提樹) 심여명경대(心如明鏡臺) 시시근불식(時時勤佛拭) 물사야진애(勿使惹塵埃)라고 했다. 즉 이 몸은 보리와 같은데 마음은 명경대와 같다는 말이다.

마음이라는 거울에 이끼가 많이 끼니까 부지런히 갈고 닦아서 진애(塵埃)가 끼지 못하도록 하자는 말이다. 그런데 사람들은 이 글귀만 외우면 극락간다고 하니까 다들 외우고 다녔다. 사실, 이것은 깨치지 못한 글귀에 불과하다.

반대로 육조 스님은 '보리본무수(菩提本無樹) 명경역비대(明鏡亦非臺)' 라고 신수 스님과는 전혀 다른 정반대의 이야기를 했다. 이는 보리가 나무가 아니라는 말이다. 명경에는 아무것도 없으며 본래무일물(本來無一物) '즉, 한 물건도 없는데 물사예진애라 티끌을 닦을 것이 있느냐 없느냐를 물었더니 하처야진애(何處惹塵埃) 즉 어느 곳에 티끌과 먼지가 없으니 닦을 것이 없다' 라고 말해 버린 것이다.

그러면 이제 우리의 현상은 어떠할까. 우리의 현상에는 업이 많고 지중하여 부지런히 닦아야 한다. 앉아서 금방 돈오돈수로 깨달아 버리면 깨달아도 이수돈오(理雖頓悟)나 사비돈제(事非頓除)에 지나지 않는다. 즉 이치로서는 이미 깨달아 다 알았지만 몇 생을 두고 흘러나오는 그 습관은 제어하지 못하므로 닦아야 한다.

그래서 '일체유위법 본무진실상 어상약무상 즉명위견성(一切有爲法 本無眞實相 於相若無相 卽名爲見性)' 이라고 했다. 원래 일체유위법은 실상이 아니므로 상을 버리고 만약, 그 상에 아무것도 없으면 이것을 일러서 곧 견성이라고 했던 것이다.

지금까지 말한 것은 우리가 수행하는 과정에 대해서이다. 불자들이 수행할 때 꼭 필요한 것들이다.

　이 세상을 살아가면서 시시비비를 해서는 안 된다. 집착을 하고 시시비비를 하게 되면 모든 것이 다 깜깜해져 버리기 때문에 옳고 그른 것을 다 놓아 버리고 사는 것이 최상이다.

　그러므로 산산수수가 임자한인 것이다. 그렇게 되면 '산이면 산, 물이면 물' 처럼 있는 그대로 다 보이며 나중에는 시시비비도불관산산수수임자한(是是非非都不關 山山水水任自閑)이 된다.

　만약 이렇게만 되다면 '약문서천안양국(若問西天安養國) 백운단처유청산(白雲斷處有靑山)'이 된다. 만약 서천에 있는 안향국을 묻는다면, 서방정토 극락세계가 저 십만팔천 마일 밖에 있는 것이 아니라 바로 이 자리임을 알게 될 것이다. 이것은 마치 흰 구름, 안개가 바람에 훅 날려 가고 그 자리에 푸른 산이 그대로 나타나는 것과 같은 이치이다.

　이렇게 본래부터 청정한 우리 마음은 흑운(黑雲) 속에 떠 있는 해와 같다. 시커먼 구름 같은 마음속에도 청정하고 밝은 해가 있다는 것을 우리 불자들은 깨달아야 한다. 그 구름이 싹 사라지고 나면 자성의 혜일(慧日)이 현전하게 나타나게 된다. 이는 자성 속에 있는 지혜의 해가 현전하게 솟아난다는 것을 의미하는데 이를 통해 일체망념이 사라진 대공적삼매(大空寂三昧)가 이루어지게 되면 마침내 돈오견성이 이루어지게 되는 것이다.

　이것이 바로 구경불지(究竟佛地)이며 불지광대동허공(佛地廣大同

虛空)이다. '부처님의 지혜는 넓고 그 크기가 엄청난 허공과 같다'라는 말이다. 우리가 속박되어 있는 것은 오직 번뇌, 망상 때문인데 이것 때문에 자유로울 수가 없다. 만약 이것을 여의게 된다면 대자유의 평등한 세계를 만날 수 있다.

그러니까 '약무인행(若無忍行)이면 만행불성(萬行不成)'이라는 말이다. 어떤 일도 참고 견디게 되면 부처가 된다. 그래서 옳고 그름을 따지는 시시비비, 선과 악, 중생과 제불, 아름답고 추하고, 길고 짧음을 가리는 이러한 분별에서 벗어나 비로소 깨치고 나면 누구나 평범하고 똑같아진다. 이는 마치 여래선과 조사선은 손바닥과 손등 차이와 같음을 의미한다.

여래선(如來禪)은 교리적(教理的)으로 흘러가는데, 여래선은 맹렬한 화염 가운데 흰 장미가 핀 것과 같으며 조사선의 뜻은 대해심처(大海深處)에 홍진이 성진해서 진개하는 것과 같다. 즉 큰 바다 저 밑바닥에서 붉은 티끌이 다 일어나 날아간다는 뜻이기도 하다.

비록, 어떤 사람이 득도를 하여 조금만 참선을 하더라도 힘이 막 솟아나서 설법이 줄줄 나오고 모든 것에 능한 것처럼 보이지만 사실 이러한 사람들도 실제 어떤 경계에 다가갔을 때 깜깜해지면 이것은 견성이 아니고 육식에 의한 하나의 망령된 망식에 지나지 않는다.

이와 달리 '몽중일여(夢中一如)'라는 말이 있다. 잠을 자고 꿈을 꾸면서도 일여가 되어야 한다는 말이다. 이러한 숙면일여가 되지 않고 또한 몸의 일여에 도달하지 못한 사람은 스스로 깨쳤다고 말하지만 이는 자기도 그르치고 남도 그르치는 사람인 것이다.

요즘에는 스스로 견성을 하였다는 사람이 주위에 많은 것 같다. 이것 또한 자기 자신에게 가장 큰 죄를 짓는 일이다. 물론 스스로의 믿음이 강해서 생기는 일일지도 모르지만 견성이란 말로 이루어지는 것이 아니며 또한 미득위득(未得謂得)에 지나지 않는다. 즉, 얻지도 못했으면서 얻었다고 자랑하는 것에 지나지 않는다는 말이다.

그러므로 이 법과 깨달음에 있어서는 조금의 허위나 거짓, 가짜가 있어서는 안 된다. 사람이 거짓말하고 살부살모(殺父殺母)하면 참회할 길은 있지만 이 법을 거짓말하게 되면 참회할 곳은 정말 없어진다. 이 말은 납자들에게 하는 말이다.

삼세제불(三世諸佛), 삼세의 모든 부처님은 불 속의 눈과 같다. 이는 불 속에 눈이 떨어진 것과 같다는 말이다. 그리고 '역대조사가 기골태'라, 역대조사가 이렇게 뼈로 되어 있다는 것이다.

모든 생물이 나고, 죽고, 이루어지고 무너지는 것은 마치 이 허공에 핀 꽃과 같다. 여기에서 허공에 피어 있는 꽃은 진실이지만 실재의 꽃은 아니다. 이를 깨닫게 되면 하루하루가 새롭고 날이면 날마다 아주 즐거운 날이 될 수가 있다.

아시다시피 계율이라는 것은 스님들이 지켜야 할 비구 이백오십계 등과 같이 여러 가지 계율이 있고, 보살계를 받은 불자들이 지켜야 할 계율이 있다. 이 계율들은 반드시 지켜야만 행복해질 수가 있는 것이다. 그래야만 세속의 사람으로서 그 도리를 다하고 살 수가 있다.

지금 불교라는 큰 덩어리를 놓고 볼 때, 우리 불자들은 단순하게 불교를 믿는 것으로만 그쳐서는 안 된다. 이젠 불자들도 불교의 지식과 견문, 신심 등 여러 가지 공부를 해야만 한다. 그래야만 바른 수행정진을 할 수가 있으며 올바른 정법을 터득할 수가 있게 된다.

불교를 믿는 신도들을 보면 여러 가지로 생각이 다 다른 것 같다. 그러나 지금은 그 어느 때보다도 우리나라 불교가 신라시대 이후 통불교(統佛敎)로 되어 있다. 통불교여서 그런지 전부 기도도 하고 주력도 하고 참회도 하고 또는 간경 염불, 참선 등 여러 가지를 한다.

무엇을 하든지 간에 본인에게 맞는 것을 하나 딱 잡아채서 정진을 하는 것이 좋다. 이것저것을 다 하면서 우왕좌왕하는 것은 수행에 큰 도움이 되지 않는다. 오직 자신이 정한 방법으로 정진하는 것이 올바른 수행 방법이다.

불교를 지키는 수호신 천왕문(天王門)

겉으로 엄하지만 속속들이 품은 자비(慈悲)
보살(菩薩)의 화현(化現)이라 삼보(三寶)를 받드는 마음
영산(靈山)의 그 날 그 뜻을 잊을 길이 없어라.

큰 절 입구에는 대개 천왕문이 있고 그 안에는 무서운 장군상(將軍像) 같은 정화(幀畵) 혹은 조각(彫刻)으로 조성한 신장(神將)의 모습을 모셔놓은 것을 볼 수가 있다.

어느 절에서는 그 형상이 너무 무서워서 임신부(姙娠婦)가 들어가다가 낙태(落胎)까지 하였다는 이야기가 있을 만큼 소상(塑像)이 엄했다는 이야기가 있을 정도이다. 이것을 사대천왕이니 또는 호세사천왕(護世四天王)이니 하는 것인데 그 유래는 아득히 먼 옛날 파라문교(婆羅門敎)에서부터 있었던 것이라 한다. 이것이 불교로 흡수

되어 굳어진 것이다.

그 근거(根據)의 유래는 무량수경(無量壽經)에서 볼 수 있는데 사대천왕은 수미산(須彌山) 중복(中腹)에 있는 사왕천(四王天)의 주가 되는 제석천(帝釋天)의 불법을 수호하거나 염원하기 위해 불법에 귀의(歸依)한 사람들을 수호하기로 맹세한 호법천신(護法天神)들이다.

동쪽을 맡아 다스리는 신은 지국천왕(持國天王), 남쪽을 맡아 다스리는 천신은 증장천왕(增長天王), 서쪽을 맡아 다스리는 천신은 광목천왕(廣目天王), 북쪽을 맡아 다스리는 천신은 비사천왕(毘沙天王)이다.

이들은 석가세존이 설법(說法)하실 때마다 따라다니면서 호법(護法)의 책임을 다했으며 세세생생(世世生生)에 불법을 옹호(擁護)하겠다는 굳은 서원(誓願)을 하였다.

그러므로 사찰(寺刹)이란 곧 부처님을 모셔놓은 도량(道場)이며 삼보(三寶)가 상주(常住)하는 성지이므로 호법신(護法神)상이 항상 이 성역(聖域)을 수호한다는 표법(表法)에서 연유(緣由)된 것이라 볼 수 있다.

불교에서 가장 높이 평가되고 있는 정신이라면 바로 불이(不二) 사상이다. 다른 종교에서는 아무리 독실(篤實)한 수행(修行)과 믿음을 가지고 있더라도 결코 절대주재자(絕對主宰者)는 될 수가 없다고 규정(規定)지어놓고 있다. 또한 불교에서는 문호(門戶)가 개방되어 있어 사람뿐만 아니라 일체중생 전부가 필경에는 부처가 될 수 있다고 그 폭 넓은 평등성을 주장하고 있다.

타 종교에서는 악은 어디까지나 악이며 선은 어디까지나 선으로 확정(確定)되어 있고 어두운 세계는 어둡고 밝은 세계는 밝도록 구분되어 있는 것이 현실이다. 그러나 불교에서는 이러한 것들을 완전히 초월하여 '일체유심조(一切唯心造) 혹은 '만법귀일(萬法歸一)'라는 한마디로 압축, 결론을 짓고 있다.

불교에서 일(一)이라는 뜻과 불이(不二)라는 말은 한 가지이다. 불이(不二)이기 때문에 하나이며 하나이기 때문에 불이(不二)인 것이다. 그렇다고 해서 하나라든가 불이라는 것에 자꾸만 집착을 하여서도 안 된다. 왜냐하면 하나니 불이(不二)이 하는 것도 진실한 의미에서 볼 때 그것이 결코 정확한 표현이라고 할 수도 없기 때문이다.

불이(不二)란 말은 둘이 아니라는 뜻인데 둘이 아니라면 하나란 말인가? 그렇지 않으면 셋이란 말인가? 하나라 하여도 정확하지 못한 말이며 더구나 셋이란 말은 어불성설(語不成說)의 격차(隔差)를 가지게 된다.

선과 악이 둘이 아니며 중생과 제불(諸佛)이 둘이 아니며, 사바(娑婆)와 극락(極樂)이 둘이 아니며, 미(迷)와 오(悟)가 둘이 아니며, 아(我)와 인(人)이 둘이 아니며 정(淨)과 예(穢)가 둘이 아닌 이것을 불이(不二)라 하는 것이다.

그러면 어찌하여 이러한 것들이 둘이 아닐 수가 있겠는가? 하는 극히 초심적인 문제가 제기(提起)될 수 있을지 모르지만 모든 것은 우주의 본체가 되고 영원의 생명이 되는 진여자성(眞如自性)이라는 일원상(一圓相), 최청정(最淸淨) 법계(法界)에서 일어나 환몽(幻夢)의 현상이기 때문이다.

다시 말하면 일체중생이 본래부터 부처와 조금도 다를 바 없는 바탕을 가졌지만 다만 망상(妄想)에 집착되어 청정 본연한 부처를 보지 못하는 것이다. 이러한 관점에서 볼 때 부처는 결코 둘이 아닌 하나라는 이론(理論)이 성립되는 것이다.

그러한 뜻에서 일주문에 들어설 때 모든 것이 일심(一心)이라는 진여법성(眞如法性)에 귀일(歸一)시키고 그 뒤 천왕문 혹은 불이문에서 다시 본분의 깊은 이치에 부합귀결(符合歸結)시키는 중요한 의미에서 이 문들을 지나는 것이라고 보면 된다.

사찰에 따라 불이문이라 한 곳도 있고 혹 어떤 데서는 해탈문이라 하는데도 많이 있다.

해탈이라 말은 '벗어졌다'는 뜻이다. 곧 번뇌(煩惱)에 얽매이고 망상에 속박(束縛)되어 대자유, 대평등의 세계를 보지 못하다가 이제는 수행(修行)과 정진(精進)의 힘으로 속박되어 있던 것을 여지없이 단절하고 그야말로 천상천하유아독존(天上天下唯我獨尊)의 진아(眞我)와 대아(大我)를 찾아내는 순간 아무런 장애물없이 적나독로(赤裸獨露)한 상태가 바로 해탈이다.

반야심경(般若心經)에 있는 그대로 '심무가애(心無罣碍) 무가애고(無罣碍故) 무유공포(無有恐怖) 원리전도몽상(遠離顚倒夢想)'이 바로 이 경지를 뜻한다.

번뇌와 망상이 있으면 마음이 자유로울 수가 없게 되고 거기서 일어나는 거꾸러진 생각과 헛된 집착에 사로잡히게 된다. 이런 번뇌와 망상이 끊어지게 되면 그 자리가 곧 해탈이요 열반이요 나아가 성불(成佛)을 이루게 된다.

참과 거짓 하나건만 하나인줄 모르고서
분별 집착 사로잡혀 정말 나를 잃고 사네
불이(不二)의 깊은 이 뜻을 정진(精進)으로 찾을까.

불이법(不二法) 묘(妙)한 이치 입으로만 알다가는
생사(生死) 험한 물결 건널 길이 아득하다
확연히 깨치는 그 날 성불(成佛)이라 하는데.

—졸시 〈不二(불이)전문〉

사찰에 있는 사물(四勿)과 찰간(刹竿)은 그냥 있는 것이 아니다

하늘에 닿을 첨탑(尖塔) 깊은 교의(敎義) 드날리고
치솟는 종지(宗旨) 종풍(宗風) 억만세(億萬歲)에 전하는 뜻
아득한 진겁(塵劫)을 향(向)해 구비치는 푸르름.

사찰이란 신앙의 도량(道場)이며 성불을 목표로 하는 지엄(至嚴)한 연마장(鍊磨場)이다. 그렇기 때문에 건물 하나의 위치(位置)와 규격에 대해서도 깊은 뜻과 심오(深奧)한 법도를 가지고 있어 글씨 하나 써 붙이고 돌 하나 올려 놓는데도 의범(儀範)과 표법(表法)에 맞도록 세심해야 한다. 또한 어느 것 하나 수심정진(修心精進)에 긴요(緊要)하지 않은 물건은 없으며 전미개오(轉迷開悟)의 조도품(助道品)이 아닌 것이 없다.

그중에서도 찰간(刹竿)과 사물(四勿)이 있다.

찰간이란 혹 당간(幢竿)이라고도 하는데 사찰 입구에 돌이나 쇠로 만든 기둥을 뜻한다. 아래쪽에는 지주(支柱)로 되어 있고 그 위에는 장대처럼 긴 쇠로 깃대를 세워 그 위에 절의 종지(宗旨)와 절의 격조를 표시한다. 요즈음 말로써 표현하면 그 절의 종지를 상징하는 기(旗)이다.

우리나라의 구산오교(九山五敎)가 그 교세를 각자 자랑할 때 자기네들이 숭상하는 교의(敎義)를 표시하는 기치(旗幟)이기도 하다. 오늘에 와서는 그 원형이 거의 없어지고 대개의 절이 지주(支柱)만 남아 있는 곳이 많으나 아직도 갑사(甲寺) 철간(鐵竿)만은 그대로 보존되어 있다.

절의 사물로는 종, 법고, 목어, 운판이 있다. 이것은 절을 절답게 하는 물건이라고 할 수 있으며 그 속에 각각의 깊은 뜻이 숨겨져 있다.

이 중에서도 종(鐘)은 법구(法具) 가운데서도 가장 소중한 것이며 그 뜻 또한 진실로 중요한 의미를 담고 있다. 종소리는 널리 법계(法界)에 퍼져 캄캄한 지옥 속을 환히 밝게 하는 의미를 지니고 있으며 또한 삼악도(三惡道)의 고통을 멎게 하고 도산(刀山)이 부서지고 일체중생 다 같이 성불하기를 기원하기 위한 법구이다. 이 보다 더 지극한 소원과 광대한 발원은 사실 없다.

새벽마다 종을 치는 것은 이에 대한 발원이다. 불교는 생활 하나하나가 참회(懺悔)이며 발원이며 정진이다. 참으로 종소리는 그 범위가 광대무변하고 신성하고 장엄하다. 깊은 밤에 번민과 망상에 시달려 잠들지 못하는 중생을 깨우는 종소리는 참으로 부처님의 목소리에 다름 아니기 때문이다.

철위산(鐵圍山)이라는 캄캄한 지옥이 따로 있는 것이 아니라 마음이 어리석으면 그것이 캄캄한 지옥이듯이 번뇌와 망상이 들끓으면 그것이 바로 도산검수(刀山劍水)의 지옥인 것이다.

또한 종은 깨우친다는 의미를 담고 있다. 혼미 속에 빠져 있다가도 종소리가 들리면 정진(精進)의 의욕이 샘물처럼 솟구치게 된다.

인과경(因果經)에 다음과 같은 글귀가 있다.

"聞鍾臥不起 來世受蛇身(문종와불기 내세수사신)"
'종소리를 듣고도 일어나지 않으면 다음 세상에 뱀이 된다.'

실로 무서운 경종이 담겨져 있다. 부처님이 가장 싫어하신 것은 인간의 게으름이다. 다시 말해 새벽에 일찍 일어나 예불을 하고 참회하고 정진하자는 뜻이 종 속에 포함되어 있다. 만일 종소리를 듣고도 일어나지 않은 사람은 구제할 길이 없을 만큼 그 업이 무거워진다는 말이다. 그러므로 종은 지옥에서 고통 받는 중생들이 그 고통에서 벗어나 영생의 낙(樂)을 얻도록 하는데 필요한 법구(法具)로 알려져 있다.

다음으로 중요한 것이 북으로서 법고(法鼓)이다.

북이라면 흔히 아무데서라도 볼 수 있는 것이지만 사찰에 있는 것은 부처님의 법도와 정신에 부합(符合)되도록 쓰는 것이기 때문에 이것을 법고라 하는데 축생들의 이고득락(離苦得樂)을 위해 치는 법구(法具)이다. 즉 괴로움을 벗어나 즐거움을 얻으라는 뜻이다.

《법화경》 서품(序品)에 보면 법고란 "번뇌와 망상과 집착과 오욕(五慾) 등의 불순(不純)한 것들이 취집(聚集)되어 있으며 혹업고(惑業苦) 삼장(三障)이 치열하게 일어나고 있는 마군(魔軍)들에게 이것을 멸진소탕시킬 수 있는 설법의 대군을 몰고 들어갈 때 진군독려(進軍督勵)의 북을 치는 것이다"라고 적혀 있다.

옛날에는 전쟁 때 군졸을 독찰(督察)하는 뜻으로 북을 사용하였는데 여기서는 마군(魔軍)을 소탕하는데 있어 설법(說法)의 대군을 독찰(督察)하는 뜻으로 법고를 치는 것이라 하였던 것이다. 어쨌든 법고는 수행자의 정진을 독려(督勵)하는 도구이며 수행을 촉구(促求)하는 법기(法器)임에는 틀림이 없다.

다음으로는 목어(木魚)이다.

목어는 절에서 나무로 물고기 모양을 만들어 종각에 달아놓고 조석(朝夕) 예경(禮敬)때 치는 법구(法具)이다. 이것은 수중 중생들의 고통을 제거(除去)하고 이고득락(離苦得落)토록 하는데 필요하다. 물고기는 눈동자를 깜박이지 않고 항상 눈을 뜨고 있기 때문에 '용맹정진' 하는 사람들의 눈동자는 물고기처럼 깜박이거나 조는 일이 없어야 한다는 표법(表法)에서 나왔다는 말도 있다. 참으로 치밀한

착상이며 기발한 경책(警策)이 아닐 수 없다.

운판(雲版)은 청동이나 철판 등을 가지고 구름 모양으로 아로새겨 종각에 달아놓고 치는데 공간(空間)에 있는 중생들의 고통을 해면(解免)시켜 주는 법구라 할 수 있다. 또한 식사 때 대중에게 알리는 도구로서도 사용되었다고 한다. 이렇게 보면 지옥, 공간, 축생, 수중(手中) 등 전 우주가 모두 포함된 것이라 할 수 있다.

이와 같이 사물은 조석(朝夕) 예경(禮敬) 때에 전 우주 안에 기류(寄留)하고 있는 일체 함령(含靈)들을 모두 집합시켜 부처님에게 일심(一心)으로 귀의(歸依)하여 고통에서 해방되기를 기원하는데 필요한 법구로써 불가(佛家)에서는 가장 소중히 생각하는 것들이다. 불자들도 이에 대해 뜻을 명확히 하는 것이 성불에 큰 도움이 될 것이다.

사찰생활과 수행에도 엄격한 규범이 있다

'마음이 나태해지는 일 없이 무한하게 자비로운 생각을 닦아 다음 생에 다시 태어나게 될 원인을 소멸한 사람은 미혹한 생에 속박되지 않는다.'

사찰 생활을 하거나 수행을 할 때도 지켜야 할 엄격한 규범이 있다. 신 하나를 벗는데도 법도가 있으며 길을 걸을 때도 신행에 어긋나지 않아야 하며 공양을 할 때도 참회와 기원(祈願)이 들어 있어야 한다. 이밖에 사찰의 문을 열거나 닫을 때도 순서가 있으며 안고 눕고 말하고 잠자는 것까지도 절행(節行)의 규범을 지켜야만 한다.

사찰에서는 어느 것 하나라도 평범한 것이 없으며 무의미하고 공허한 것은 없다. 심지어 삭발을 할 때도 날짜가 정해져 있고 세탁(洗濯)을 하는데도 정한 날이 있다.

한마디로 절의 규범은 매우 엄격하고 세심하게 꾸며져 있으며 한 치의 방심과 산만함이 있어서도 안 된다. 그래서 수행자조차 이 규범과 율범(律範)을 지키기란 매우 힘들다.

이것은 그 속에서 생활하는 대중들에게 불편을 주기 위해서라든지, 고통을 주기 위해 만들어진 것이 아니라 전부가 도를 닦는데 도움을 주기 위해 만든 것이다.

결국 사찰에 머무는 것만으로도 심신 수행이 된다. 이러한 법도를 지키다가 보면 자신도 모르게 심신이 안정되고 고요해져 모든 번뇌와 망념이 사라지기 때문이다.

사실 출가한 스님들도 불성을 이루기 위해서는 날마다 번뇌의 적과 싸워야 한다. 이를 위해서는 가장 먼저 지켜야 할 것이 바로 법도(法度)이다. 이것을 제대로 가추지 못하고 성불을 이루거나 마음의 고요를 얻는다는 것은 한갓 어불성설에 지나지 않는다.

쉴새없이 육근(六根)을 통해 들어오고 있는 적(適), 아뢰야식(阿梨耶識)에 저장되어 있는 적, 누겁다생(累劫多生)에 쌓이고 모여 있는 적, 근본 무명에서 불고 있는 업풍(業風)과 의심. 이러한 많은 적들을 퇴치시키는 데는 순간의 방심도 있을 수 없고 찰나의 태만도 있을 수 없기 때문이다.

이것이 출가의 생활이요 구도자의 태도이다.

이 어려운 수행은 물질적, 행위적인 외형의 공부로서 쌓아 지는 것이 결코 아니다. 자기와의 치열한 내면적 싸움으로서 성찰을 이루는 정적인 수업이 바로 사찰 수행이다. 그러므로 행주좌와(行住坐臥)와 어묵동정(語默動靜)이 모두 본분에 결합되어야 하는 것이며 일거수일투족이 그대로 수행에 혼일(混一)되어야 한다.

입선(入禪)만 정진이 아니라 방선(放禪)도 정진인 것이며 주거만 정진이 아니라 행각(行脚) 또한 커다란 정진이다. 사원 생활에 있어서는 해제 이후 행각이 많은 것도 바로 이 때문이다.

산수(山水)를 방랑하면서 자연에 융합하고 소요자재(逍遙自在)의 보임(保任)과 시선일여(詩禪一如)의 고준(高峻)한 경지를 답파(踏破)하는 능동의 파정(把定)이요 양신(養神)의 방행(放行)인 것이다. 산과 구름을 따라, 물과 길을 따라 아무런 구애도 없이 떠도는 적정안한(寂靜安閑)의 행각이기 때문에 이것을 두고 운수납자(雲水衲子)라 하기도 하고 무애왕래(無碍往來)라 하기도 한다.

그러나 기본의 절도는 엄수되어야 하며 교단의 규범에는 차질이 없어야 한다. 말하자면 운수납자가 행각(行脚)의 길을 걷다가 어느 사찰에 들어가던지 객승(客僧)의 자격으로서 가져야 할 태도에 대해서 조심성 있는 예법을 가지고 있어야 한다.

처음 큰 방문을 열고 들어설 때 어느 쪽이 상판(上判)이며 어느 쪽이 하판(下判)인가를 살펴 반드시 상판쪽 사이 문(門)을 열고 들어가야 한다. 이것은 불자들도 똑 같다.

큰 방에는 대개 문이 앞 뒤쪽으로 다섯 군데쯤 있는 것이 보통인데 전면으로 제일 복판 문을 어간문(御間門)이라 하고 거기는 방장

(方丈), 조실(祖室), 주지(住持) 등 주로 큰스님들만 출입하게 되어 있으며 그 옆 부엌 쪽 사이문은 객승들의 출입문으로 정해져 있으며 뒤편 문은 사미나, 행자들의 출입문으로 정해져 있다.

그러므로 객승이 처음 가서 상판 쪽 사이 문을 이용하지 않고 다른 곳으로 통행해서는 안 된다는 말이다. 또한 자리에 앉는 차서(次序)에 대해서도 매우 까다롭게 규정이 정해져 있다.

식사 공양 때 보면 어간문 쪽으로부터 상판과 하판이 갈라지는데 상판 쪽 첫머리에는 방장이나 조실 스님이 앉게 되고 그 옆을 따라 입승(立繩) 스님, 그리고 년차순으로 앉게 되는데 그 성분상으로는 이판측(理判側)이며 또한 본사(本寺) 스님들이 아닌 나그네 스님들이 차례로 앉게 되는 것이다.

그리고 부엌이 있는 쪽을 하판이라 부르는데 여기 첫머리에는 주지 스님을 위시(爲始)하여 본사(本寺) 노덕(老德) 스님과 주로 사판(事判)측 스님들이 년순(年順)대로 순서를 정해 앉는다. 그리고 어간문과 정면 맞은편 쪽으로는 사미행자들이 앉도록 되어 있는 것이 사찰의 통상 규례(規例)이다.

그런데 이것보다 큰 방에 들어가면 사방 벽에 큰 글씨로 써 붙여 놓은 것이 있는데 어간 쪽부터 말하자면 하판 첫머리에는 청산(靑山)이라 했고, 상판 첫머리에는 백운(白雲)이라 해놓았다.

청산이란 뜻은 부동(不動)이란 의미가 들어 있다. 청산은 결코 움직일 수가 없는 것이기에 본사(本寺)측 스님들 곧 유동성이 없다는

것을 뜻하는 것이며 상판측 첫머리에 백운(白雲)이라 한 것은 객으로 있는 스님들, 곧 구름처럼 유동성을 가졌다고 하여 백운(白雲)으로 표시였다. 이 때문에 객승을 운수납자라고 하는 것이다.

그리고 청산은 문수(文殊)를 의미하고 백운(白雲)은 보현(普賢)을 의미하는 것이기도 하다. 상판 벽에는 오관(五觀)이라 써 붙이고 하판 벽에는 삼함(三緘)이라 써 붙여 놓았는데 오관(五觀)이란 뜻은 밥 먹을 때 항상 속으로 생각하고 념관(念觀)하는 다섯 가지를 의미한다.

첫째, 이 음식이 나에게까지 오게 되는 동안 농부들의 수고가 얼마나 많았으며 아무 허물이 없는 방생(放生) 곧 벌레들의 생명은 얼마나 없어졌으며 시주(施主)들의 공덕은 얼마나 쌓였을까? 하는 것을 생각한다.

둘째, 이 음식물을 내가 당연히 받아먹을 만한 덕행을 갖추었는가? 하는 것을 반성해야 된다는 뜻이다.

셋째, 마음을 근신(謹愼)하여 결코 탐욕을 내지 말아야 한다는 것이다.

넷째, 지금 받아먹고 있는 이 음식은 수도(修道)와 정진에 있어 기갈(飢渴)을 면하도록 하기 위한 것이며 또한 이것은 수도(修道)를 하는데 반드시 육신을 보호하지 않아서는 안 되기 때문에 허약(虛弱)을 예방하는 양약(良藥)으로만 생각해야 한다.

다섯째는 이것은 수도하기 위해 음식을 섭취(攝取)하는 것이라

관(觀)해야 된다는 것이다.

사찰의 생활은 이와 같이 매우 엄격하다.

밥 먹고 잠자고 가고 오고 하는 생활, 행동 전부가 정진과 수도 (修道)에 결부(結付)되어 있어 이를 지키지 않고서는 다른 것이라곤 있을 수 없다.

이 수행의 모든 것이 오직 깨달음의 길로 가는 지름길이다.

불자들도 이를 깨달아 사찰에 갈 때는 반드시 이러한 예절을 몸소 느끼고 깨달아야 할 것이다.

항상 남을 위하는 자비심을 가져라

'부처님의 사랑은 크고 작고 곱고 미움이 없는 일체평등의 사랑이다. 우리는 이것을 두고 자비심이라 한다.'

불교에서 가장 소중히 생각하고 있는 것은 자비(慈悲)사상이다. 자비는 불교의 근본이 되며 또한 부처의 씨앗이다. 굳이 불교뿐 만 아니라 이 세상 인류 생활에 있어서 뿌리가 되고 줄기가 되는 것이 바로 이것이다. 자비란 말은 곧 사랑이라는 뜻인데 사람에게서 이 사랑을 빼앗아 버리게 되면 삭막한 공포와 지옥처럼 변해버릴 것이다.

사랑이란 남녀간의 사랑이나 부모자식간의 사랑만을 뜻하는 것이 아니다. 봄이면 꽃이 피는 것도 사랑이며, 가을이면 잎이 지는 것도 사랑이다. 이 자연의 사랑과 인간의 사랑이 조화롭게 이루어지는 것이 우주의 사랑이다.

이 속에서 인간은 호흡하고 생활하고 있다는 것을 잠시라도 잊어서는 안 된다. 그러나 우리는 이러한 사실조차 모르고 있다. 사랑을 모르는 인간은 사랑도 받지 못한다는 말이 있다.

사랑에도 여러 종류가 있다. 다시 말해 큰 사랑이 있고 작은 사랑이 있으며 넓은 사랑이 있고 좁은 사랑이 있으며 '연(緣)'이 있는 사랑'이 있고 '연이 없는 사랑'이 있다. 여기에서 '연이 있는 사랑'이란 기쁘고, 성내고 슬프고, 즐거움 등 감정에 의해 일어나는 사랑을 말한다. 반대로 부처님이 일체중생을 불쌍히 생각하는 것과 같은 사랑은 '연이 없는 사랑'이다.

결국 '연이 있는 사랑'은 밉고, 곱고, 아름답고 추하고 멀고, 가깝고 하는 자신의 취사선택에 의해 일어나는 것이며 이와 달리 '연이 없는 사랑'은 멀고 가까움이 없으며 또한 곱고 미움이 없으며 크고 작음이 없으며 친하고 친하지 못함이 없는 일체평등의 사랑을 뜻한다. 이것이 바로 부처님의 사랑이다.

대개 일반 중생들은 내 자식은 사랑하면서도 남의 자식은 사랑하기가 쉽지 않다. 나에게 가까운 사람은 지극히 사랑하면서도 먼 사람에게는 그 사랑이 미치지 않을 때가 많다. 이와 같이 중생의 사랑은 항상 자기와의 테두리 안에서 그 사랑을 결정하기 때문에 연이 있는 사랑이라고 한다. 그러나 부처님의 사랑은 이와 다르다.

일체의 유정(有情)과 일체의 무정(無情)을 동일하게 사랑하고 돕고 아끼며 모두 즐거움을 줄 수 있는 한없는 사랑을 모태로 하고 있다. 여기에는 연이 없다. 오직 사랑이라는 그 이름만이 존재하기 때문에 부처님의 사랑은 무한하다. 그렇기 때문에 부처님의 사랑을 두고 우리는 '대자비(大慈悲)'라고 한다.

《아육왕경(阿育王經)》에 보면, '자(慈)란 중생에게 즐거움을 주는 것이며 비(悲)란 중생의 모든 고통을 덜어 주는 것'이라 하였으며 자비란 '만행(萬行)을 닦는 보살의 마음'이라고 일러 놓았다. 또《불소행찬(佛所行讚)》에 보면 '대자대비란 불보살이 중생을 불쌍히 생각하는 마음, 곧 만인에 대하여 똑같이 평등한 사랑을 말한 것이며, 사람에게 뿐 아니라 생물, 무생물 할 것 없이 세상 위에 있는 모든 것을 다 같이 오직 사랑하는 일념으로 보는 것'이라고 적혀 있다. 또《관음경(觀音經)》에는 '자안시중생(慈眼視衆生)'이란 말이 있다. 이것은 '사랑이 가득한 눈으로 중생을 보신다'는 뜻이다.

여기에서 중생이란 이 우주 안에 존재하고 있는 모든 생명체들을 통칭한 말인데 불보살의 눈은 어느 한 가지에 대해 특별히 사랑을 쏟고 있는 것이 아니라 이 우주 안에 존재하고 있는 유정무정을 똑같이 평등하게 사랑을 베풀고 있다는 말이다. 이러한 사랑을 두고 '대자대비'라 하는 것이다. 이와 반대되는 사랑은 '소자소비(小慈小悲)'이다. 즉 멀고 가깝고 두텁고 엷은 차별이 있으며 감정에 의해 움직이는 사랑을 말한다.

《법화경》의 안락행품에 보면 '보살은 네 가지의 안락행을 닦는다'라고 하였다. 그 네 가지란 몸으로 착한 행을 닦는 것을 말하는데 첫째 '살생을 하지 않는다' 이다. 자신의 생명이 중요하듯 이 세상에 사는 모든 생명은 소중하기 때문에 함부로 살생을 하지 말라는 뜻이다. 둘째는 '도둑질을 해서는 안 된다' 이다. 도둑질은 자신의 마음이 바르지 못한데서 오는 행위이기 때문에 스스로 복을 지우는 일이라고 했다. 셋째는 '음행을 경계하라' 이다. 여기에서 음행은 반드시 남녀간의 음행만을 말하는 것이 아니라 말과 행동에 있어서도 단정해야 한다. 이것이 바로 몸으로 짓는 세 가지의 중요한 죄업을 강조한 것이다.

넷째로 '입으로 착한 행을 닦아라' 는 것이다. 사람의 입은 모든 화근의 근본이 되기 때문이다. '수구여병(守口如瓶)' 이라는 말이 있다. 입 지키기를 병같이 막아두라는 뜻인데 입은 우리의 마음을 표시하는 창과 같다. 한번 잘못 열게 되면 그 사람의 마음가짐과 교양, 인격, 지식과 상식의 모든 내부를 공개하기 때문에 함부로 입을 열어서는 안 된다.

이 모든 것이 부처님이 행하시는 대자비심과 깊은 연관이 있다. 남에게 자비를 행하는 것은 반드시 남을 위해서가 아니라 자신을 위해서이다.

남에게 베풀면 베풀수록 되돌아오는 공덕은 매우 크기 때문이다.

화를 내지 않는 것보다 더 큰 자비심은 없다

'아무리 많은 공덕을 쌓았다 하더라도 일순간 화를 내면 그 공덕은 모두 사라지고 만다.'

얼마 전 서점가에 틱낫한 스님이 쓴 《화(Anger)》가 베스트셀러가 된 적이 있다. 틱낫한 스님은 삶에 대한 명징한 가르침으로 우리들에게 깊은 감동을 던져준 베트남 스님이다. 그는 거의 일 년의 절반 이상 여행을 하며 고통 받는 사람이 있는 곳이라면 어디든지 찾아가 불교의 자비를 실천하고 있다.

그는 인간이 스스로 고통을 받고 병에 시달리는 것은 화를 누르지 못하는데서 기인한다고 역설을 한 적이 있는데 특히 화는 자기 자신의 어리석음을 누르지 못하기 때문에 발생하는 병이라고 규정하고 이러한 화를 누르기 위한 몇 가지의 방법들을 제시했다.

'화가 난 얼굴을 거울에 비춰보라' '남을 용서하라' '화내는 사람의 말을 경청하라' 등인데 모두 일리가 있는 말임은 틀림없다.

원래 자비심이 지극한 사람은 결코 화를 내지 않는다. 아무리 많은 수행과 공덕을 쌓았다고 하더라도 참는 힘이 부족하여 한순간을 견디지 못하고 화를 내었다면 지금까지 쌓아 올린 그 많은 공덕은 일시에 전부 무너져 버릴 수도 있다.

옛날 금강산에 '돈도암'이라는 절이 있었는데 그곳에는 홍도 스님이라는 분이 오랫동안 수행을 하고 있었다. 그는 불철주야 오직 화두타파를 위해 정진을 하고 있었다. 그러던 어느 날 세월이 흘러 거의 부처의 경지에 이르렀을 때였다.

홍도 스님은 몸에 몸살이 나서 혼자 마당에 자리를 깔고 누워 있었는데 그때 갑자기 세찬 바람이 불어 자신이 깔고 있었던 자리가 뒤집어졌다. 그때 홍도 스님은 자신도 모르게 이렇게 화를 내고 말았다.

"무슨 이놈의 바람이 이렇게 분다 말인가?"

그 순간 홍도 스님은 실뱀이 되고 말았다.

물론 이 이야기를 두고 여러 가지 전제와 해석이 필요하겠지만 어째든 화를 경계한 이야기이다. 진심(嗔心)을 낸다는 것, 즉 사람이 화를 낸다는 것은 이렇게 무서운 결과로 이어진다는 사실을 극단적으로 보여주는 예라고 할 수 있다.

부처님의 말씀에 '항상 웃는 얼굴로 사랑스럽게 말을 하라'는 뜻인 '화안애어(和顔愛語)'라는 경구가 있다. 대개 수행이 높은 사람은 높은 덕목을 가지고 있는 사람이라고 생각하기 쉽다. 그러나 그들에게서도 쉽게 꺾지 못하는 것이 있는데 삼독심 중에서도 가장 참기 힘든 것이 바로 진심이다.

불교에서 수행이 아직 제대로 되지 않은 사람을 두고 '참회'를 아직 다 못한 사람이라고 한다. 이것은 아직 수행이 덜 되어 뉘우침이 다하지 못한 사람을 일컫는다. 사람이 아주 작은 일에도 화를 참지 못하는 것은 아직 뉘우침이 제대로 되지 않은 사람이라고 할 수 있다.

이런 사람은 사실 불교를 공부할 자질을 갖추고 있지 않다고 봄이 옳다. 왜냐하면 불교는 그 어떤 종교보다도 깊은 사고와 철학을 요구하기 때문이다.

진실로 남의 어려움을 내 것으로 생각하고 남을 희생적으로 봉사하는 사람은 결코 화를 내지 않는다. 대개 어리석은 사람들은 아주 작은 일에도 화를 잘 내는 경향이 많다.

한 가지 더 재미있는 우화를 소개한다. 이것은 상가세나 스님이 쓴 《백유경》에 화를 잘 내는 사람의 이야기이다.

'어느 날 남의 흉을 잘 보는 어떤 사람이 있었다. 그는 여러 사람들과 함께 방 안에 앉아서 밖에 있는 어떤 사람의 흉을 보고 있었다. 이 이야기를 듣고 밖에 있던 어떤 사람이 이내 방으로 들어와 그의 멱살을 움켜잡고 주먹으로 때렸다.

이 모습을 본 사람이 두 사람을 다 나무랐다.

"당신은 왜 함부로 남의 흉을 보고 왜 당신은 무턱 대고 사람을 때리는가?"

"이 사람이 나에게 화를 잘 내고 경솔하다고 흉을 보았기 때문에 내가 저 사람을 때린 것이다."

"잘 생각해보라. 당신은 지금 저 사람의 말대로 경솔하여 화를 잘 내고 있지 않은가. 자신의 허물을 먼저 닦아라."

그제야 어떤 사람은 머리를 숙이며 미안한 표정을 지었다. 흉을 보던 사람도 마침내 자신의 잘못을 깨달았다.'

이렇게 화라는 것은 잠시 자신이 가진 이성을 잃게 하여 옳고 그른 것을 바르게 분간하지 못하게 한다. 또한 밝고 어두운 것을 똑바로 판단하지 못하게 하기도 한다. 모두 이러한 것은 성냄에서 출발하여 어리석음으로 바뀌게 된다.

사실 불교에서의 삼독이란 진심, 치심, 탐심을 말하지만 이것은 제각각 존재하는 것이 아니다. 즉 탐심이 있으면 진심이 따라오고 또한 치심이 생긴다. 그러므로 이 세 가지는 항상 연관성을 지니고 있다. 사람이 이 중 한 가지만이라도 품게 되면 이 세 가지가 동시에 일어나는 것이 사람의 마음이다.

이를 경계하지 않고서는 진정으로 자기 자신을 발견할 수 없으며 또한 성불할 수도 없다는 것을 명심해야 한다.

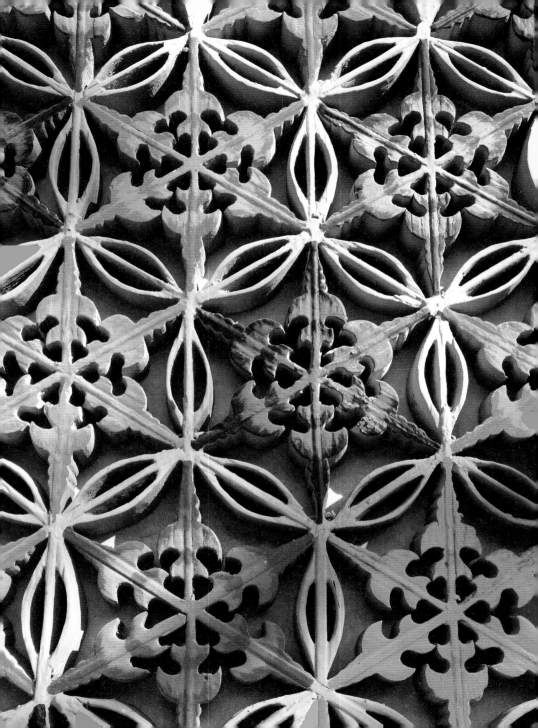

인간에게는 업을 짓는 십선악(十善惡)이 있다

'사람에게는 열 가지의 업이 있다. 선을 행하면 죽어서 천상에 갈 것이고 사람으로 다시 태어나면 오래 살고 부자가 될 것이고, 악을 행하면 지옥에 갈 것이며 사람으로 다시 태어난다 해도 어리석은 사람이 될 것이다.'

불교에서 말하는 선악을 결정짓는 과보(果報)는 매우 명쾌하다. 앞에서 말한 것과 같이 인간이 짓는 업에는 신업(身業), 구업(口業), 의(意業) 등 삼업(三業)이 있는데 신업에는 세 가지의 업, 구업에는 네 가지의 업, 의업에는 세 가지의 업으로 각각 파생된다. 이 열 가지가 선을 행하였느냐, 악을 행하였느냐에 따라 십선악이 된다.

사실, 이것들을 모두 지키기는 매우 어렵다. 하지만 부처님 말씀대로만 충실히 이행한다면 충분히 행할 수 있는 것들이다. 반대로 이를 행하지 못할 때는 십악이 될 수도 있다. 즉, 끊으면 십선이 되는 것이며 행하지 못하면 십악이 된다는 말이다. 뒤집으면 선이요 못 뒤집으면 악이 된다는 말이다. 그러므로 마음 가지기에 달려 있는 것이다.

부처님이 '중생성불찰나중(重生成佛刹那中)'이라 말씀 하신 것도 이 때문이다. 중생이 부처가 되기 위해서는 오랜 시간이 필요한 것이 아니라 한순간 자신의 마음을 뒤집으면 '그 자리가 바로 부처'라는 말이다.

《법원주림(法苑珠林)》이란 책에 보면 '진심이 많은 중생에게는 자비관을 하라'고 적혀 있다. 이는 '화를 잘 내는 사람은 자비심을 가져라'는 뜻이다. 마음속에 자비심이 가득한 사람은 화를 잘 내지 않는다. 화를 잘 내는 사람은 몸속에 탐욕이 가득한 사람이다.

선을 베푸는 사람은 기본적으로 자비심을 가지고 있다. 이 자비심이 열 가지의 선을 베푸는 근본이기 때문이다. 《화엄경》에 보면 아주비구(鴉珠比丘)와 초계(草繫)라는 스님이 나온다.

아주비구 스님은 어느 날 법복을 입고 탁발을 하기 위해 유리로 구슬을 만드는 집에 들렀다. 그때 마당에는 햇볕에 말리고 있는 아름다운 흰 구슬이 있었다. 그런데 스님의 붉은 가사가 흰 구슬에 비쳐 구슬 빛이 그만 붉게 변하고 말았다. 그것을 본 오리가 고기 덩어리인 줄 알고 달려와 그것을 순식간에 쪼아 먹고 말았다.

그때 주인이 나타났다. 그 주인은 스님의 탁발에는 관심이 없고 사라진 구슬만 헤아리다가 몇 개의 구슬이 사라진 것을 확인하고서는 스님을 도둑놈으로 몰기 시작하다가 온갖 봉변을 주며 심지어 구타를 일삼았다.

그런데 스님은 단 한마디도 말하지 않았다. 오리가 그 구슬을 먹었다고 하면 당장 그 오리가 죽음을 면하지 못할 것임을 알았기 때문이다. 오리를 살리기 위한 스님의 행동이었다.

초계 스님은 어느 깊은 산길을 걸어 행각을 하던 중 갑자기 도적 떼를 만나 가지고 있던 모든 물건을 빼앗기고 그것도 모자라 도적들은 스님을 풀숲으로 끌고 가서 풀로 온몸을 꽁꽁 묶어놓고 가버렸다. 스님은 스스로 힘을 써 일어날 수도 있었지만 그렇게 하면 풀이 끊어져 상할 것을 염려한 나머지 며칠을 그대로 버티다가 행인을 만나 곱게 풀고 갔다고 한다.

두 스님은 왜 이렇게 스스로 고통을 감내하였을까? 그것은 부처님이 강조하신 '자비행'을 실천하기 위함이었다. 이와 같이 사람이 선을 행하는 것은 그 마음속에 자비심이 없어서는 결코 되지 않는다. 자비를 모르는 사람은 부처님의 은혜와 광대무변한 우주의 법칙을 알 수 없다. 이런 사람은 한갓 포악무도한 하등동물에 지나지 않으며 인간의 가면을 쓰고 있는 사이비인간에 지나지 않는다.

불교는 마음을 맑게 하여 인격을 완성시키는 종교이다. 그러므로 우리는 신구의 삼업을 잘 다스려 언제나 십선업을 행하도록 노력해야 한다.

부모의 은혜와 부처님의 대자비심은 같다

'자(慈)는 아버지의 마음이며 비(悲)는 어머니의 마음이다. 아버지는 자식들에게 기쁨을 주기 위해 온갖 노력을 다하고 있으며 어머니는 자식들의 괴로움을 덜어 주기 위해 자기의 희생을 달게 받고 있다.'

이것은 중국의 천태(天台) 스님이 말씀하신 부모님의 은혜이다. 또 선도(善導)가 지은 《십사행게(十四行偈)》에는 '부처님의 대자비를 배워라' 는 말이 나온다. 부모님의 마음과 부처님의 마음은 하나의 공통점이 있는데 그것은 바로 무한한 자비심이다.

부모의 자식에 대한 사랑은 아무런 조건이 붙지 않는다. 내가 자식들에게 은혜를 베풀었으니 저들도 응분의 보상이 있을 것이라는 '바람' 도 없다. 부모가 자식들에게 베푸는 은혜는 상상을 초월할 정도로 위대하다.

어릴 때 젖을 먹여 길렀고, 더러운 것을 씻어 주었으며 맑고 깨끗한 자리를 골라 뉘었으며 맛있는 것은 토해서라도 자식에게 먹여 키운 것이 부모의 마음이다. 이렇듯이 부모님은 자식에게 그저 무한한 자비를 쏟았을 뿐이다.

우리는 이와 같이 부모님의 한없는 자비를 생각할 수밖에 없다. 요즘 젊은이들은 부모의 깊은 자비심을 깨닫지 못하고 있는 실정이다. 참으로 안타까울 따름이다. 《부모은중경》이나 《효자경》에는 부모의 은혜와 자식의 도리에 대해 많은 것을 전하고 있다. 그중 하나를 소개하겠다.

나이 칠십이 넘은 아버지가 병이 들어 임종을 앞두고 사십이 넘은 아들에게 물이 먹고 싶다고 하였다. 그런데 그 물을 뜨러 가는 아들에게 아버지는 "밤이 깊어 물을 뜨다가 실족할 수가 있으니 조심하라"고 몇 번이나 당부를 하였다. 아들은 아버지의 말에 그저 안타까워 눈물만을 흘렸다. 이처럼 자신이 죽음을 앞두고도 자식의 안위를 걱정하는 것이 바로 아버지의 마음이다.

부처님의 자비심도 이와 같다. 불교에서 가장 중요한 것은 바로 자비이다.

《법화경 제바품》에 보면 '사무량심(四無量心)'이라고 나온다. 이는 '자(慈), 비(悲), 희(喜),사(捨)'이다. '자'란 중생에게 즐거움을 주는 것을 말하며, '비'란 중생의 고통을 제거시켜주는 것이며, '희'

란 남이 기뻐하는 것을 보고 함께 기뻐할 줄 아는 것을 말한다. '사'란 멀고 가깝고 친하고 친하지 않은 것이 없이 누구에게라도 평등한 상태를 말하는 것이다.

사실, 말이 쉬워 그렇지 내 한 몸도 내 마음대로 할 수 없는 것이 이 세상사이다. 어떤 때는 화를 다스리지 못해 성을 내고, 욕심을 억누르지 못해 탐욕이 생기고, 말을 참지 못해 남들에게 함부로 말을 내뱉는 것이 바로 사람이기 때문이다. 이런 와중에 남에게 자비를 베푼다는 것은 실로 어려운 일임이 분명하다. 이러한 것은 중생의 마음으로서는 당연히 있을 수 있는 일들이다.

이런 차별심이 있기 때문에 우리를 중생이라 하는 것이며 오랜 세월동안 고통의 세계를 벗어나지 못한다.

《화엄경 보현행원품》에 보면 보현(普賢)보살의 열 가지 원력가운데 수희공덕(隨喜功德)이란 말이 나온다. 보현보살이란 자비의 대명사이다. 화엄경에서는 이 보현행원품이 가장 중요하다.

우리들은 육신이라는 이 '거짓 나'에게 사로잡혀 좁은 아상(我相)을 고집하고 있으며 모든 것을 '나'라는 여기에 중심을 두고 남을 함부로 무시하고 헐뜯고 남이 잘못되기만을 바라고 헛된 명예를 욕심내고 시기와 질투 속에서 어둡고 어리석은 삶을 계속하고 있다.

그러나 보현보살은 일체중생을 기쁘게 하여 줄 뿐 아니라 중생들이 기뻐하는 그것을 같이 기뻐할 줄 아는 커다란 자비를 가진 보살이다.

불교의 수행목적은 보현보살과 같은 대자대비가 흔들리지 않는 바탕이 되도록 하는데 그 참뜻이 있다. 이와 같이 자비가 바탕이 되지 않고서는 육도(六度)를 성취할 수 없으며 일체의 수행과 정신이 성취될 수가 없다.

자비가 충만하지 않은 사람이 어찌 보시행(布施行)을 닦을 수 있으며 지계(持戒)와 인욕(忍辱)이 이루어질 수 있겠는가?

우리나라에서 유명한 공초 오상순 선생의 일화가 있다. 선생이 대구에서 살고 있을 때였다. 한여름 복중에 한번 찾아 갔더니 게딱지 같은 아주 작은 초가집 방에 웬일인지 옷을 홀딱 벗고 계셨다. 나는 깜짝 놀라 그 이유를 물었다.

공초 선생이 이렇게 대답을 하였다.

"집에서 키우고 있던 고양이가 삼일 전에 죽어 오늘 공동묘지에 장사를 지내주고 오는 길이네. 그런데 나를 찾아온 한 친구가 오늘 서울에 가야 하는데 여비가 없다고 걱정을 해서 단 한 벌 밖에 없는 옷을 벗어 전당포에 저당을 잡혀 여비를 마련해 주었네."

나는 참으로 기가 막힐 지경이었다. 한 벌 밖에 없는 옷을 친구의 여비로 저당을 잡힌 공초 선생의 자비는 심히 말로 표현할 수 없었다.

더욱이 집에 있던 고양이가 죽었다고 해서 꽃상여를 만들어 공동묘지에까지 가서 장사를 지내준 그 마음은 헤아리지 않아도 족히 남음이 있다. 얼른 생각할 때 공초 선생의 정신 상태를 의심해 볼 수 있겠지만 그는 당대의 이름 있는 문필가였다. 그의 행위는 자비심의 발로임이 틀림없었던 것이다.

　이렇게 자비는 희생이 따르지 않고서는 결코 행할 수 없다. 부모가 자식에게 베푸는 자비나 공초 선생이 친구를 위해 옷을 벗어 주고 죽은 고양이의 장사를 지내준 일도 다 자비심이다. 또한 부처님이 우리에게 베풀어 주는 사무량심도 대자비심이다.

불법은 한 번에 건너갈 수 있는 조그마한 개울이 아니다
오직 지혜와 믿음만이 건너갈 수 있다

'어두운 데 있는 보배는 등불이 아니면 볼 수가 없고 불법(佛法)이란 남을 위해 설하지 않으면 슬기 있는 사람이라도 알 수가 없다'

《화엄경》에 나와 있는 부처님 말씀이다. 불법은 부처님이 말한 교법(敎法)이라고 할 수 있다. 부처님이 가르쳐 주신 법은 저 우주의 별처럼 수도 없이 많아 우리 중생들은 무엇이 불법인지를 제대로 파악하지 못할 때가 많다. 그래서 불법을 두고 큰 바다에 비유하기도 한다.

그런데 이러한 불법도 따지고 보면 단 한 가지로 요약할 수 있다. 그것은 바로 사람을 선하게 하는 '진리'이다. 즉, 사람을 사람되게 가르치는 것이다.

'해는 동쪽에서 떠서 서쪽으로 진다' '지구는 자전한다' '물은 위에서 아래로 흐른다' 등등 대자연의 변함없는 진리와 같이 부처님은 불법을 통해 사람의 본래면목을 되찾게 해준다. 그럼 부처님이 말씀하시는 불법은 무엇일까?

'살생과 투도를 하지 말고 탐욕과 어리석음을 가지지 말고 정진을 게을리하지 말고 남을 속이지 말고' 등등 이러한 것이 부처님이 말하는 불법의 진리이다.

이와 같이 불법은 대자연의 진리와는 달리, 세속의 일과 세속의 진리에 의하지 않고서는 최고의 진리를 설명할 수 없다. 여기에서 말하는 세속이란 우리가 살고 있는 오늘 즉, 일상생활을 말한다. 결국 부처님이 말씀하시는 불법도 우리가 살고 있는 일상생활 속에서 작용하고 있다는 사실을 알아야 한다.

남을 돕고 사랑하는 것도 불법이요, 부모를 위하는 마음도 불법이요, 길에서 휴지를 줍는 것도 불법이며, 남을 용서하는 것도 불법이다. 또한 봄이면 꽃이 피고 가을이면 꽃이 지는 것, 이 사계(四季)가 모두 불법(佛法)이며 이 세상 불법 아닌 것은 하나도 없다. 그러므로 불법이란 전적으로 사람의 마음에 달려 있다.

인도 불교의 나가르주나에서는 불법을 두고 '믿음과 지혜'라고 정의를 하고 있다. 여기에서 믿음이란 정성, 성실, 신뢰라고 보고 있는데 사람이 무엇인가에 믿음을 가지게 되면 자연스럽게 따르는 것이 바로 신뢰이다. 만약 사람에게 믿음이 없다면 신뢰는 사라지고 없다.

부처님이 말씀하시는 불법의 진리는 바로 이 속에 담겨져 있다. 믿음과 지혜가 있으면 자아를 속박하는 모든 아상이 무너지고 마침내 일체의 구속이 사라져 탐욕과 집착이 없어지게 되어 비로소 공(空)의 지혜가 생기게 되는데 이것이 바로 불법이다.

그러므로 불법은 자기 자신을 버리지 않고서는 결코 건널 수 없는 지혜의 큰 바다라고 할 수 있다. 왜냐하면 인간은 자각의 지혜가 있기 때문이다. 여기에서 자각이란 스스로 생각하고 뉘우치는 마음이다.

달마 스님이 하신 유명한 말씀이 있다.

"사람이 살생을 하지 말라는 뜻은 죽이지 말라 하기 때문에 죽이지 않는 것이 아니라 누가 죽여라 해도 살생하지 못하는 인간성의 자각이 있어야 한다."

이보다 더 중요한 불법은 없다. 인간이 불법을 받아들이고, 또한 진리를 추구함에 있어 스스로 자각이 없다면 일, 천 법문이 있다고 하더라도 다 소용이 없으며 소 귀에 경을 읽는 것과 다를 바가 없다.

또 도둑질을 하지 말라고 아무리 외친들, 도둑질을 해서는 안 된다는 자각이 없다면 그 또한 헛된 가르침에 지나지 않는다. 이처럼 불법도 스스로의 자각이 없다면 아무런 소용이 없다. 사람이 이런 자각을 얻기 위해서는 부단하게 마음을 닦는 수행이 필요하다. 그러므로 불법은 단 한 번에 넘을 수 있는 개울물이 아닌 것이다.

우주 전체가 청정법신의 진체(眞體)이며 중생과 부처가 둘이 아니라는 이치를 투철히 깨달아 무량수(無量壽), 무량광(無量光)의 지혜를 얻어야 한다. 불법은 반드시 부처님만이 펼치는 것이 아니다. 선한 사람이 악한 사람을 제도하고 강한 사람이 약한 자를 돕고 부자가 가난한 사람을 돕는 것도 불교적 입장에서 보면 부처님의 법을 펼치는 것과 같다.

아무리 훌륭한 가르침일지라도 이를 제대로 펼치지 못한다면 이 또한 무용지물이 될 수가 있다.

생명을 귀하게 여기고 방생(放生)하라

방생이란 말은 불교에서만 볼 수 있는 특별한 말로서 고통의 세계에 갇혀 있는 생명들을 놓아준다는 뜻이다. 사람의 목숨만 귀중한 것이 아니라 이 땅에 살아 있는 모든 생명들은 모두 귀중하다. 생명이란 우주와 통할 수 있는 하나의 길이며 또한 창(窓)이며 부처라 해도 손색이 없을 만큼 신성 존엄하기 때문이다.

그러므로 방생이란 고통과 슬픔, 괴로움이 있는 것을 풀어주고 놓아주어 살아 있는 동물이 스스로 자유의 경지를 얻도록 해주는 데에 있다.

방생의 유래에 대해서는 《금광명경 유수장자품(金光明經 流水長者品)》에 자세히 나와 있다.

'유수라는 사람에게 두 아들이 있었다. 하루는 유수가 아이들을 데리고 나들이를 하다가 연못가에 이르렀다. 그런데 그 못은 오랜 가뭄으로 인해 물이 말라 많은 고기들이 죽어가고 있었다. 그것을 본 유수는 두 아들과 함께 주머니와 그릇을 가지고 먼 곳에서 물을 길러와 고기들을 살렸다. 나중에 유수는 그 공덕으로 인해 십천천자(十千天子)로 환생하였다.'

또 《불설관정칠만이천신왕 호비구주경(佛說灌頂七萬二千神王 護比丘呪經)》에는 이렇게 나와 있다.

"어느 때 부처님께서는 나사열지라는 곳에서 비구들과 같이 보리 산중 천제석실에 가셨는데 그때 그곳에 있던 많은 비구들이 서로 불안한 자세로 몸을 흔들면서 잠시도 조용하지 못하는 것이 마치 그물 속에 들어 있는 고기떼와 같았다.

이때 부처님께서 비구들에게 이렇게 말을 했다. '내가 설하는 관정장구를 자세히 들어보라. 너희들은 과거에 어족(魚族)들로서 금세에 사람의 몸을 받고 났으며 아직도 전생의 습기가 그대로 남아 있어 몸이 안정을 얻지 못하는 것이다. 그러므로 내 이제 관정장구를 설하여 그물에 걸린 고기들의 생명을 구하게 되면 그 공덕이 한량 없다는 것을 알도록 하리라' 하셨다."

이것이 부처님 말씀을 그대로 전하는 방생에 대한 최초의 경전으로 전해져 내려오고 있으며 오늘날 불가에서 방생을 하는 것도 이 경전에서 유래가 된 것이다. 방생은 존귀한 생명을 해방시키고 고통을 덜어주기 때문에 커다란 공덕이 아닐 수 없다.

그런데 과연 오늘날 우리들은 제대로 방생을 하고 있는가에 대해

묻지 않을 수 없다. 입으로는 소고기를 씹고서 손으로는 물고기를 살려 보낸다고 해서 그것이 과연 옳은 방생이 되겠는가라는 말이다. 평소에 생명을 아끼지 않고 개, 소, 돼지들을 함부로 살육을 하면서 대보름날만 되면 방생을 한다고 난리를 피운다. 이와 같이 사람의 마음은 간사하다. 이런 마음으로 방생을 한다고 해도 공덕은 쌓이지 않는다는 것을 알아야 한다.

옛날 《도서(都序)》라는 책에 보면 '자미해탈(自未解脫)하고 욕해타박(欲解他縛)'이란 말이 있다. 이는 '내 몸도 꽁꽁 묶여 있는 처지에 남의 얽힌 것을 풀어 보겠다'는 말이다. 참으로 어리석은 사람의 생각이라 하지 않을 수 없다.

진실한 의미에서 방생이란 다만 육신적(肉身的)인 생명을 일시 해방시키고 연장시켜주는 것도 물론 공덕이 된다고 볼 수 있지만 방생의 참뜻은 일시적인 고통으로부터 벗어나게 하는데 있는 것이 아니라 영원의 생명을 얻도록 하는데 있다.

예전에 이런 이야기가 있었다. 어느 사람이 소를 보고 "보리심을 발하라"고 하였더니 소가 이 말을 가만히 듣고 난 다음 하는 말이 "너는 안 하니"하더라는 것이다.

이 말은 자신이 확실히 보리심을 발하지도 못한 처지에 소에게 보리심을 발하라고 하는 말이 너무도 가소로운 일이라는 것을 비웃는 커다란 경책이다.

불교에서 법력(法力)은 무엇보다도 제일 소중하다. 법력이란 오욕과 삼독이 끊어지고 오랜 정진과 수행에서 이루어진 인격의 향기를 의미하는 것이다. 그렇기 때문에 법력으로 행하는 방생이야 말로 참된 것이라 할 수 있다.

이웃에 사는 사람이 당장 끼니가 없어 어려운 처지에 놓여 있는데도 자신의 일시적인 공덕을 쌓기 위해 물고기를 방생하는 것도 옳지 않다. 또한 절 입구에 당장 생명이 위독한 병든 걸인이 앉아 있는데도 그것을 본체 만체 하고 방생동참에 돈을 내는 것은 결코 옳은 일이 아니다.

넓은 의미로 보면 방생은 자비심이다. 생명을 해방시킨다는 것은 사실 육신의 해방에 불과하다. 중요한 것은 정신적인 해방이 더 중요하다는 말이다. 정신적인 방생은 되어 있지 않으면서 아무리 많은 물고기들을 방생한다고 해도 그것은 결코 큰 공덕이 될 수 없다.

《도서》에 보면 '수타보(數他寶) 자무반전분(自無半錢分)'이란 말이 있다. 즉 '하루 종일 남의 돈을 헤아리다 보니 자기 돈은 한 푼도 없다'는 말이다. 방생도 부지런히 덮어 놓고 하기만 하면 좋은 것으로 생각하지만 깊은 정진이 들어 있고 깊은 뜻이 들어 있는 것이 아니라면 아무런 공덕도 되지 못한다는 것을 명심해야 한다.

사실, 부처님이나 보살은 방생 그것이 일과이다. 방생을 제외하고는 부처나 보살은 할 일이 없으며 일체중생을 고통의 세계에서 건져내는 일을 하는 것이 부처이며 보살이다.

사람에게 집착은 가장 무서운 적이다

'불교에서는 유형(有形)의 집이 문제되는 것보다 무형(無形)의 집이 더 큰 문제를 가지고 있다.'

불가에서 출가(出家)란 말은 집에서 나가 다른 곳에서 산다는 뜻이다. 그런데 집의 의미에 대해서 우리는 깊이 생각하지 않을 수 없다.

우리가 밥을 먹고 잠자고 생활하는 곳을 유형의 집이라고 한다면 우리들이 공부하고 배우고 깨닫는 등의 정신적인 문제를 다루는 곳은 무형의 집이라고 할 수 있다. 집을 나서 출가를 했다는 말은 바로 유형의 집을 떠나 무형의 집으로 간다는 의미를 내포하고 있다.

즉, 출가란 생사의 무거운 윤회를 벗어나 대해탈, 대열반을 얻겠다는 굳은 신념으로 대업을 시작하겠다는 의지의 소산이라 할 수

5부 불법(佛法)의 이치를 깨달아라

있다. 그러므로 수행할 사람이 반드시 출가가 필요하다는 것은 두 말할 필요조차 없다. 그만큼 출가란 위대한 결심이며 이에 따라 엄청난 정신적 각오가 필요하다.

출가에는 세 가지의 방법이 있다. 사친출가(辭親出家), 오도출가(悟道出家), 증과출가(證果出家)이다. 이러한 것들은 유형의 집을 벗어나 무형의 집으로 들어가는 방법들이다. 여기에서 집은 곧 가(家)라고 할 수 있는데 여기에서 가(家)란 집착이란 말과 일맥상통한다고 볼 수 있다.

왜냐하면 무엇에나 한군데 집착을 하여 그것에만 정신을 몰입하는 것을 두고 가라고 할 수 있기 때문이다. 그래서 글을 쓰는 사람을 두고 문학가, 번역가 등을 붙이고 그림을 그리는 사람을 두고 미술가, 작가라는 말을 쓴다. 그러나 이러한 가는 사실 유형의 집이라고 하기보다는 무형의 집에 더 가깝다. 왜냐하면 어떤 한곳에 집착하는 것이기 때문이다.

예를 들면 누에가 꼬치를 짓고 그 안에 들어 앉아 있는 것처럼 정신이 어느 한 군데에 집착된 그 테두리 안에 사로잡혀 항상 좁은 자기 세계에만 전념하고 있다면 이것은 가라고 할 수 있다. 자기 혼자 생각하고 연구하는 그 한 방면에만 정신을 집중시키기 때문이다. 불교에서는 초가집, 큰집, 작은집 등의 유형의 집보다 정신적인 문제를 다루는 무형의 집이 더 중요하다.

사람에게 가장 무서운 적(適)은 집착이다. 이것을 제거하는 것은

실로 힘든 일이다. 이것만 끊으면 성불이요 열반이며 해탈이다.

사친출가란 가족친지들과 이별하여 생사윤회의 고통을 벗어나겠다는 확고한 신념으로 출가를 하는 것을 말한다. 가족과 세속의 집착과 아상(我相)을 버리고 출가를 하는 것을 이야기한다. 다시 말해 어떤 학자가 자기가 전공하는 그 부문에 사로잡혀 있다가 그것으로부터 벗어나 입산수도의 길을 걷기 시작하였다면 이것은 무형의 집에서 뛰쳐나와 출가의 길에 오른 것이다.

오도출가란 자기가 가야 할 옳은 길을 바로 찾아 출가를 했다는 말이다. 여기에서 오도란 깨달음이다. 목적지까지 가는 데는 여러 갈래의 길이 있다. 험한 길, 먼 길, 혹은 가다보면 길이 아닌 길도 있으며 고갯길, 낮은 길도 있다. 이렇게 많은 길 가운데 자신이 가야 할 길을 마침내 찾았다는 것이 바로 오도출가인 것이다. 여기에서 길은 곧 도(道)를 뜻한다.

우리는 도라는 것을 대단한 것처럼 생각하지만 사실은 도란 어느한 곳으로 마음을 모두 쏟아 추구하는 것을 뜻한다. 즉 육체적인 길이 아니라 정신적인 길을 일컫는다. 불교에서 말하는 오도란 부처가 되는 바른 길을 찾았다는 뜻이다.

증과출가란 불교에서 말하는 진정 완전무결한 출가를 말한다. 증과란 목적지의 정상을 정복했다는 뜻이다. 다시 말해 오랜 수행과 정진의 길을 걸어 이제는 다시 더 갈 곳 없는 마지막 최고지가 되는 성불에 도달하였다는 말이다.

이 세 가지를 두고 불교에서는 삼계출가(三界出家)라고 하는데 삼계화택을 완전히 벗어나 영원히 업고(業苦)에 시달리지 않는 해탈의 경지를 의미한다. 해탈이란 번뇌와 망상과 혹업(惑業)에 얽매인 속박에서 벗어나 대자유를 얻었다는 의미이다. 여기까지 이르러야 비로소 출가의 뜻을 다한 것임을 알아야 한다.

우리들은 겨우 사친출가의 형식만을 했다고 할 수 있으나 오도출가와 증과출가라는 먼 길이 아직 우리에게 남아 있다는 것을 항상 염두에 두고 있어야 한다. 이러한 최종의 목적지에 도달하기 위해서는 사람에게 무서운 적인 욕망에 대한 집착, 애욕에 의한 집착, 학문에 대한 집착 그 모든 것을 다 끊어야만 한다.

어디가 부처의 눈인가

'사람은 전생의 업고를 가지고 태어났기 때문에 먼저 돌아가신 조상들을 위해 정진과 발원을 해야 한다.'

우리는 가끔 절에서 점안불사(點眼佛事)를 한다. 그런데 본법상(本法上)으로 볼 때 점안이란 말 자체는 매우 모호하다고 할 수가 있다.

어디를 가리켜 부처의 눈이라 할 것이며 또는 어디에 점안을 한다는 말인지 참으로 우스운 말이 아닐 수 없다. 왜냐하면 이 세상이 전부 일원상 최청정법신(最淸淨法身)이기 때문이다.

그러므로 어느 곳이 부처의 눈이며 어느 곳이 부처의 귀인지 말할 수가 없다.

《금강경》에 '금불(金佛)은 불도로(不渡爐)이며 목불(木佛)은 불도화(不渡火), 니불(泥佛)은 불도수(不渡水)'라 하였다. 이는 금불, 목불, 니불도 모두 실상 부처가 아니라는 말이다. 그렇다면 점안불사를 한다는 말은 도대체 어디에 한다는 말일까?

부처란 고불(古佛), 신불(新佛)이 따로 있을 수 없으며 명호(名號)와 상모(相貌)가 따로 있을 수 없다. 만일 고불과 신불을 따로 구별한다든지 명호와 상모를 다르게 생각한다면 이것은 참으로 잘못된 것이며 절대로 참부처를 볼 수 없다.

그리고 점안하는 여기에 조금의 집착을 가진다면 격외(格外)의 부처와 청정법신의 참모습을 찾을 수도 없다. 또한 이것은 너무나 높은 법담이며 본연의 참소식이기 때문에 일반신도들로서는 이해하기가 매우 어렵다.

영원한 생명체는 사실 명(名)도 없고 상(相)도 없으며 십방(十方)을 초월하고 삼제(三際)를 관철하여 그 당체(當體)의 지칭(指稱)이 불가능에 가까우며 법신진불을 보여 줄 수 없는 것이므로 부득이 방편이 가설되지 않을 수 없다. 다시 말해 불상이란 단지 법신진불을 찾으려는 사람들에게 이정표이며 안내자에 불과하다.

그러므로 절에 가서 불상에 지성적으로 예배하는 것은 곧 법신진불을 찾기 위한 발원임을 알아야 한다. 이것은 불상 그 자체가 영험하다기보다는 순수한 자신의 굳은 신념에 의하여 성취되는 것임을 깨달아야하며 불상에 예배를 올리는 것은 곧 자기 자신에게 신심을 구하는 것과 같다는 말이다.

이와 달리 불상에 예배를 하면서 영험을 구한다거나 신통변화 따

위를 기대하는 것은 한갓 미신에 불과하며 자신 또한 올바른 도를 구하는 것이 아님을 명심해야 한다.

점안이라는 것도 어찌 보면 하나의 수행정진이며 기도이다. 즉 흩어진 자신의 마음을 한 군데로 모아 맑고 밝은 지혜의 햇불을 밝히는 것과 같다.

불교에서 점안 기도를 하는 것도 매우 중요하지만 우선적으로 행하여야 할 것은 바로 참회기도이다. 참회란 말보다 이 세상에서 더 깊고 소중한 일은 없다. 자기의 잘못을 고백하지 않고 무조건 기도를 한다는 것은 참으로 어불성설에 지나지 않는다.

불교에서 백중(白衆)이란 것이 있다. 이것은 대중에게 자기의 잘못을 고백한다는 뜻이다. 삼 개월의 안거동안 침묵하다가 해제일에 가슴 속에 쌓인 말들을 대중에게 고백을 하는 날이다. 자기의 허물을 대중에게 숨김없이 들어내어 참회하고 다시는 또 그런 허물을 되풀이하지 않겠다고 맹세를 하는 것을 의미한다.

누구나 사람에게 가장 소중한 것은 반성이다. 반성이 있어야만 발전이 있다. 그럼에도 불구하고 전생의 업보에 의해 영원히 구제되지 못하는 삶도 있다. 이것을 구제하기 위해 부처님이 만든 법이 있다.

'우란분(盂蘭盆)' 혹은 '구도현(救倒懸)'이라 이름하기도 한다. 이 법계에 살고 있는 모든 영혼들이 육도에 떨어져 한없는 고통을 받고 있는 것을 부처님의 위신력과 대중의 지극한 정성으로 이고득락

(離苦得樂)케 하여 그 고통의 굴레에서 벗어나도록 하자는 데에 있다.

전생의 업으로 고통을 받거나 과거의 잘못으로 인해 고통을 받고 있다 하더라도 지극한 정성으로 기도를 올리면 이 세상 용서되지 않을 죄는 없다는 것을 일러 주시는 부처님의 큰 뜻이다.

이것의 유래는 《목련경(目連經)》에 자세하게 나와 있다. 목련존자가 출가하기 이전에 아버지의 이름은 전상(傳相)이었으며 어머니는 청제부인(靑帝夫人)이었다. 부자였던 아버지는 자신이 죽기 전 재산을 삼등분하여 하나는 생활비로 쓰고 하나는 목련에게 또 하나는 자신을 천도하는데 쓸 것을 유언으로 남겼다.

그러나 청제부인은 아버지의 유언을 따르지 않고 그 돈으로 살생과 음주와 방탕으로 다 써버리고 죽어서 무간지옥으로 떨어지고 말았다.

그 후 목련존자는 출가를 하여 석가세존의 십대 제자가 되었으며 신통제일(神通第一)의 덕 높은 스님이 되었다. 그러나 자신의 어머니가 악행을 많이 저질러 무간지옥에 떨어진 것을 안 그는 부처님께 어머니를 무간지옥에서 빼 내어 줄 것을 간청했다.

그 후 석가세존은 많은 스님들에게 공양을 베풀고 제를 지내 청제부인의 영혼을 이고득락케 하였던 것이다. 이 날을 바로 '우란분'이라고 한다.

《목련경》이 우리들에게 들려주는 것은 바로 참회에 관한 것이다.

부모와 자식이 아무리 많은 죄를 지었다고 해도 간절히 기도를 하면 죄를 사하여 준다는 내용이다.

우리는 전생에 엄청난 업고를 안고 이 세상에 태어났다. 그러므로 진실로 마음을 비워 부처님에게 점안을 하고 기도를 하지 않으면 안 된다. 또한 먼저 돌아가신 부모님과 일체 영혼을 위해 정진, 발원을 게을리하여서는 안 된다. 이것은 부모님을 위한 것이 아니라 바로 자신을 위하는 길이기도 하다.